Estado de Direito e Direito Tributário

Norma limitadora ao poder de tributar

P853e   Porto, Éderson Garin
        Estado de direito e direito tributário: norma limitadora ao poder de tributar / Éderson Garin Porto. – Porto Alegre: Livraria do Advogado Editora, 2009.
        165 p.; 23 cm.
        ISBN 978-85-7348-640-7

        1. Direito tributário. 2. Estado de direito: Direito tributário. I. Título.

                                CDU – 336.2

        Índices para catálogo sistemático:
        Direito tributário   336.2
        Estado de direito   342.3

(Bibliotecária responsável: Marta Roberto, CRB-10/652)

Éderson Garin Porto

Estado de Direito e Direito Tributário

Norma limitadora ao poder de tributar

livraria
DO ADVOGADO
editora

Porto Alegre, 2009

© Éderson Garin Porto, 2009

Capa, projeto gráfico e diagramação
Livraria do Advogado Editora

Revisão
Rosane Marques Borba

Direitos desta edição reservados por
Livraria do Advogado Editora Ltda.
Rua Riachuelo, 1338
90010-273 Porto Alegre RS
Fone/fax: 0800-51-7522
editora@livrariadoadvogado.com.br
www.doadvogado.com.br

Impresso no Brasil / Printed in Brazil

A Nelson, Nilsete e Vanessa, por tudo.

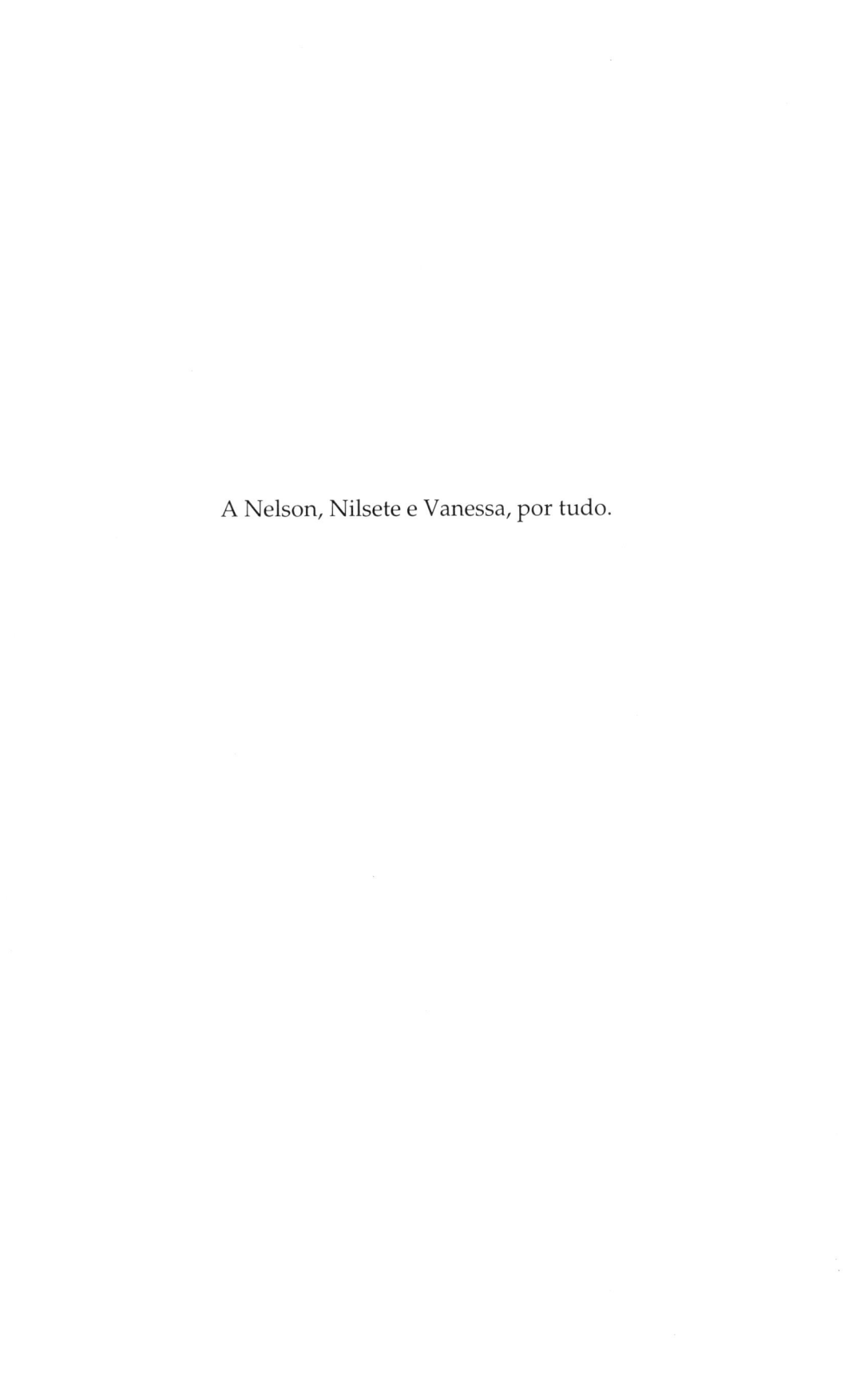

Agradecimento:

Por incentivo do Prof. Humberto Ávila surgiu o interesse pelo Direito Tributário ainda na graduação, quando tive a felicidade de obter premiação pelo primeiro trabalho monográfico. Com o seu apoio, ingressei no respeitado Programa de Mestrado da Universidade Federal do Rio Grande do Sul e, sob sua orientação, escrevi o presente ensaio que foi apresentado como dissertação para obtenção do grau de mestre. Fica, portanto, aqui registrada a eterna gratidão.

Prefácio

Dada a profusão de publicações no âmbito do Direito Tributário no Brasil, parece não haver tema sobre o qual não tenha sido publicada obra alguma. Um olhar mais atento, no entanto, logo falseia esta impressão: há, sim, vários assuntos a respeito dos quais não há obras jurídicas específicas. Um desses temas é precisamente o versado neste trabalho: conteúdo e eficácia do princípio do Estado de Direito no âmbito do Direito Tributário.

Como a Constituição de 1988 é extensa e intensa na normatização das questões tributárias, a doutrina concentrou seus esforços no exame das limitações expressas ao poder de tributar, a exemplo do que ocorre com as exigências de legalidade, anterioridade, irretroatividade, igualdade e proibição de confisco. Outras limitações, tão ou mais importantes do que essas, ainda não receberam a devida atenção doutrinária. A presente obra, que consiste na versão atualizada e revista da dissertação de mestrado com a qual o jovem, porém experiente, professor e advogado gaúcho conquistou o título de Mestre em Direito na centenária Faculdade de Direito da Universidade Federal do Rio Grande do Sul, vem justamente preencher esta lacuna. Tal desiderato é plenamente exitoso, dada as qualidades de que se reveste o presente trabalho.

A sua primeira qualidade é analisar o princípio do Estado de Direito sob várias perspectivas. O trabalho começa com um exame histórico tanto da evolução do próprio conceito de Estado de Direito nas várias concepções estatais do Estado de Polícia, do Estado Liberal e do Estado Social, quanto da positivação do princípio do Estado de Direito nas várias constituições brasileiras. Tal percurso histórico permite melhor compreender não apenas o modo como o referido princípio foi sendo historicamente construído, como, igualmente, a maneira com que ele foi sendo positivado nas Constituições brasileiras até receber o tratamento que lhe foi dado pela Constituição de 1988. Depois da investigação da gênese histórica, o trabalho examina os fundamentos da República Federativa do Brasil e, logo após, os seus princípios constitucionais fundamentais, especialmente os princípios da segurança jurídica, da separação dos Poderes e da moralidade administrativa. Somente depois de bem fixados esses fundamentos é que o autor passa a examinar o conteúdo e a eficácia do princípio do Estado de Direito. É precisamente neste ponto que o valor deste trabalho fica mais evidente: em vez de simplesmente listar os elementos que são normalmente atribuídos ao princípio do Estado de Direito, como se fora, ele próprio, supérfluo, a presente obra faz notável esforço no sentido de reconstruir tal princípio desde a sua formulação inicial até a sua positivação final na Constituição de 1988.

A segunda qualidade deste trabalho reside na ênfase dada àquilo que é deixado de lado pela literatura específica sobre o assunto: o exame da eficácia do princípio do Estado de Direito. Esta parece ser a grande contribuição da presente obra. Com base em rica e adequada bibliografia, tanto nacional quanto estrangeira, esta obra mapeia as várias funções eficaciais do mencionado princípio com a finalidade de constatar qual a sua eficácia autônoma diante dos outros princípios constitucionais, de um lado, e diante dos seus próprios subprincípios, de outro. É justamente aqui que se revela a utilidade prática de tal estudo: num ambiente institucional em que proliferam interpretações meramente consequencialistas, que atribuem um peso cada vez maior ao impacto financeiro que essa e aquela decisão causará aos cofres públicos, uma das funções do apelo ao sobreprincípio do Estado de Direito está em permitir uma espécie de redimensionamento do peso de determinadas razões no processo argumentativo por meio do qual as decisões judiciais são tomadas, favorecendo a recondução da atividade estatal aos parâmetros constitucionais firmemente traçados pela Constituição de 1988.

A terceira qualidade do presente trabalho, para terminar uma lista que o inteligente leitor poderá facilmente aumentar, está em examinar o princípio do Estado de Direito também do ponto de vista prático, notadamente com base nas decisões do Supremo Tribunal Federal. Longe de ser um catálogo de meras opiniões doutrinárias, esta obra sistematiza as principais decisões judiciais a respeito do tema, densificando normativamente um princípio que, dada a sua generalidade, carece, ainda mais do que os outros, de concretização judicial. O resultado deste trabalho é exitoso: o conteúdo e a eficácia do princípio do Estado de Direito restam devidamente enfrentados, de modo a possibilitar ao operador do Direito um instrumental consistente e útil na limitação ao poder de tributar no Brasil.

Num momento em que se reproduzem, no âmbito da aplicação do Direito em geral, e no campo do Direito Tributário, em especial, argumentações utilitaristas e meramente instrumentais, centradas, unicamente, nos efeitos que determinada decisão poderá acarretar aos cofres públicos, é preciso dar um grande passo atrás, quer para fortalecer direitos fundamentais conquistados, a duras penas, durante séculos, quer para realçar a importância de um Direito previsível e estável como limite em si à atividade estatal. Sem que se faça essa reflexão, que a presente obra com sucesso estimula, corremos o risco de, silenciosamente, fazer com que o Direito, em vez de meio legitimador e limitador dos poderes do Estado, seja apenas mais um manipulável instrumento de restrição arbitrária dos direitos dos cidadãos-contribuintes.

Por todas essas razões, desejo que este trabalho, pela considerável contribuição que da aos estudos científico-tributários no Brasil, tenha a repercussão doutrinária de que é merecedor.

Porto Alegre, maio de 2009.

Prof. Dr. Humberto Ávila
Livre-Docente em Direito Tributário pela USP.
Ex-Pesquisador Visitante das Universidades de Harvard, EUA
e Heidelberg, Alemanha. Doutor em Direito pela Universidade de Munique – Alemanha.
Professor da Graduação e Pós-Graduação da Faculdade de Direito da UFRGS.
Advogado e Parecerista.

Lista de abreviaturas

AC	– Apelação Cível
ADI	– Ação Direta de Inconstitucionalidade
AGI	– Agravo Interno
AgRg	– Agravo Regimental
AI	– Agravo de Instrumento
AJURIS	– Associação de Juízes do Rio Grande do Sul
AR	– Ação Rescisória
Archives	– Archives de Philosophie du Droit
Art.	– artigo
BFDC	– Boletim da Faculdade de Direito de Coimbra
BGB	– *Bürgerliches Gesetzbuch* (Código Civil Alemão)
BVerfG	– *Bundesverfassungsgericht* – Tribunal Constitucional Federal
BVerfGE	– *Entscheidungen des Bundesverfassungsgerichts, amtliche Sammlung*
	– Decisões do Tribunal Constitucional Federal, Coletânea Oficial
CC	– Código Civil ou Câmara Cível, quando a abreviatura estiver acompanhada de um número cardinal
Ccom	– Código Comercial
CDC	– Código de Defesa do Consumidor, Lei nº 8.078/90
Cf.	– Conferir
Code	– Código Civil francês
CPC	– Código de Processo Civil
Des.	– Desembargador
DJU	– Diário de Justiça da União
DL	– Decreto-Lei
ed.	– edição
GG	– *Grundgesetz* – Lei Fundamental (Constituição da República da Alemanha)
HGB	– *Handelsgesetzbuch* (Código Comercial Alemão)
ICMS	– Imposto sobre circulação de mercadorias e serviços
IE	– Imposto de Exportação
II	– Imposto de Importação

IPI	– Imposto sobre Produto Industrializado
IRPF	– Imposto de renda pessoa física
IRPJ	– imposto de renda pessoa jurídica
ISSQN	– Imposto sobre serviço de qualquer natureza
Idem	– mesma obra
Idem ibidem	– mesma obra, mesmo lugar
j.	– julgado em
MC	– Medida Cautelar
Min.	– Ministro(a)
Op. cit.	– *opus citatum* (obra citada)
p.	– página
RDC	– Rivista di Diritto Civile
RE	– Recurso Extraordinário.
Rel.	– Relator
Resp	– Recurso Especial
RJTJRGS	– Revista de Jurisprudência do Tribunal de Justiça do Rio Grande do Sul
RSTJ	– Revista do Superior Tribunal de Justiça
RT	– Revista dos Tribunais
RTDciv	– Revue Trimestrielle de Droit Civil
RTDPCiv	– Rivista Trimestrale di Diritto e Procedura Civile
RTJ	– Revista Trimestral de Jurisprudência (STF)
STF	– Supremo Tribunal Federal
STJ	– Superior Tribunal de Justiça
T.	– Turma
t.	– Tomo
TA	– Tribunal de Alçada
TACiv	– Tribunal de Alçada Civil
TJ	– Tribunal de Justiça
v.	– Volume

Sumário

Apresentação 17
Introdução 19
Parte I – CONTEÚDO E EFICÁCIA DO ESTADO DE DIREITO 23
1. Breve introdução à cláusula do estado de direito 23
   1.1. Do Estado de Polícia ao Estado de Direito Liberal. Da Constituição do Império ao Constitucionalismo Republicano 27
      1.1.1. A Constituição de 1824 27
      1.1.2. A Constituição de 1891 31
      1.1.3. Estado de Direito Liberal e influência no Direito Tributário 34
   1.2. O surgimento do *welfare state* e as repercussões no constitucionalismo brasileiro 35
      1.2.1. A Constituição de 1934 36
      1.2.2. Estado Social e influência no Direito Tributário 39
   1.3. Experiência totalitária com a Constituição de 1937 41
   1.4. A Constituição de 1946. Influências do constitucionalismo pós-guerras 42
   1.5. Consagração constitucional da autonomia do Direito Tributário. Emenda Constitucional nº 18, de 1965 44
   1.6. Constituição de 1967. Período de exceção à democracia 46
   1.7. Acréscimo da expressão "democrático" ao Estado de Direito. A Constituição de 1988 47
      1.7.1. Legado do princípio democrático ao Direito Tributário 50
2. Fundamentos da República Federativa do Brasil. O Estado de Direito segundo a Constituição Federal de 1988 53
   2.1. A dignidade da pessoa humana 53
   2.2. A soberania 56
   2.3. A cidadania 58
   2.4. Os valores sociais do trabalho e da livre iniciativa 60
   2.5. O pluralismo político 62
3. O Estado de Direito e seus subprincípios 63
   3.1. A ideia de vinculação ao ordenamento jurídico emanada pelo Estado de Direito. Uma nova perspectiva da legalidade 64
   3.2. Previsibilidade, estabilidade e mensurabilidade plasmados na segurança jurídica 68
   3.3. Devido processo legal como subprincípio do Estado de Direito 71
   3.4. A constitucional separação de Poderes e os reflexos na aplicação do Direito ... 77

3.5. A moralidade prevista na Constituição Federal e sua relação com o Estado de Direito 79
3.6. O princípio da determinabilidade fática 84
4. Conteúdo mínimo do Estado de Direito e eficácia normativa autônoma 88
   4.1. Definições conceituais 88
   4.2. Estado de Direito enquanto princípio 95
      4.2.1. Eficácia Interna Direta – função eficacial integrativa 97
      4.2.2. Eficácia Interna Indireta 98
         4.2.2.1. Função eficacial interpretativa 98
         4.2.2.2. Função eficacial bloqueadora 99
      4.2.3. Eficácia externa 99
         4.2.3.1. Eficácia externa objetiva 99
         4.2.3.1.1. Função eficacial seletiva 99
         4.2.3.1.2. Função eficacial valorativa 100
         4.2.3.1.3. Função eficacial argumentativa 101
         4.2.3.2. Eficácia externa subjetiva 103
         4.2.3.2.1. Função eficacial de defesa 103
         4.2.3.2.2. Função eficacial protetora 104
   4.3. Estado de Direito enquanto sobreprincípio 104
      4.3.1. Função eficacial rearticuladora 105

Parte II – ESTADO DE DIREITO COMO LIMITAÇÃO AO PODER DE TRIBUTAR 107
5. Estado de Direito no Sistema Constitucional Tributário 107
   5.1. Limitação de ordem formal e limitação de ordem material 109
   5.2. Limitação de segunda ordem 111
6. Estado de Direito e limitações de ordem formal 112
   6.1. Estado de Direito e devido processo legal 112
   6.2. Estado de Direito e legalidade 117
   6.3. Estado de Direito e irretroatividade 121
   6.4. Estado de Direito e anterioridade 126
7. Estado de Direito e limitações de ordem material 129
   7.1. Estado de Direito e regras de competência 129
   7.2. Estado de Direito e proteção aos direitos fundamentais de primeira geração . 137
   7.3. Estado de Direito e proteção aos direitos fundamentais de segunda geração . 142
   7.4. Estado de Direito e proteção aos direitos fundamentais de terceira geração .. 144
8. Estado de Direito e limitações de segunda ordem 146
   8.1. Estado de Direito e proibição de excesso 148
   8.2. Estado de Direito e concordância prática 149
   8.3. Estado de Direito e proporcionalidade 152
   8.4. Estado de Direito e razoabilidade 155

Conclusões 157

Bibliografia 161

Apresentação

O Direito Tributário surge com a institucionalização dos Estados de Direito. Direito Tributário é, fundamentalmente, um sistema de limitação ao poder impositivo estatal e de garantias constitucionais e legais ao contribuinte. Desta autolimitação do poder fiscal do Estado, não se poderia cogitar diante do Estado absolutista; por isso, só com o surgimento dos Estados de Direito criaram-se as pré-condições para o desenvolvimento do Direito Tributário.

Mas a noção de Estado de Direito também se modificou e desenvolveu ao longo do tempo. Criação do constitucionalismo liberal do fim do século XVIII, foram-se-lhe agregando novos elementos do Estado social, da democracia enquanto fundamento de legitimidade do poder político e do Estado constitucional, como nível mais avançado de limitação do poder político episodicamente hegemônico.

Assim, do "État legal", entendido como limitada restrição do Estado à lei e consequente proeminência do Poder Legislativo e das forças sociais que o hegemonizavam (na França revolucionária, a burguesia, então em encarniçada luta contra a nobreza, anteriormente dominante), evoluiu-se à noção moderna de Estado Constitucional Democrático de Direito, em que o Estado se submete não só à lei, mas antes ao Direito, à Constituição e à democracia, como condição de sua legitimidade.

Disso decorrem significantíssimas consequências para nossa disciplina. Hoje, é fora de dúvida a existência de um Direito Constitucional Tributário, mormente quando nosso texto constitucional de 1988 cuidou longa, exaustiva e detalhisticamente da matéria tributária, o que faz, inclusive, com que na cena judiciária, cada vez mais, as questões tributárias sejam constitucionalizadas. Cena judiciária que, absolutamente, não é alheia a este estudo: nele, a eficácia do princípio do Estado de Direito é estudada à luz de sua aplicação prática pela jurisprudência no âmbito do Direito brasileiro. O direito comparado não está ausente, mas seu exame tem caráter ilustrativo, diante da finalidade proposta: estudar a aplicação concreta do princípio, nos parâmetros do nosso texto constitucional e de sua concretização pela jurisprudência dos tribunais brasileiros, especialmente o Supremo Tribunal Federal.

O objeto do estudo de Éderson Garin Porto é, todavia, mais amplo. Não se trata, apenas, de estudar, exegética ou descritivamente, as garantias do contribuinte expressas no texto constitucional, mas identificar a eficácia própria, no âmbito tributário, do sobreprincípio do Estado Constitucional Democrático de Direito, que cria limitações ao poder de tributar dele derivadas diretamente, além daquelas tradicionais limitações constantes de regras expressas da Constituição, como legalidade, anterioridade, irretroatividade, isonomia, capacidade contributiva, etc.

O sobreprincípio do Estado de Direito contém, em si próprio, princípios em conflito: de um lado, seu componente social e o reconhecimento de direitos fundamentais positivos demanda maior gasto e investimento estatal, a exigir possibilidades de custeio correspondentes, com maior exigência tributária, pelo prisma *econômico-financeiro*; de outro, seu conteúdo protetivo dos direitos do contribuinte, tem claro papel limitador do poder impositivo do Estado, pelo prisma *jurídico*.

O autor sugere a solução deste conflito, pela consideração do sobreprincípio do Estado de Direito como norma articuladora dos demais princípios e valores tidos por fundamentais pelo texto constitucional e esta é contribuição de todo relevante deste estudo à compreensão da eficácia da cláusula do Estado Constitucional de Direito no âmbito do Direito Tributário.

Luiz Felipe Silveira Difini

Introdução

Desde as revoluções liberais, os Estados passaram a sofrer limitações no poder que até então era arbitrário e não se submetia a restrições. Tornou-se inconcebível, desde então, o exercício ilimitado do poder pelo Soberano, principalmente quando interferia na vida, na liberdade e na propriedade dos indivíduos. Nesse período, inicia-se uma construção teórica sobre a limitação jurídica do Estado pelo próprio Estado. A doutrina da limitação ao poder de tributar ganha suas primeiras linhas.

Esse movimento marca a consagração do Estado de Direito como limitação ao Poder do Estado e, como era ínsito à época, ao poder de tributar. A proposta desta ensaio é justamente fazer um resgate dessas noções e demonstrar que a Constituição Federal de 1988 consagrou o Estado de Direito como verdadeira limitação ao poder de tributar, possuindo conteúdo próprio e eficácia normativa autônoma dos seus subelementos. O trabalho concentra-se, portanto, no artigo 1º da Constituição Federal, que erige o Estado de Direito como princípio fundamental, dispondo que a República Federativa do Brasil "constitui-se em Estado democrático de direito". A partir desse dispositivo e das demais normas previstas na Lei Fundamental brasileira, pretende-se investigar a importância do princípio do Estado de Direito no Direito Tributário.

O Sistema Constitucional Tributário consagrado na Constituição brasileira possui limitações expressas ao exercício do poder de tributar, disciplinando como, onde e sobre o que se pode instituir ou majorar tributos. Em que pese tenha o constituinte empregado notável detalhismo na fixação de regras e princípios próprios do Direito Tributário, o rol de limitações não é exaustivo. O texto da Constituição veda determinadas condutas, "sem prejuízo de outras garantias asseguradas ao contribuinte" (art. 150 da CF). Equivale dizer que a tributação não está limitada somente às normas escritas no título VI e capítulo I da Constituição Federal.

As afirmações até aqui referidas não constituem novidade ao Direito Tributário, sendo sustentado há muito tempo pelas doutrinas nacional e estrangeira. Em verdade, o que se pretende propor com o trabalho é demonstrar que as limitações expressas se relacionam com limitações implícitas por meio do princípio do Estado de Direito. Esse princípio possui eficácia própria que difere da soma de seus subprincípios e normas que lhe fundamentam. A hipótese levantada com a pesquisa consiste em saber se a legalidade, a anterioridade e a irretroatividade já estão inscritas na Constituição, qual a função do Estado de Direito? A ideia sustentada ao longo do trabalho é que as limitações expressas não são suficientes para resolução das controvérsias em matéria tributária. Em alguns casos, verifica-se o atendimento das normas previstas no capítulo I do Título VI da Constituição, todavia outras garantias são desrespeitadas. Como, então, compatibilizar as normas de forma a promover os fins consagrados pela Constituição Federal? Sugere-se a aplicação do princípio do Estado de Direito como norma articuladora dos demais princípios e valores considerados fundamentais pela ordem constitucional.

A proposta desenvolvida nessa dissertação utiliza método analítico focado no texto da Constituição Federal de 1988 e nas decisões do Supremo Tribunal Federal. De nada adiantaria propor conteúdo e eficácia ao Estado de Direito no Direito Tributário brasileiro com suporte na Lei Fundamental alemã ou na Constituição portuguesa de 1976. Não obstante a riqueza das lições extraídas da experiência estrangeira, é preciso ter os olhos voltados à realidade jurídica pátria. Idêntica conclusão vale para os julgados das Cortes Constitucionais estrangeiras, já que aquelas decisões, por óbvio, referem-se aos seus próprios ordenamentos jurídicos. Não se pretende dizer com isso que a pesquisa no Direito Comparado foi desprezada, já que decisões das Cortes Constitucionais estrangeiras são citadas no curso da pesquisa. Pretende-se expor, em verdade, que as lições do Direito Estrangeiro foram colhidas com cuidado, cotejando com a tradição do Direito Brasileiro.

As normas constitucionais são analisadas de forma sistemática,[1] no sentido de conferir unidade e coerência no relacionamento das regras e princípios em jogo. Nesse sentido, as relações entre as normas são estabe-

---

[1] Sobre o tema, leciona Norberto Bobbio, quando afirma que interpretação sistemática é "aquela forma de interpretação que tira os seus argumentos do pressuposto de que as normas de um ordenamento, ou, mais exatamente, de uma parte do ordenamento (como o Direito Privado, o Direito Penal) constituam uma totalidade ordenada (mesmo que depois se deixe um pouco no vazio o que se deva entender com essa expressão), e, portanto, seja lícito esclarecer uma norma obscura ou diretamente integrar uma norma deficiente recorrendo ao chamado 'espírito do sistema', mesmo indo contra aquilo que resultaria de uma interpretação meramente literal". E arremata, dizendo que "o ordenamento jurídico, ou pelo menos parte dele, constitua um sistema é um pressuposto de atividade interpretativa, um dos ossos do ofício, digamos assim, do jurista". BOBBIO, Norberto. *Teoria do Ordenamento Jurídico*. Trad. Maria Celeste Cordeiro Leite dos Santos. 5 ed. Brasília: UnB editora, 1984, p. 76. Sobre o tema, escreve Juarez Freitas sobre a interpretação sistemática do direito. Sustenta que "assumindo uma ótica ampliativa e mais bem equipada, a interpretação sistemática deve ser definida como uma operação que consiste em atribuir a melhor significação, dentre várias possíveis, aos princípios, às normas e aos valores jurídicos, hierarquizando-os num todo aberto, fixando-lhes o alcance e superando antinomias, a partir da conformação teleológica, tendo em vista solucionar os casos concretos". FREITAS, Juarez. *A interpretação sistemática do Direito*. 2 ed. São Paulo: Malheiros, 1998, p. 60.

lecidas com o cuidado necessário para manter inteireza da ordem jurídica, preservando a unidade e coerência, características prestigiadas pelo Supremo Tribunal Federal.

O trabalho divide-se em duas partes. A primeira tem a intenção de apresentar um conteúdo mínimo ao princípio do Estado de Direito e identificar as diversas eficácias que a norma pode desenvolver no Direito Tributário. Para tanto, será preciso analisar o conteúdo semântico do Estado de Direito construído ao longo da história constitucional brasileira. No capítulo primeiro, percorrem-se as Constituições brasileiras para demonstrar as conformações que o Estado de Direito assumiu ao longo da história. Identifica-se o que cada período e influência político-ideológica agregou ao princípio. O capítulo segundo é dedicado a explorar os fundamentos do Estado de Direito consagrados pela Constituição Federal, demonstrando a influência que tais valores exercem sobre o Estado de Direito. No capítulo seguinte, são examinados os seus subprincípios. Vale dizer, são identificadas as normas que defluem do sobreprincípio do Estado de Direito e com ele interagem, segundo a jurisprudência do Supremo Tribunal Federal. Finalmente, o último capítulo da primeira parte do trabalho propõe o conteúdo mínimo do princípio do Estado de Direito, construído ao longo da histórica e preenchido com os valores de seus fundamentos. Fica reservado, também, para o quarto capítulo a identificação das eficácias do Estado de Direito, seja na dimensão normativa principiológica, seja na forma de sobreprincípio.

A segunda parte do trabalho situa o princípio do Estado de Direito no âmbito do Direito Tributário. Procura, assim, estabelecer as interações que a norma pode manter com as demais limitações ao poder de tributar. Enquanto a primeira parte desenvolveu função conceitual-teórica, a segunda destina-se à aplicação no caso concreto. Dessa forma, são examinados casos já apreciados pelo Supremo Tribunal Federal, fazendo uma apreciação crítica das decisões, assim como apontando as relações entre as normas examinadas. O quinto capítulo aborda o princípio do Estado de Direito como limitação ao poder de tributar, identificando que essa limitação pode ser tanto de ordem formal, quanto de ordem material. Logo, no sexto capítulo, o Estado de Direito é examinado na sua feição formal, enquanto o sétimo capítulo apresenta a apreciação do princípio como limitação material. Por fim, estabelece-se um cotejo do Estado de Direito com as normas de segundo grau, verificando as relações que o sobreprincípio com elas mantém.

Parte I

Conteúdo e Eficácia do Estado de Direito

1. Breve introdução à cláusula do estado de direito

A noção de Estado de Direito está intimamente ligada ao desenvolvimento do Estado e seu aperfeiçoamento rumo à concepção democrática inspiradora das nações contemporâneas.[2] Do surgimento do Estado até a estruturação da noção de Estado de Direito um longo caminho foi percorrido, ora movendo-se em terreno propriamente jurídico, ora desempenhando papel essencialmente político.[3] Inegável reconhecer que a doutrina sempre se ocupou mais com o papel político, deixando de lado a eficácia jurídica que o instituto é capaz de desempenhar. A investigação que ora se inicia pretende desvendar este último papel, especialmente no tocante ao Direito Tributário.

A expressão "Estado de Direito" constitui-se em tradução da palavra alemã *Rechtsstaat* criada por volta de 1789 na obra "Literatur der Staatslehre" de Johann Wilhelm Placidus.[4] O termo tedesco não tardou a ser incorporado aos demais países de tradição romano-germânica, recebendo, inclusive, adaptação em terreno da *common law* que na Grã-Bretanha passou a usar a expressão *rule of law*. Em França, o Estado de Direito ganhou a versão em língua francesa *Etat de droit*, cunhada em especial por

---

[2] Inocêncio Mártires Coelho recorda que certa feita um jovem estudante indagou o professor Roberto Lyra Filho sobre o conceito de Estado de Direito, exigindo-lhe uma resposta sintética. Com a propriedade que lhe era típica, respondeu prontamente: "é aquele Estado que tem limites e fundamentos definidos pelo Direito". MENDES, Gilmar, COELHO, Inocêncio Mártires e BRANCO, Paulo Gustavo Gonet. *Curso de Direito Constitucional*. 2 ed. São Paulo: Saraiva, 2008, p. 39.

[3] Como ressalta Jacques Chevallier: "cette vision est cependant trop simple, compte tenu du processus d'objetivation, qui resulte du transit par le droit: les multiples références à l'Etat de droit qu'on trouve désormais dans les Constitutions et surtout dans les textes internationaux contribuent puissamment à l'enracinement d'un concept, lesté d'un contenu juridique; l'Etat de droit n'est pás seulement une figure rhétoric, mais implique bien un certain modèle d'organization politique". CHEVALLIER, Jacques. *L'Etat de droit*. 3 ed. Paris: Montchrestien, 1999, p. 9.

[4] A origem da expressão alemã é trazida por HEUSCHLING que, segundo historia, foi exportada com sucesso no fim do século XIX para o resto da Europa. HEUSCHLING, Luc. *Etat de droit, Rechtsstaat, Rule of Law*. Paris: Dalloz, 2002, p. 1 e ss. Não se desconhece a tese de alguns autores que apontam a origem do Estado de Direito a raízes mais remotas, alguns indicando a antiguidade, outros afirmando ser a Magna Carta do Rei João Sem-Terra o marco inicial.

R. Carré de Malberg.⁵ Trata-se, pois, de um produto da evolução histórica dos Estados e, como antecedente lógico, sinal do desenvolvimento do ser humano na comunidade. Esta assertiva é compartilhada por Cezar Saldanha quando define o Direito como "a (boa) política, coagulada ao largo da História, pela ação dos valores éticos que a razão prática descobre e a História confirma".⁶

A origem do Estado de Direito, antes de constituir em unanimidade na doutrina, revela-se ponto de discórdia daqueles que pretendem esmiuçar as suas raízes históricas, consoante alerta Jorge Reis Novais ao referir que alguns autores refutam a possibilidade de se instituir uma genealogia segura sobre o termo.⁷

A referência ao período clássico, todavia, é inevitável quando se constata que Aristóteles já abordava a problemática na obra "A Política". O autor grego busca justificar a imposição de limites ao Estado ao referir:

> Dir-se-á, talvez, que cabe à lei dominar e que não se pode agir de pior maneira do que substituindo-a pela vontade de um homem, sujeito como os demais a suas paixões. Mas, se a própria lei for ditada pelo espírito de oligarquia ou de democracia, de que nos servirá para elucidar a questão proposta? Haverá sempre os mesmos inconvenientes.⁸

O mote da afirmação está na tentativa de atribuir ao Direito o papel de regulador das relações humanas e de não relegar a qualquer indivíduo, por mais virtuoso que pudesse parecer, a tarefa de fixar regras de conduta em sociedade. Mais adiante Aristóteles é mais incisivo, ao afirmar que: "Entregar o poder ao homem é o mesmo que entregá-lo ao ser irracional. (...) A lei pelo contrário é desembaraçada de qualquer paixão".⁹ Este medo de confiar ao homem o poder de governar as relações interpessoais conduz Aristóteles à seguinte conclusão, bastante pertinente à fase atual da política brasileira:

> Conhecendo os meios pelos quais se corrompem e se dissolvem os Estados, podemos também saber por que meios eles se conservam (...). Deve-se, portanto, num Estado bem

---

⁵ Sobre o aspecto histórico da formação do Estado de Direito, consultar: DIFINI, Luiz Felipe Silveira. *Princípio do Estado Constitucional democrático de direito*. in: Revista da Ajuris n. 102, p. 161-168. MOREIRA NETO, Diogo de Figueiredo. *Sociedade, Estado e Administração Pública:perspectivas visando ao realinhamento constitucional brasileiro*. Rio de Janeiro: Topbooks, 1996.

⁶ SOUZA JUNIOR, Cezar Saldanha. *A Supremacia do Direito no Estado Democrático e seus modelos básicos*. Porto Alegre, 2002.

⁷ O autor português se refere ao compatriota A. José Brandão que, segundo transcreve, teria rejeitado "arranjar uma imponente árvore genealógica a este regime político, hoje conhecido por Estado de Direito, descobrindo-lhe antepassados na antiguidade impropriamente chamada clássica, ou querendo-o justificar com autores antigos e medievais". NOVAIS, Jorge Reis. *Contributo para uma Teoria do Estado de Direito*. Coimbra: Almedina, 2006, p. 29. FASSO, Guido. *Stato di Diritto e Stato di Giustizia*. In: Rivista Internazionale di Filosofia del Diritto. Ano XL, série 11, jan/fev 1963, p. 85. MAFFINI, Rafael. *Princípio da Proteção Substancial da Confiança no Direito Administrativo Brasileiro*. Porto Alegre: Verbo Jurídico, 2006.

⁸ ARISTÓTELES. *A política*. Trad. Roberto Leal Ferreira. São Paulo: Martins Fontes, 1998, p. 150.

⁹ Idem, p. 153.

constituído, observar cuidadosamente que nada se faça contra as leis e os costumes, e sobretudo prestar atenção, desde o começo, nos abusos, por pequenos que sejam.[10]

Na tentativa de resumir as ideias de Aristóteles, atentando-se para os problemas metodológicos que tal intento inevitavelmente é capaz de gerar, pode-se dizer que a limitação do Estado pelo Direito é fundada em dois aspectos básicos: (1) o poder não pode ser confiado ao arbítrio dos homens, dada as fraquezas e falibilidades inerentes ao ser humano, e (2) o Estado bem constituído deve observar o Direito como forma de evitar abusos e conservar o seu rumo em busca do bem comum.

Séculos mais tarde, a ideia é recobrada por Rudolf Von Ihering que trata do tema na sua obra "A Evolução do Direito (*Zweck in Recht*)". O autor define o Império do Direito como a força que desempenha a ordem jurídica, submetendo o próprio Estado às normas por ele ditadas.[11] Esta circularidade tem o condão de expungir o acaso e o arbítrio, conferindo uniformidade, certeza e visibilidade à lei, segundo posição de Ihering.[12] Arremata o pensador alemão que: "o direito, nesta acepção lata, implica a fôrça bilateralmente obrigatória da lei, a submissão do próprio Estado às leis que êle promulga".[13] Esta submissão do Estado ao Direito se justifica, na visão de Ihering, porque o poder público vislumbra na ordem jurídica a realização de seu interesse. É uma concepção auto-interessada da supremacia do Direito, conquanto o Estado se inclina frente às normas que ele próprio criou, pois somente assim poderá atingir os fins que pretende alcançar. Para ilustrar o pensamento, Ihering se vale da metáfora do jardineiro que cuida da árvore que plantou. Este exercício não se exaure em si mesmo, vale dizer, o jardineiro não cuida da árvore porque esta atividade lhe apraz, mas sim porque os cuidados oportunizaram a geração de frutos e estes recompensam a atenção dispensada. Dessa forma, o Direito é respeitado porque somente haverá ordem se o Estado respeitar a ordem por ele criada.[14]

Jellinek, de seu turno, coloca a problemática nos seguintes termos: a noção de soberania tão cara ao desenvolvimento dos Estados modernos pressupunha a negação de qualquer subordinação ou limitação do Estado por qualquer outro poder. No entanto, as correntes jusnaturalistas estabeleceram um vínculo inseparável entre a ideia de soberania e a concepção autolimitadora do Estado. O traço distintivo da corrente jusnaturalista reside na fonte limitadora que é moral e não jurídica. De posse desta orientação conceitual, Jellinek passa a sustentar o estabelecimento de uma ordem jurídica como essencial à existência do Estado, dizendo que a pergunta

---

[10] ARISTÓTELES. *A política*. Trad. Roberto Leal Ferreira. São Paulo: Martins Fontes, 1998, p. 232.
[11] CHEVALLIER, Jacques. *L'Etat de droit*. 3 ed. Paris: Montchrestien, 1999, p. 14.
[12] IHERING, Rudolf Von. *A evolução do Direito*. Salvador: Livraria Progresso, 1950, p. 293.
[13] Idem, p. 294.
[14] Idem, p. 306.

não deve ser se é possível o Direito limitar o poder estatal, mas sim como esta relação deve se estabelecer.[15] Aduz, Jellinek, que a partir do momento em que o Estado promulga uma lei, esta passa a ser válida e eficaz não só perante os particulares, mas também frente ao Estado. A submissão do Estado ao Direito por ele proposto, em todos os âmbitos de atuação, é, na visão de Jellinek, de natureza jurídica, ao contrário da tese defendida pelos jusnaturalistas. Para o autor tedesco, todas as garantias de Direito Público procuram assegurar a submissão do Estado às normas jurídicas por ele criadas.[16]

Leon Duguit também defendia o Estado obrigado pelo Direito em sua obra "Fondements de Droit". Diz o mestre francês que a partir do momento que se outorga a condição de sujeito de direito ao Estado, deve-se admitir por este motivo que o Estado se submeta às mesmas regras impostas aos demais indivíduos. Nas palavras de Duguit:

> Dizendo que o Estado é obrigado pelo Direito, pretende-se dizer, em primeiro lugar, que o Estado legislador é obrigado pelo direito a fazer certas leis e a não fazer outras. Pretende-se dizer, em seguida, que o Estado, depois de fazer uma lei, e enquanto essa lei subsistir, é obrigado pela própria lei que fez: pode modificá-la, revogá-la até, mas, enquanto ela existir, é obrigado a obedecer a essa lei tanto como os seus súditos; os seus funcionários administrativos, os seus juízes e os seus legisladores devem aplicar a lei e só podem agir nos limites que ela estabelece. É este o regime da legalidade.[17]

O fundamento de tal afirmação está na comparação estabelecida entre o Estado e o indivíduo. Na medida em que o homem possui direitos individuais naturais anteriores à existência da sociedade, o Estado, na mesma medida, seria coagido a respeitar tais direitos por força da sua obrigação de não violar tais garantias. Na lição de Duguit, o fim do Estado é a proteção desses direitos, portanto se encontra auto-limitado. Peréz Luño, parafraseano Kelsen, ensina que por Estado de Direito:

> (...) deve se entender um certo tipo de Estado: aquele que responde às exigências da democracia e da certeza do direito. Nesse sentido deve entender-se por Estado de Direito aquele que põe um ordenamento jurídico relativamente centralizado, na base da qual a jurisdição e a administração se encontram vinculadas por leis, isto é, por normas gerais emanadas de um parlamento eleito pelo povo; cujos membros do governo respondem por seus atos; cujos tribunais são independentes; e de onde se garante determinadas liberdades aos cidadãos, especialmente a liberdade de religião, de consciência e de expressão.[18]

---

[15] Jellinek afirma textualmente: "Es, pues, esencial al Estado el poser un orden jurídico, con locual se niega, por tanto, la doctrina del poder absoluto y ilimitado del Estado. No se encuentra éste sobre el derecho, de suerte que pueda librarse del derecho mismo. Lo que depende de su poder no es el saber si el orden jurídico debe existir, sino solo el como ha de organizarse". JELLINEK, Georg. *Teoria General del Estado*. p. 434.

[16] JELLINEK, George. *Op. cit.*, p. 435.

[17] DUGUIT, Leon. *Fundamentos do Direito*. p. 51.

[18] LUÑO, Antonio E. Pérez. *Derechos humanos, Estado de Derecho y Constitución*. 5 ed. Madri: Tecnos, 1995, p. 239. O autor adiante ressalta que a luta pelo Estado de Direito significou a luta contra todas as formas de arbitrariedade política e a exigência de um controle do Estado pelo Direito.

Não constitui objeto do presente trabalho debruçar-se exclusivamente sobre a investigação histórica do Estado de Direito, não obstante seu relevante papel para a construção do instituto.[19] Contudo, o desenvolvimento da proposta de definição do Estado de Direito no âmbito do Direito Tributário não pode prescindir da análise evolutiva do instituto no constitucionalismo pátrio. O conteúdo mínimo da norma e as eficácias que dela são extraídas estão intimamente ligadas ao entendimento consolidado ao longo dos anos na tradição brasileira. Assim, nos próximos pontos serão abordadas a recepção e o alcance que as Constituições Brasileiras conferiram ao termo "Estado de Direito" e suas implicações normativas. No estudo das Constituições Brasileiras será perceptível a recepção no texto constitucional das evoluções ocorridas no direito estrangeiro, especialmente no direito constitucional europeu continental e norte-americano. Parafraseando Geraldo Ataliba, é um "um ligeiro correr d'olhos sobre a evolução do nosso sistema tributário"[20] com o propósito de melhor compreender o Estado de Direito no Direito Tributário Brasileiro.

1.1. DO ESTADO DE POLÍCIA AO ESTADO DE DIREITO LIBERAL. DA CONSTITUIÇÃO DO IMPÉRIO AO CONSTITUCIONALISMO REPUBLICANO

1.1.1. A Constituição de 1824

As lições antes reproduzidas lançam algumas luzes sobre a ideia de Estado de Direito que passa a exercer importante papel na construção dos primeiros Estados modernos. Antes, contudo, precede o Estado chamado "absoluto", no qual a vontade do Príncipe sobrepõe-se a qualquer limita-

---

[19] Sobre a perspectiva histórica do tema, vale consultar as excelentes obras de HEUSCHLING, Luc. *Etat de droit, Rechtsstaat, Rule of Law*. Paris: Dalloz, 2002; CORREIA, José Manuel Sérvulo. *Legalidade e autonomia contratual nos contratos administrativos*. Coimbra: Almedina, 2003, p. 17 e seguintes; NOVAIS, Jorge Reis. *Contributo para uma Teoria do Estado de Direito*. Coimbra: Almedina, 2006. Uma boa síntese da doutrina francesa é obtida em DIFINI, Luiz Felipe Silveira. *Princípio do Estado Constitucional Democrático de Direito*. in: Revista da Ajuris n. 102, p. 161-9. Rogério Gesta Leal propõe interessante passeio pela evolução do Estado organizado e suas limitações jurídicas. LEAL, Rogério Gesta. *Teoria do Estado. Cidadania e poder político na modernidade*. 2 ed. Porto Alegre: Livraria do Advogado, 2001.

[20] Na célebre obra "Sistema Constitucional Tributário Brasileiro", o mestre Geraldo Ataliba faz uma breve incursão na história do sistema constitucional e inicia justificando: "Ligeiro correr d'olhos sobre a evolução nosso sistema tributário permitirá compreendê-lo melhor e auxiliará o trabalho de inserção, nessa linha evolutiva, daquele proposto pela emenda constitucional n° 18. Com efeito, nesta matéria tão estreitamente vinculada às realidades econômico-financeiras do país e, ao mesmo tempo, tão sensível às suas exigências políticas mais vivas e instantes, nenhum sistema há que possa surgir num passe de mágica, nem aplicar-se de pronto, com sucesso à infra estrutura, que é fruto de uma história cheia de vicissitudes e lutas desenvolvidas lenta e arduamente em século e meio de paulatina e fecunda elaboração de fatos políticos, econômicos, sociais e, inclusive, financeiros". ATALIBA, Geraldo. *Sistema Constitucional Tributário Brasileiro*. São Paulo: RT, 1968, p. 40.

ção.²¹ Não existia interesse individual que pudesse preponderar sobre o arbítrio do soberano que concentrava nas suas mãos todos os poderes que posteriormente viriam a ser cindidos com a evolução da tese da separação dos poderes.

Durante o absolutismo, ressurge a doutrina do "fisco" que, valendo-se da experiência do direito romano, dividia aquele Estado cujos atos eram insindicáveis – o Príncipe – daquele capaz de manter relações jurídicas com os particulares e suportar ativa e passivamente ações – o Fisco.²²

Essa divisão engenhosa serviu como uma limitação parcial do Estado ao Direito, preservando, ainda que timidamente, os interesses privados. Contudo, na crítica de Otto Mayer, é possível perceber a limitação referida: "como não há nada a fazer contra o próprio Estado e como o fisco nada mais pode fazer além de pagar, toda a garantia da liberdade civil no regime de polícia se resume nestas palavras: 'submete-se e apresenta a conta'".²³ Esse ranço absolutista é notado na primeira Constituição Brasileira, mesmo tendo este modelo sido superado pelas revoluções liberais na Europa. De efeito, a primeira Carta Magna brasileira é cópia da francesa de Luis XVIII adaptada por Benjamin Constant, reservando, tanto lá quanto cá, poder e arbítrio ao Imperador.²⁴

A Constituição de 1824,²⁵ outorgada por Dom Pedro I, confere poderes especiais à figura do imperador, concentrando numa só pessoa o Poder

---

²¹ José Manuel Sérvulo Correia alerta para o fato de ainda mesmo na idade média era possível verificar limitações jurídicas ao poder do monarca. Parafraseando Martin de Albuquerque, refere que "durante grande parte da Idade Média, a concepção política fundamental fora a da supremacia do Direito, mas sobretudo um Direito consuetudinário, proveniente do consentimento do povo e não da vontade do monarca. No renascimento português, o príncipe constitui já a fonte do Direito, mas encontra-se limitado pelas regras que cria, bem como pela lei divina e pela lei natural". CORREIA, José Manuel Sérvulo. *Legalidade e Autonomia Contratual nos Contratos Administrativos*. Coimbra: Almedina, 2003, p. 19. Refere Jacques Chevallier que o Estado de Polícia reconhecia o Direito, mas apenas na sua versão puramente formal. CHEVALLIER, Jacques. *L'Etat de droit*. 3 ed. Paris: Montchrestien, 1999, p. 16.

²² NOVAIS, Jorge Reis. *Contributo para uma Teoria do Estado de Direito*. Coimbra: Almedina, 2006, p. 38. Consultar com proveito também NOGUEIRA, Alberto. *Teoria dos Princípios Constitucionais Tributários*. Rio de Janeiro: Renovar, 2008, p. 35.

²³ MAYER, Otto. *Derecho Administrativo alemán*. T. I. Buenos Aires: Depalma, 1949, p. 48 e ss.

²⁴ Comungando da percepção aqui defendida, Paulo Bonavides e Paes de Andrade ressaltam o caráter dualista que habitava a Constituição do Império, ora assumindo feição liberal, ora escancarando o caráter absolutista: "Pelo conteúdo também, porque a Constituição mostrava com exemplar nitidez duas faces incontrastáveis: a do liberalismo, que fora completa no Projeto de Antônio Carlos, mas que mal sobrevivia com o texto outorgado, não fora a declaração de direitos e as funções atribuídas ao Legislativo, e a do absolutismo, claramente estampada na competência deferida ao Imperador, titular constitucional de poderes concentrados em solene violação dos princípios mais festejados pelos adeptos do liberalismo". BONAVIDES, Paulo e ANDRADE, Paes de. *História Constitucional do Brasil*. 4 ed. Brasília: OAB, 2002, p. 105.

²⁵ As transcrições dos textos das Constituições que serão daqui por diante reproduzidas guardam o estilo da época, razão pela qual algumas grafias podem parecer incorretas às regras gramaticais hodiernas.

Executivo (art. 102)[26] e Moderador (art. 98),[27] reservando ainda supremacia do monarca sobre o Legislativo (art. 13)[28] e sobre o chamado Poder Judicial (art. 154).[29] O vezo absolutista deixa resquícios no texto constitucional de 1824 quando dispõe que: "Art. 99. A Pessoa do Imperador é inviolavel, e Sagrada: Elle não está sujeito a responsabilidade alguma".[30]

Como referido acima acerca da doutrina do fisco, o Estado Brasileiro, no período imperial, é dividido entre a família imperial, insuscetível de qualquer responsabilidade como antes transcrito, e Fazenda Nacional (art. 170),[31] que travaria relações com os particulares e possuiria capacidade processual.

O traço marcante da Constituição "oferecida e jurada por sua majestade o Imperador"[32] é a sua maleabilidade, já que sem sofrer reformas,[33] serviu tanto ao primeiro reinado, quanto ao período de regência e também o segundo reinado.[34]

Não se pode perder de vista, outrossim, que sendo fruto de um período histórico bastante significativo – pós revoluções liberais – a marca da limitação do Poder Estatal em nome de garantias e determinados direitos do cidadão é visível.[35] A Constituição Monárquica instituiu no país uma monarquia constitucional, como expressamente restou consignado no preâmbulo, quando atribui a Dom Pedro I a denominação de "Imperador Constitucional e Defensor Perpétuo do Brasil". Considerando que na

---

[26] "Art. 102. O Imperador é o Chefe do Poder Executivo, e o exercita pelos seus Ministros de Estado".

[27] "Art. 98. O Poder Moderador é a chave de toda a organisação Politica, e é delegado privativamente ao Imperador, como Chefe Supremo da Nação, e seu Primeiro Representante, para que incessantemente vele sobre a manutenção da Independencia, equilibrio, e harmonia dos mais Poderes Políticos".

[28] "Art. 13. O Poder Legislativo é delegado á Assembléa Geral com a Sancção do Imperador".

[29] "Art. 154. O Imperador poderá suspende-los por queixas contra elles feitas, precedendo audiencia dos mesmos Juizes, informação necessaria, e ouvido o Conselho de Estado. Os papeis, que lhes são concernentes, serão remettidos á Relação do respectivo Districto, para proceder na fórma da Lei".

[30] A característica arbitrária do chamado Estado de Polícia como refere Otto Mayer é realçada quando resume que "frente aos súditos, seu poder não tem limites jurídicos, o que deseja é obrigatório". MAYER, Otto. *Derecho Administrativo alemán*. T. I. Buenos Aires: Depalma, 1949, p. 48.

[31] "Art. 170. A Receita, e despeza da Fazenda Nacional será encarregada a um Tribunal, debaixo de nome de 'Thesouro Nacional" aonde em diversas Estações, devidamente estabelecidas por Lei, se regulará a sua administração, arrecadação e contabilidade, em reciproca correspondencia com as Thesourarias, e Autoridades das Provincias do Império".

[32] Excerto extraído do preâmbulo da Constituição.

[33] A Constituição de 1834 sofreu apenas uma emenda através do Ato Adicional de 12 de agosto de 1834.

[34] A maleabilidade da Constituição é ressaltada por Octaviano Nogueira quando refere que: "Como lembrou Afonso Celso, em seu livro *Oito Anos de Parlamento*, era tão plástica a Constituição monárquica, que a própria República poderia ter sido implantada no País com uma simples emenda constitucional". NOGUEIRA, Octaviano. *Constituições Brasileiras. 1824*. v. I. Brasília: Senado Federal, 2001, p. 16.

[35] Aos autores Paulo Bonavides e Paes de Andrade a marca liberal é inegável na Constituição imperial. BONAVIDES, Paulo e ANDRADE, Paes de. *História Constitucional do Brasil*. 4 ed. Brasília: OAB, 2002, p. 105.

Europa os Estados liberais passaram a proteger os direitos chamados pelos constitucionalistas como sendo aqueles de primeira geração,[36] no Brasil não poderia ser diferente.

Com efeito, a Constituição de 1824 consagra proteção especial às garantias constitucionais referindo que "Art. 178. É só Constitucional o que diz respeito aos limites, e attribuições respectivas dos Poderes Politicos, e aos Direitos Politicos, e individuaes dos Cidadãos. Tudo, o que não é Constitucional, póde ser alterado sem as formalidades referidas, pelas Legislaturas ordinárias". Tal proteção é realçada com a disposição constante do artigo 179, XXXIV, que estatui: "Os Poderes Constitucionaes não podem suspender a Constituição, no que diz respeito aos direitos individuaes, salvo nos casos, e circumstancias especificadas no paragrapho seguinte". Estava criado o que, anos mais tarde, seria chamado de cláusulas pétreas ou inaboliveis.

A liberdade, a segurança individual e a propriedade, direitos fundamentais de primeira geração, são garantias invioláveis segundo o artigo 179[37] da Constituição de 1824.[38] Logo em seguida, o próprio artigo 179 se encarrega de dispor a forma como seriam protegidos os direitos civis e políticos considerados invioláveis pela constituição monárquica.

Interessa ao presente trabalho realçar que o texto da Constituição de 1824 preserva a garantia da legalidade (art. 179, I),[39] irretroatividade (art.

---

[36] As terminologias variam de acordo com os autores, como bem identifica José Joaquim Gomes Canotilho. Para o autor português algumas definições apresentam apenas valor histórico, outras pecam pela imprecisão. CANOTILHO, José Joaquim Gomes. *Direito Constitucional e Teoria da Constituição.* 7 ed. Coimbra: Almedina, 2003, p. 393-8. No mesmo sentido: ANDRADE, José Carlos Vieira de. *Os Direitos Fundamentais na Constituição Portuguesa. 1976.* 2 ed. Coimbra: Almedina, 2001, p. 173. Ingo Sarlet, de seu turno, utiliza a definição "direitos fundamentais da primeira dimensão", alertando que a utilização do termo "geração" pode conduzir a equivocada ideia de substituição gradativa de uma geração por outra, quando na verdade deve-se compreender a evolução dos direitos fundamentais como um processo cumulativo. SARLET, Ingo Wolfgang. *A eficácia dos direitos fundamentais.* 4 ed. Porto Alegre: Livraria do Advogado, 2004, p. 53. Adota-se a classificação largamente utilizada nos meios acadêmicos de "gerações" por melhor expressar a ideia de sucessão no tempo apenas, já que indissociável a ideia de complementariedade de uma geração à outra.

[37] "Art. 179. A inviolabilidade dos Direitos Civis, e Politicos dos Cidadãos Brazileiros, que tem por base a liberdade, a segurança individual, e a propriedade, é garantida pela Constituição do Imperio, pela maneira seguinte".

[38] O contratualismo de John Locke e seu legado na formação dos direitos individuais consagrados como de primeira geração é destacado por José Manuel Sérvulo Correia que diz: "Desde o início, a função primordial da colectividade seria a protecção dos direitos individuais dos seus membros, centrado na vida, na liberdade e na propriedade. Aqui reside a gênese da idéia-força da liberdade e propriedade". CORREIA, José Manuel Sérvulo. *Legalidade e Autonomia Contratual nos Contrato Administrativos.* Coimbra: Almedina, 2003, p. 21. Os valores preservados pelo Estado de Direito liberal é compartilhado por Luis Felipe Difini que identifica naquela primeira versão do Estado de Direito o "paradigma jurídico-político da burguesia enquanto classe revolucionária. DIFINI, Luiz Felipe Silveira. *Princípio do Estado Constitucional democrático de direito. in:* Revista da Ajuris n. 102, p. 163.

[39] "Art. 179. (...) I. Nenhum Cidadão póde ser obrigado a fazer, ou deixar de fazer alguma cousa, senão em virtude da Lei".

179, III),⁴⁰ igualdade (art. 179, XIII), capacidade contributiva (art. 179, XV)⁴¹ e propriedade (art. 179, XXII). Em que pesem algumas garantias não se dirigissem exclusiva e diretamente à tributação, inegável reconhecer a influência que o texto constitucional já exercia sobre o poder de tributar já no Brasil Império.

Considerando que sequer se debatia a existência de um ramo próprio para o Direito Financeiro-Tributário, como história Geraldo Ataliba,⁴² não se poderia esperar do legislador constituinte um detalhamento nessa seara. Ocorre que ainda assim a Constituição instituiu o princípio da anualidade das contribuições diretas (art. 171⁴³) e da universalidade do orçamento (art. 172).⁴⁴

A verdade é que o período é marcado por um sistema tributário extremamente flexível sendo necessário observar no período algumas poucas normas. Na expressão de Geraldo Ataliba "Obedecidos êsses singelos princípios, dispunha o legislador ordinário de ampla liberdade em sua ação para instituir, desembaraçadamente, quantos tributos quisesse, pela forma que o desejasse e quando lhe aprouvesse".⁴⁵ Não obstante, como destacado acima, os valores liberdade, segurança individual e propriedade já gozavam de prestígio, recebendo o status de cláusulas pétreas na Constituição imperial.

1.1.2. A Constituição de 1891

A nota essencial que permeia o constitucionalismo brasileiro nas suas duas primeiras constituições é, sem dúvida alguma, a forte influência liberal. Primeiramente, na versão monárquica em 1824, depois na versão republicana com a Carta de 1891.⁴⁶

---

⁴⁰ "Art. 179. (...)II. A sua disposição não terá effeito retroactivo".

⁴¹ Geraldo Ataliba, ao comentar o inciso da Constituição de 1824, diz que se trata do princípio da proporcionalidade que embora tivesse relevante papel na estrutura do sistema, denotando elevada evolução intelectual dos estadistas do Primeiro Império, a sua aplicação foi praticamente nula. ATALIBA, Geraldo. *Sistema Constitucional Tributário Brasileiro*. São Paulo: RT, 1968, p. 44.

⁴² ATALIBA, Geraldo. *Sistema Constitucional Tributário Brasileiro*. São Paulo: RT, 1968, p. 41 e 45.

⁴³ "Art. 171. Todas as contribuições directas, á excepção daquellas, que estiverem applicadas aos juros, e amortisação da Divida Publica, serão annualmente estabelecidas pela Assembléa Geral, mas continuarão, até que se publique a sua derogação, ou sejam substituidas por outras".

⁴⁴ "Art. 172. O Ministro de Estado da Fazenda, havendo recebido dos outros Ministros os orçamentos relativos ás despezas das suas Repartições, apresentará na Camara dos Deputados annualmente, logo que esta estiver reunida, um Balanço geral da receita e despeza do Thesouro Nacional do anno antecedente, e igualmente o orçamento geral de todas as despezas publicas do anno futuro, e da importancia de todas as contribuições, e rendas publicas".

⁴⁵ ATALIBA, Geraldo. *Sistema Constitucional Tributário Brasileiro*. São Paulo: RT, 1968, p. 49.

⁴⁶ Bonavides e Paes de Andrade ressaltam que ideologicamente "a Primeira República foi o coroamento de liberalismo no Brasil". BONAVIDES, Paulo e ANDRADE, Paes de. *História Constitucional do Brasil*. 4 ed. Brasília: OAB, 2002, p. 259.

Nota-se que os bens jurídicos que a Constituição de 1891 visava a resguardar eram os mesmos que a Constituição do império privilegiou, vale dizer, a liberdade, a propriedade e a segurança, consoante fica expresso no artigo 72 da Constituição de 1891.[47] Tais valores, de inspiração burguesa,[48] dão a tônica do texto constitucional torneado por Rui Barbosa. Com efeito, o período pós-revoluções liberais impregnou os valores consagrados pelo liberalismo nos ordenamentos jurídicos dos países alinhados com tal tendência, dentre eles o Brasil. Na feliz expressão de Jorge Reis Novais, "a ideologia das três separações" impunha uma separação entre política e economia (influência de Adam Smith), separação entre Estado e Moral (escola kantiana) e separação entre o Estado e a sociedade civil (entendimento de Humboldt).[49]

A diferença entre as duas primeiras constituições brasileiras é radical, quando se supera um Estado Monárquico unitário para um Estado Republicano Federado. Aduz Amílcar Falcão que "sobreveio o regime republicano e com ele a forma federativa. Estava criado o clima para a autêntica e lídima discriminação de rendas".[50] Muito embora se pudesse haurir das garantias antes referidas na Carta de 1824 limitações ao pode de tributar, a Constituição de 1891 disciplinou de forma expressa as condições ao exercício da tributação, posicionando-as na abertura da primeira Carta Magna da República.

O Estado de Direito, na República recentemente proclamada, ganha importância ao receber normas constitucionais que impunham limites ao Estado e asseguravam maiores garantias aos particulares. Consta do texto da Constituição que:

> Art 10. É proibido aos Estados tributar bens e rendas federais ou serviços a cargo da União, e reciprocamente.
>
> Art 11. É vedado aos Estados, como à União:
>
> 1º) criar impostos de trânsito pelo território de um Estado, ou na passagem de um para outro, sobre produtos de outros Estados da República ou estrangeiros, e, bem assim, sobre os veículos de terra e água que os transportarem;

---

[47] "Art 72. A Constituição assegura a brasileiros e a estrangeiros residentes no País a inviolabilidade dos direitos concernentes à liberdade, à segurança individual e à propriedade, nos termos seguintes: (...)"

[48] Novais contextualiza o período histórico de surgimento dos ideais liberais como uma resposta e um basta ao arbítrio e abusos do Estado Polícia: "O constrangimento individual e a falta de previsibilidade e segurança, decorrentes da actividade discricionária e ilimitada de um Príncipe empenhado na construção de uma 'nação culta e polida', provocariam inevitavelmente a reacção da burguesia ascendente contra o Estado de Polícia". NOVAIS, Jorge Reis. *Contributo para uma Teoria do Estado de Direito*. Coimbra: Almedina, 2006, p. 40.

[49] NOVAIS, Jorge Reis. *Contributo para uma Teoria do Estado de Direito*. Coimbra: Almedina, 2006, p. 59.

[50] FALCÃO, Amílcar de Araujo. *Impostos concorrentes na Constituição de 1946*. edição limitada. Rio de Janeiro, p. 45 *apud* ATALIBA, Geraldo. *Sistema Constitucional Tributário Brasileiro*. São Paulo: RT, 1968, p. 50.

2º) estabelecer, subvencionar ou embaraçar o exercício de cultos religiosos;
3º) prescrever leis retroativas.

Observa-se que as limitações agem como verdadeiros anteparos à agressão estatal conferindo proteção aos direitos fundamentais e aos bens jurídicos tutelados pela ordem jurídica da época, a saber: liberdade, propriedade e segurança.[51]

Segundo Paulo Bonavides e Paes de Andrade, a pedra angular do Estado de Direito estava inserta no artigo 28 da Constituição de 1891, que permitia a ampliação das garantias e direitos além daqueles expressamente inscritos no texto.[52]

Digno de destaque a pioneira divisão dos tributos entre a União e os Estados. Competia aos Estados Federados a destinação da arrecadação dos seus impostos aos municípios. Consoante lembra Aliomar Baleeiro, a Constituição de 1891 havia identificado os impostos federais e os impostos estaduais, nomeando-os no texto da carta política da República. Poder-se-ia ainda criar novos impostos que seriam de competência concorrente, podendo ser criados cumulativamente pela União e Estados.[53] Trata-se do embrião do federalismo tributário, tão distorcido atualmente e que prejudica a higidez e segurança do sistema tributário. De qualquer forma, a divisão de competências tributárias e a ainda comedida limitação à instituição de novos tributos são traços que apontam para a necessidade

---

[51] Nas palavras de Jorge Reis Novaes: "A adjetivação liberal do Estado de Direito advém, portanto, não do princípio de limitação jurídica do Estado dirigida à garantia dos direitos e liberdades fundamentais, mas sim da concretização particular que as técnicas jurídicas de limitação assumem no contexto do Estado liberal e, sobretudo, do condicionamento dos direitos fundamentais pelos valores burgueses". NOVAIS, Jorge Reis. *Contributo para uma Teoria do Estado de Direito*. Coimbra: Almedina, 2006, p. 59. Geraldo Ataliba, ao comentar o art. 11 da Constituição de 1891, aduz que tais disposições decorriam da natureza federal do Estado Brasileiro e "já erigiam limitações constitucionais ao poder de tributar, tolhendo, dest'arte, a liberdade do legislador ordinário, sob certos aspectos e dentro de prévios e determinados limites". ATALIBA, Geraldo. *Sistema Constitucional Tributário Brasileiro*. São Paulo: RT, 1968, p. 55.
[52] BONAVIDES, Paulo e ANDRADE, Paes de. *História Constitucional do Brasil*. 4 ed. Brasília: OAB, 2002, p. 259.
[53] Aliomar Baleeiro faz um resgate do cenário da tributação instituído com a República: "União, Estados e Municípios podiam cobrar taxas (tributos como contraprestação de serviços específicos prestados ao contribuinte) e as rendas de seus bens e serviços não coativos (rendas industriais e comerciais). Competiam exclusivamente à União impostos de importação, direitos de entrada e saída de navios selos, taxas de correio, telégrafo. Aos Estados, exclusivamente, impostos de exportação de seus produtos; os sobre imóveis rurais e urbanos; sobre transmissão de propriedade (sisa sobre bens de raiz); sobre indústrias e profissões; selos sobre os atos de seu governo e negócios de sua economia; taxas sobre seus correios e telégrafo. Entre os impostos de transmissão de propriedade, compreendia-se o *causa mortis* (sobre heranças e legados) que os Estados arrecadavam. Os Estados deixaram para os Municípios o imposto predial urbano (casas e terrenos) e permitiam que eles arrecadassem cumulativamente o de indústrias e profissões. Isto é, os contribuintes pagavam esse imposto ao Estado e aos Municípios. Estes cobravam as taxas de seus serviços (luz, lixo, etc.)". BALEEIRO, Aliomar. Constituições Brasileiras: 1891. Brasília: Senado Federal, 2001, p. 39.

de imposição de limites ao Estado e, por decorrência, prestígio ao Estado de Direito.

1.1.3. Estado de Direito liberal e influência no Direito Tributário

O resgate das primeiras Constituições brasileiras propiciou a constatação de uma forte influência liberal nos primeiros anos do constitucionalismo brasileiro. A tônica da proteção da propriedade, liberdade e segurança, aliado à concepção minimalista de Estado deu as cartas no alvorecer da formação do instituto do Estado de Direito no país. Em que pese a escassa presença de normas voltadas diretamente ao Direito Tributário, salta aos olhos a proteção que a ordem jurídica pretendia conferir aos direitos e liberdades individuais. A ação estatal, seja ela com cunho de repressão criminal, seja com viés arrecadatório, deveria respeitar os valores máximos da liberdade, segurança individual e propriedade destacados nos textos de 1824 e 1891. Tais premissas se tornariam presentes nas constituições vindouras e repetidas na Constituição vigente.

Como no resto do mundo, o Brasil também foi influenciado pela Escola Histórica do Direito[54] que defendia uma interpretação literal das normas que também adquiriu fôlego e expressão com a Jurisprudência dos Conceitos. Nesse modelo admitia-se que os conceitos e institutos jurídicos seriam capazes de descrever e retratar fielmente a realidade social, bem assim as matizes econômicas, descabendo qualquer esforço hermenêutico.[55]

Ao traçar o paralelo das tendências interpretativas antes referidas com o Direito Tributário, Ricardo Lobo Torres diz que o momento histórico defendia a primazia do direito civil sobre o direito tributário, "da legalidade estrita, da ajuridicidade da capacidade contributiva, superioridade do papel do legislador, da autonomia da vontade e do caráter absoluto da propriedade".[56]

---

[54] Como destaca Larenz, Savigny pugnava por uma interpretação no sentido lógico gramatical, sem fazer ampliações ou restrições. Recordando Savigny, Larenz diz que para esse período histórico: "O juiz não tem que aperfeiçoar a lei, de modo criador – tem apenas que executá-la: uma aperfeiçoamento da lei é, decerto, possível, mas deve ser obra unicamente do legislador, e nunca do juiz". LARENZ, Karl. *Metodologia da Ciência do Direito*. 3 ed. trad. José Lamego. Lisboa: Fundação Kalouste Gulbenkian, 1997, p. 12. Partilhando da mesma percepção histórica e com riqueza de informações, TORRES, Ricardo Lobo. *Normas de Interpretação e Integração do Direito Tributário*. 3 ed. Rio de Janeiro: Renovar, 2000, p. 3-7.

[55] O prof. Ricardo Lobo Torres identifica as raízes da jurisprudência dos conceitos na padectística alemã. TORRES, Ricardo Lobo. *Normais gerais antielisivas*. In: *Temas de interpretação do Direito Tributário*. Rio de Janeiro: Renovar, 2003, p. 263.

[56] Sobre esta tendência, refere o professor carioca que o direito estrangeiro teve como seus maiores representantes Heinrich Wilhelm Kruse e Achille Donato Giannini. Entre nós, destaca Gilberto Ulhoa Canto e Sampaio Dória. TORRES, Ricardo Lobo. *Normais gerais antielisivas*. In: *Temas de interpretação do Direito Tributário*. Rio de Janeiro: Renovar, 2003, p. 263.

No mesmo sentido, pontua Ricardo Lodi Ribeiro referindo que: "a concepção formalista da jurisprudência dos conceitos entronizou o valor segurança jurídica, tão cara ao Estado Liberal clássico, o Estado 'Guarda Noturno', fruto de uma sociedade individualista, que tinha como valor supremo a proteção da liberdade do indivíduo contra o Estado".[57]

O período deixou marcas indeléveis na cultura jurídica, influenciando sobremaneira na exaltação da legalidade tributária e tipicidade "cerrada", adiante analisadas em separado.

1.2. O SURGIMENTO DO "WELFARE STATE" E AS REPERCUSSÕES NO CONSTITUCIONALISMO BRASILEIRO

O mundo pós-I Guerra Mundial ingressava numa fase de recessão e crise econômica, agravada pela quebra da economia norte-americana em 1929. Recrudesceu no mundo, principalmente nos meios acadêmicos, a necessidade de uma forte intervenção estatal.[58] O liberalismo econômico dava sinais de impotência, ensejando o crescimento do Estado e sua influência no domínio econômico.[59]

O período exigia não somente uma maior intervenção estatal no mercado. Era esperada uma modificação significativa na relação sociedade-Estado com o propósito de alcançar melhores níveis de qualidade de vida. O Estado deveria oportunizar a um maior contingente da população

---

[57] RIBEIRO, Ricardo Lodi. *A interpretação da lei tributária na era da jurisprudência dos valores*. In: *Temas de interpretação do Direito Tributário*. Rio de Janeiro: Renovar, 2003, p. 334.

[58] A tendência de estatização da Sociedade e socialização do Estado, na expressão de Jorge Reis Novais, pode ser notada antes mesmo da primeira guerra mundial, quando ainda no século XVII a Grã-Bretanha tentava organizar sua assistência social através das chamadas "poor laws". No século XIX, na monarquia alemã sob o comando de Bismarck, surgem propostas de reforma social seguindo o pensamento de teóricos como Lorenz von Stein, e Lassale. NOVAIS, Jorge Reis. *Contributo para uma Teoria do Estado de Direito*. Coimbra: Almedina, 2006, p. 180. Paulo Bonavides, por outro lado, marca a distinção entre Estado Social e Estado socialista ao definir que "O Estado Social representa efetivamente uma transformação super-estrutural por que passou antigo Estado liberal. Seus matizes são riquíssimos e diversos. Mas algo, no ocidente, o distingue, desde as bases, do Estado proletário, que o socialismo marxista intenta implantar: é que ele conserva sua adesão à ordem capitalista, princípio cardial a que não renuncia". BONAVIDES, Paulo: *Do Estado Liberal ao Estado Social*. Fortaleza: Imprensa Universitária do Ceará, 1958, p. 167-8.

[59] No mesmo sentido, sintetiza as nuances do período Jorge Reis Novais: "Quando a crise econômica e social que se segue à primeira guerra mundial patenteia a impotência em que se encontra mergulhado o Estado liberal (cuja neutralidade, sustentada no formalismo legalista que realçamos no capítulo anterior, mal disfarçava uma ausência de valores que o deixava inerte perante as convulsões sociais e a crise de legitimidade que assolavam a Europa), serão várias as direcções programáticas em torno das quais se visará a superação do legado liberal oitocentista". NOVAIS, Jorge Reis. *Contributo para uma Teoria do Estado de Direito*. Coimbra: Almedina, 2006, p. 128. STEICHEN, Alain. *La justice fiscale entre la justice commutative et la justice distributive*. In: Archives du Philosofie de Droit n 46, p. 266, 2000.

condições dignas e assim realizar a justiça social.⁶⁰ Essa perspectiva, como ressaltado, não se esgotaria na simples ampliação da ingerência do Estado na economia, pois o Estado Social tinha essencialmente o propósito de assegurar condições de existência digna aos cidadãos, sem a qual os direitos fundamentais não passariam de uma quimera.⁶¹ Nesse período, o princípio do Estado Social "significa que o Estado recebe o poder-dever de conformar a ordem social".⁶² Para José Manuel Sérvulo Correia:

> A tônica social do Estado de Direito alargou o seu significado, dando-lhes em muitos casos por objecto não uma omissão, mas sim uma actuação positiva do Estado. Quando assim sucede, eles são, sem prejuízo do caráter programática da enunciação constitucional, direitos a prestações (*Leistungsrechte*).⁶³

Nesse período, o Estado deixa de ser mero garantidor dos direitos fundamentais tipicamente liberais (liberdade, propriedade, segurança, etc), passando a ser devedor de ações positivas capazes de assegurar novos direitos chamados de sociais.⁶⁴

A visão dos direitos fundamentais como tão somente direitos de defesa contra a ação estatal é ampliada para permitir o surgimento de garantias a serem assegurados pelo Estado através de uma ação positiva.⁶⁵

1.2.1. A Constituição de 1934

Nesse contexto, já sob o comando de Getúlio Vargas, surge a Constituição de 1934. A nova Carta mantém a mesma estrutura da anterior acrescentando, ao que interessa ao presente trabalho, um título sobre a ordem econômica e social e outro sobre a família, a educação e a cultura, com nítida influência da Constituição alemã de Weimar.⁶⁶ A Comissão encarre-

---

⁶⁰ LEAL, Rogério Gesta. *Perspectivas Hermenêuticas dos Direitos Humanos e Fundamentais no Brasil*. Porto Alegre: Livraria do Advogado, 2000, p. 68-9.

⁶¹ NOVAIS, Jorge Reis. *Contributo para uma Teoria do Estado de Direito*. Coimbra: Almedina, 2006, p. 185.

⁶² CORREIA, José Manuel Sérvulo. *Legalidade e autonomia contratual nos contratos administrativos*. Coimbra: Almedina, 2003, p. 90.

⁶³ Idem, p. 92.

⁶⁴ ALEXY, Robert. *Teoria de los derechos fundamentales*. Trad. Ernesto Garzón Valdés. Madri: Centro de Estúdios Políticos y Constitucionales, 2001, p. 419-20.

⁶⁵ Gilmar Mendes fala em "Direitos fundamentais enquanto direitos a prestações positivas" explicando "Como ressaltado, a visão de direitos fundamentais enquanto direitos de defesa (*Abwehrrecht*) revela-se insuficiente para assegurar a pretensão de eficácia que dimana do texto constitucional. Tal como observado por Krebs, não se cuida apenas de ter liberdade em relação ao Estado (Freiheit vom...), mas de desfrutar essa liberdade mediante atuação do Estado (Freiheit durch...)". MENDES, Gilmar. *Os Direitos fundamentais e seus múltiplos significados na ordem constitucional*. In: Repertório de Jurisprudência IOB nº 09, maio, 2002, p. 335.

⁶⁶ SILVA, José Afonso da. *Curso de Direito Constitucional Positivo*. 16 ed. São Paulo: Malheiros, 1999, p. 84. Sobre a Constituição de Weimar e traçando um panorama do período, valiosa a lição de Ronaldo Poletti: "A Constituição de Weimar institucionalizara a socialdemocracia, procurando conciliar a li-

gada de elaborar o anteprojeto da Constituição deixa claro em suas atas o tom dos debates, reafirmando uma preocupação social. João Mangabeira, membro da Comissão Itamaraty,[67] intervém dizendo que "as constituições modernas têm como orientação acabar com as desigualdades sociais. Se a Constituição brasileira não marchar na mesma direção, deixará de ser revolucionária para se tornar reacionária".[68] A nova Constituição insere o Brasil na segunda geração dos direitos fundamentais assegurando direitos de ordem social até então inéditos nas Constituições precedentes. Para Paulo Bonavides e Paes Andrade:

> A constituição de 16 de julho de 1934 funda juridicamente no País uma forma de Estado social que a Alemanha estabelecera com Bismarck há mais de um século, aperfeiçoara com Preuss (Weimar) e finalmente iria proclamar com solenidade textual em dois artigos da Lei Fundamental de Bonn, de 1949, cunhando a célebre fórmula do chamado Estado social de direito, matéria de tanta controvérsia nas regiões de doutrina, da jurisprudência e aplicação hermenêutica.[69]

No campo do direito financeiro, convém realçar a repartição das receitas tributárias entre União, Estados e, pela primeira vez, municípios (artigo 13, § 2º). Confere-se, pois, autonomia aos municípios para ditar seus próprios desígnios pela primeira vez, merecendo destaque face à importância na consolidação da forma federativa, bem assim na estruturação da ideia de Estado de Direito.[70]

Na seara tributária, a Constituição de 1934 prosseguiu no caminho do aprimoramento dos institutos de Direito Tributário. Pela primeira vez

---

berdade individual com a necessidade de um Estado, cuja função não ficaria restrita à produção das normas jurídicas, mas estenderia a sua atuação de maneira que se transformasse num Estado não meramente de direito, mas também um Estado político e administrativo. A Revolução soviética, por sua vez, impusera a presença organizada da massa de trabalhadores no poder, através de um partido disciplinado e coeso na sua doutrina ideológica, o qual, tomando posse da máquina estatal, seria fiel aos desígnios de planejamento total em matéria de economia e aos de vivenciar, a seu favor, os defeitos que apontava no mesmo Estado, quando em poder da burguesia e dócil às determinações da estrutura capitalista de produção. De repente, o mundo tomara consciência de situações dramáticas que iriam pôr em risco a felicidade imaginada por abstrações liberais. Não! O mundo não vai por si só! Não é possível deixar fazer e assistir à passagem da vida. O Estado precisa intervir". POLETTI, Ronaldo. *Constituições Brasileiras: 1934*. Brasília: Senado Federal, 2001, p. 16.

[67] O nome da Comissão encarregada de elaborar o anteprojeto de Constituição teve origem no local onde os notáveis se reuniam para realização dos trabalhos preparatórios sob a Presidência de Afrânio Mello Franco e relatoria de Carlos Maximiliano, dentre outros. BONAVIDES, Paulo e ANDRADE, Paes de. *História Constitucional do Brasil*. 4 ed. Brasília: OAB, 2002, p. 294.

[68] Excerto da ata referente à segunda sessão transcrito por Poletti na sua obra. POLETTI, Ronaldo. *Constituições Brasileiras: 1934*. Brasília: Senado Federal, 2001, p. 22.

[69] BONAVIDES, Paulo e ANDRADE, Paes de. *História Constitucional do Brasil*. 4 ed. Brasília: OAB, 2002, p. 331.

[70] A discriminação de rendas foi um dos temas polêmicos da Constituinte previamente instaurada, quando críticos do sistema tributário vigente e em grande medida ainda sob os resquícios do Império deixava a míngua de recursos os entes federados e, ao mesmo, tempo os impunha inúmeras tarefas que paulatinamente eram descentralizadas da Administração Central. BONAVIDES, Paulo e ANDRADE, Paes de. *História Constitucional do Brasil*. 4 ed. Brasília: OAB, 2002, p. 312-5.

é inscrito no texto da Constituição regra específica vedando a bitributação, fenômeno entendido como a exigência do mesmo tributo por diferentes entes da federação.[71]

As limitações constitucionais ao poder de tributar foram dispostas no artigo 17,[72] muito embora no mesmo dispositivo constassem regras não relacionadas com o Direito Tributário. No artigo seguinte, o constituinte tratou de vedar práticas discriminatórias, impondo tratamento tributário igualitário em todo território nacional (art. 18).[73]

Não obstante, o traço social adentra também na seara tributária, quando é instituída uma espécie de contribuição de melhoria, ainda que assim não fosse expressamente nomeada. O artigo 127[74] transfere do particular para o Estado metade da valorização sentida em imóvel em razão de serviço público ou progresso social.

O traço marcante da Constituição de 1934, em matéria tributária, é o surgimento da rigidez e inflexibilidade sobre o tema que a partir de então passa a constituir característica própria do que viria a ser o sistema tributário brasileiro, conforme recorda Geraldo Ataliba.[75] O texto apresen-

---

[71] A respeito da bitributação, assim previa a Constituição: "Art 11 – É vedada a bitributação, prevalecendo o imposto decretado pela União quando a competência for concorrente. Sem prejuízo do recurso judicial que couber, incumbe ao Senado Federal, ex officio ou mediante provocação de qualquer contribuinte, declarar a existência da bitributação e determinar a qual dos dois tributos cabe a prevalência".

[72] "Art 17. É vedado à União, aos Estados, ao Distrito Federal e aos Municípios: I – criar distinções entre brasileiros natos ou preferências em favor de uns contra outros Estados; II – estabelecer, subvencionar ou embaraçar o exercício de cultos religiosos; III – ter relação de aliança ou dependência com qualquer culto, ou igreja sem prejuízo da colaboração recíproca em prol do interesse coletivo; IV – alienar ou adquirir imóveis, ou conceder privilégio, sem lei especial que o autorize; V – recusar fé aos documentos públicos; VI – negar a cooperação dos respectivos funcionários no interesse dos serviços correlativos; VII – cobrar quaisquer tributos sem lei especial que os autorize, ou fazê-lo incidir sobre efeitos já produzidos por atos jurídicos perfeitos; VIII – tributar os combustíveis produzidos no País para motores de explosão; IX – cobrar, sob qualquer denominação, impostos interestaduais, intermunicipais de viação ou de transporte, ou quaisquer tributos que, no território nacional, gravem ou perturbem a livre circulação de bens ou pessoas e dos veículos que os transportarem; X – tributar bens, rendas e serviços uns dos outros, estendendo-se a mesma proibição às concessões de serviços públicos, quanto aos próprios serviços concedidos e ao respectivo aparelhamento instalado e utilizado exclusivamente para o objeto da concessão. Parágrafo único – A proibição constante do nº X não impede a cobrança de taxas remuneratórias devidas pelos concessionários de serviços públicos".

[73] "Art 18. É vedado à União decretar impostos que não sejam uniformes em todo o território nacional, ou que importem distinção em favor dos portos de uns contra os de outros Estados".

[74] "Art. 127. A valorização resultante dos serviços públicos ou do progresso social, sem que o proprietário do imóvel para isso tenha concorrido, pertence pelo menos em metade, à Fazenda Pública".

[75] Comenta Geraldo Ataliba que: "Da contemplação do sistema formado por esse diploma constitucional, vê-se que, pela primeira vez, em todo o mudo, estrutura-se um sistema constitucional tributário rígido e inflexível que ao legislador ordinário não deixa margem alguma de discrição ou liberdade. (...) Tudo que em matéria tributária se pode fazer é previsto, quanto ao conteúdo, à forma, à oportunidade, à qualidade e à quantidade – de antemão – pela Constituição. Às legislaturas sòmente resta a liberdade de... obedecer estrita e rigorosamente à Lei Máxima. É a inauguração da característica tão típica o Brasil, da absoluta e inarredável rigidez de seu sistema constitucional tributário, que vimos mantendo até hoje". ATALIBA, Geraldo. *Sistema Constitucional Tributário Brasileiro*. São Paulo: RT, 1968, p. 61.

ta cláusula precursora da proibição de excesso e proibição de confisco, quando veda expressamente majoração de tributo superior a 20% do seu valor.[76] Sobre o dispositivo, comentou o Min. Orozimbo Nonato:

> Veio aquele preceito suscitar um marco insuperável às expansões da política tributista. Contra o mal de se elevarem desmesuradamente os impostos, escreveu Pontes de Miranda, causando surpresa e, pois, graves perturbações à indústria, ao comércio, à agricultura e aos particulares, em geral, o art. 185 opôs o limite de 20% como máximo de aumento.[77]

Há nítido aumento das limitações impostas ao poder de tributar, conferindo maior status e importância ao Estado de Direito que a partir daquele momento ganhava o adjetivo de social.[78]

1.2.2. Estado social e influência no Direito Tributário

O enfraquecimento das ideias liberais e a contínua necessidade de uma maior participação do Estado fez surgir a figura do Estado do "bem-estar social" ou, na expressão inglesa, "welfare state". Percebe-se uma superação da ideia de justiça sobre a segurança jurídica e/ou legalidade, que no campo do Direito Tributário se visualiza com a ascensão da capacidade contributiva.[79] A noção de igualdade adquire nova feição. Na intenção de promover igualdade de condições e justiça social, indivíduos diferentes deveriam ser tratados de forma diferente.[80]

---

[76] "Art 185. Nenhum imposto poderá ser elevado além de vinte por cento do seu valor ao tempo do aumento".

[77] RE 18331/SP, Rel. Min. OROSIMBO NONATO, 2ª Turma, j. 21.09.1951, ADJ 10.08.1953, p. 2.356.

[78] Escreve Bilac Pinto que: "Essas medidas, conquanto constituam auto-limitação de um poder do Estado, conquanto sejam de ordem política, deixam transparecer o novo sentido em que se toma o Poder Fiscal. E esse conceito atualizado de poder fiscal é o de que esse Poder deve ser exercido sem perturbar a economia particular, sem suscitar embaraço ou desencorajamento da indústria, do comércio ou da lavoura, em razão de tarifas exorbitantes ou de modalidades tributárias que violem os postulados básicos de justiça, de igualdade, de comodidade e economia dos impostos". PINTO, Bilac. *A crise da ciência das finanças – Os limites do Poder Fiscal do Estado – uma nova doutrina sobre a inconstitucionalidade das leis fiscais. In:* Revista Forense v. 82, abril/1940, p. 552.

[79] RIBEIRO, Ricardo Lodi. *A interpretação da lei tributária na era da jurisprudência dos valores. In: Temas de interpretação do Direito Tributário.* Rio de Janeiro: Renovar, 2003, p. 339. Sobre o tema capacidade contributiva, consultar TIPKE, Klaus e YAMASHITA, Douglas. *Justiça Fiscal e princípio da capacidade contributiva.* São Paulo: Malheiros, 2002.

[80] Misabel Derzi, ao atualizar a clássica obra de Aliomar Baleeiro, agrega oportuno comentário sobre o tema: "nesse passo, não se trata apenas de reconhecer a existência de desigualdades, mas usa-se o Direito Tributário como instrumento da política social, atenuadora das grandes diferenças econômicas ocorrentes entre pessoas, grupos e regiões. O princípio da igualdade adquire nessa fase caráter positivo – dever de distinguir – para conceder tratamento menos gravoso àqueles que detêm menor capacidade econômica ou para distribuir rendas mais generosas às regiões mais pobres ou menos desenvolvidas, no federalismo cooperativo". BALEEIRO, Aliomar. *Limitações Constitucionais ao Poder de Tributar.* 7 ed. Rio de Janeiro: Forense, 1998, p. 8.

O período tem como marco teórico a passagem da Jurisprudência dos Conceitos para a Jurisprudência dos Interesses cujos principais corifeus foram Philipp Heck, Heinrich Stoll e Rudolf Müller-Erzbach.[81] Essa mudança metodológica no Direito influenciou o Direito Tributário, fazendo surgir, em especial, na Alemanha a "consideração econômica do fato gerador" prevista no artigo 4º do Código Tributário Alemão de 1919. No Brasil, o movimento ganhou o apelido de "interpretação econômica" cujas principais teses, sintetizadas por Ricardo Lobo Torres, eram "autonomia do direito tributário frente ao direito privado; possibilidade de analogia; preeminência da capacidade contributiva sacada diretamente dos fatos sociais; função criadora do juiz; intervenção sobre a propriedade e regulamentação da vontade".[82]

Assim, o período legou um modelo interpretativo que propunha desconsiderar a forma jurídica atribuída ao ato e focava-se na consideração econômica do fato gerador, bem assim nos fins perseguidos encarados do ponto de vista econômico.[83] Partindo da premissa que o Estado Social havia assumido novos compromissos frente à sociedade, bem como havia a necessidade de uma melhor distribuição da renda, o aumento da arrecadação tributária era inevitável. Nesse sentido, a interpretação econômica aplicada ao Direito Tributário legitimaria ações estatais com o propósito de aumento da arrecadação, tornando tributáveis situações até então não alcançadas. Esse movimento, segundo Alfredo Augusto Becker, é a mais nociva das doutrinas, gerando o que, de forma polêmica, chamou de "manicômio jurídico-tributário".[84]

---

[81] Karl Larenz diz que o movimento "considera o Direito como tutela de interesses. Significa isto que os preceitos legislativos – que também para HECK constituem essencialmente o Direito – não visam apenas delimitar interesses, mas são, em si próprios, produtos do interesses (GA, pág. 17, As leis são as resultantes dos interesses de ordem material, nacional, religiosa e ética, que, em cada comunidade jurídica, se contrapõem uns aos outros e lutam pelo seu reconhecimento". LARENZ, Karl. *Metodologia da Ciência do Direito*. 3 ed. trad. José Lamego. Lisboa: Fundação Kalouste Gulbenkian, 1997, p. 65.

[82] TORRES, Ricardo Lobo. *Normas Gerais Antielisivas*. In: *Temas de interpretação do Direito Tributário*. Rio de Janeiro: Renovar, 2003, p. 264. Ricardo Lobo Torres indica como defensores da corrente Enno Becker e Benvenuto Griziotti no exterior e Amílcar de Araújo Falcão no Brasil.

[83] RIBEIRO, Ricardo Lodi. *A interpretação da lei tributária na era da jurisprudência dos valores*. In: *Temas de interpretação do Direito Tributário*. Rio de Janeiro: Renovar, 2003, p. 340.

[84] O saudoso mestre Alfredo Augusto Becker, de forma polêmica e também ousada, criticou duramente o *staff* jurídico da época atribuindo-lhe a condição de demência, quando poucos ousavam levantar a voz contra o regime. Vale transcrever feliz passagem do autor: "Ora, as circunstâncias foram favorabilíssimas, até inevitáveis, para a utilização, pelo Direito Tributário, das palavras (linguagem) da Economia Política e Ciência das Finanças Públicas. (...) Infelizmente o Direito Tributário alimentou-se delas até à indigestão – disto não tem culpa sua natureza voraz – mas a circunstância favorabilíssima (uma espécie de permanente ocasião próxima de pecado da gula) que há vários séculos existe e que muitos doutrinadores do Direito Tributário insistem em manter e estimular. Esta, precisamente esta, é a causa da contaminação da atitude mental jurídica que conduz ao manicômio jurídico-tributário". BECKER, Alfredo Augusto. *Teoria Geral do Direito Tributário*. 4 ed. São Paulo: Noeses, 2007, p. 50.

1.3. Experiência totalitária com a Constituição de 1937

O convívio do Estado Totalitário da ditadura de Vargas com um sistema jurídico somente poderia ser conciliado com o Estado de Direito ao se fazer um resgate da concepção formalista-positivista que restringia o Estado de Direito apenas a um Estado de legalidade.[85]

Com efeito, o período ditatorial do governo de Getúlio Vargas somente pode ser considerado um Estado de (não) Direito, valendo-se da expressão de Jorge Reis Novais, que a utiliza para criticar os regimes de exceção na Itália fascista de Mussolini e na Alemanha Nazista de Hitler. Guardadas as devidas proporções, a ditadura de Vargas concentrou na mão de uma única pessoa o poder estatal,[86] restringindo direitos fundamentais. A Constituição de 1937, acoimada de fascista pela crítica da época e apelidada de "Polaca",[87] serviu de amparo jurídico ao governo ditatorial, conferindo aparência de juridicidade ao regime de exceção.

No domínio da tributação, houve progresso no tocante às limitações tributárias, aperfeiçoando a rigidez do sistema, conforme identifica Geraldo Ataliba, que chama a Carta de 1937 de "rígida, exaustiva, minuciosa, casuística e abrangedora".[88]

Consiste em marca registrada do período autoritário a criação da chamada "garantia fiscal" do *solve et repete*. Segundo Aliomar Baleeiro: "provavelmente por imitação do Direito Fiscal italiano, que, àquele tempo, foi fonte de inspiração do novo 'Estado Autoritário': o contribuinte deverá pagar e depois acionar a União para anulação do débito e repetição do tributo indevidamente pago".[89] A ideia inserida através de legislação infraconstitucional mereceu severas críticas de parte da doutrina e foi rechaçada, por vezes, pelo Supremo Tribunal Federal.[90]

---

[85] NOVAIS, Jorge Reis. *Contributo para uma Teoria do Estado de Direito*. Coimbra: Almedina, 2006, p. 137. No mesmo sentido, DIFINI, Luiz Felipe Silveira. *Princípio do Estado Constitucional democrático de direito*. in: Revista da Ajuris n. 102, p. 166.

[86] A outorga de poderes praticamente ilimitados ao chefe do Poder Executivo é chancelada pelo artigo 73 que praticamente reescreve o artigo 2º da Constituição Polonesa. Vejamos: "Art 73 – o Presidente da República, autoridade suprema do Estado, coordena a atividade dos órgãos representativos, de grau superior, dirige a política interna e externa, promove ou orienta a política legislativa de interesse nacional, e superintende a administração do País".

[87] Paulo Bonavides e Paes de Andrade reconhecem que a fonte de maior influência para elaboração do texto de 1937 foi a Constituição da Polônia, de origem totalitária e fascista, e construída por Pilsudski, o que, segundo eles, "permitiu aos críticos e analistas da época denominá-la maliciosamente de 'A Polaca'. BONAVIDES, Paulo e ANDRADE, Paes de. *História Constitucional do Brasil*. 4 ed. Brasília: OAB, 2002, p. 345.

[88] ATALIBA, Geraldo. *Sistema Constitucional Tributário Brasileiro*. São Paulo: RT, 1968, p. 66.

[89] BALEEIRO, Aliomar. *Direito Tributário Brasileiro*. 11 ed. Rio de Janeiro: Forense, 2003, p. 878.

[90] Baleeiro ressalta a posição do STF, afirmando que "Entende o STF que não é lícito à autoridade tributária, para forçar o depósito, aprender mercadorias ou proibir de adquirir estampilhas o sujeito em débito, despachar mercadorias nas Alfândegas e exercer suas atividades profissionais" (ver dentre outros, STF, Pleno, RMS nº 13.057, H. Lima, 25.08.1965, RTJ 34/170; RE nº 61.190, Thompson, 09.05.1968,

O período ditatorial, além do "solve et repete", usou e abusou das nefastas sanções políticas com o fim exclusivo de coagir o contribuinte a adimplir os tributos. Recorda Hugo de Brito Machado que a utilização de sanções políticas é "prática antiga, que, no Brasil, remonta aos tempos da ditadura de Vargas, é a das denominadas sanções políticas, que consistem nas mais diversas formas de restrições a direitos do contribuinte como forma oblíqua de obrigá-lo ao pagamento de tributos".[91]

Os inconvenientes de tal prática eram obscurecidos pelo regime de exceção e as facilidades arraigaram a prática na administração tributária pátria, sendo possível verificar até os dias atuais a utilização de sanções políticas como forma de coação do contribuinte à adimplir dívidas tributárias.[92]

Não obstante a conivência do Estado com tais sanções políticas, as escassas vozes que criticavam tal prática o faziam por considerá-las atentatórias à ordem jurídica. Pode-se dizer, portanto, que mesmo no período de exceção, o Estado de Direito permitia que se vislumbrasse limitaçõs à adoção das mencionadas sanções políticas, muito embora não gozasse de eficácia plena em razão do período ditatorial.

1.4. A CONSTITUIÇÃO DE 1946. INFLUÊNCIAS DO CONSTITUCIONALISMO PÓS-GUERRAS

A Constituição promulgada em 18 de setembro de 1946 tinha como grande compromisso restaurar conquistas das Constituições de 1891 e 1934, tolhidas com o regime ditatorial de 1937. Assim recordam, Aliomar Baleeiro e Barbosa Lima Sobrinho, com socorro no discurso do então Deputado Hermes Lima, o clima político da época.[93] O desejo de resgate à democracia fez constar do preâmbulo da Constituição que a Assembleia Constituinte havia sido instaurada "para organizar um regime democrático".

RTJ 45/859; RE nº 63.043, Thompson, 09.05.1968, RTJ 46/265; RE nº 61.367, Thompson, 09.05.1968, RTJ 47/377; RE nº 63.047, Gonçalves, 14.02.1968; RE nº 60.664, 14.02.1968, 1ª T.; RE nº 63.045, Trigueiro, 11.02.1967, RTJ 44/422; RE nº 57.235, E. Lins, 11.05.1965, RTJ 33/99; 2ª T.; RE nº 64.054, Baleeiro, 05.03.1968, RTJ 44/476 ou RDA 94/617; RMS nº 14.447, RTJ 34/171; RMS nº 14.583, RTJ 34/172; RMS nº 11.906, RTJ 40/4; RE nº 57.235, RTJ 33/99; RMS nº 9.698, 11.07.1962, Gonçalves, RTJ 24/21; RE nº 63.087, 19.03.1968, E. Lins, RDA 94/69. Hoje Súmula nº 547, de 03.12.1969.

[91] MACHADO, Hugo de Brito. *Curso de Direito Tributário*. 22 ed. São Paulo: Malheiros, 2002, p. 450.

[92] A prática é noticiada por Hugo de Brito Machado ao referir que "apesar de inconstitucionais, as sanções políticas são hoje largamente praticadas, no mais das vezes por puro comodismo das autoridades da Administração Tributária, que nelas encontram meio fácil de fazer a cobrança de tributos". MACHADO, Hugo de Brito. *Curso de Direito Tributário*. 22 ed. São Paulo: Malheiros, 2002, p. 451.

[93] BALEEIRO, Aliomar e LIMA SOBRINHO, Barbosa. *Constituições Brasileiras: 1946*. Brasília: Senado Federal, 2001, p. 14.

A nova Constituição se equilibrava entre o Estado Social, preservando algumas conquistas, e o Estado Liberal, resgatando algumas proteções das Constituições anteriores à ditadura. Dentre os aperfeiçoamentos referentes ao Estado de Direito foi a inserção no capítulo dos Direitos e Garantias individuais que a lei não poderia excluir da apreciação do Judiciário qualquer lesão de direito individual.[94]

A Constituição aboliu a vedação à bitributação presente nas Constituições de 1934 e 1937. Formou-se convicção de que a cobrança de tributo por mais de um ente da federação sobre o mesmo fato gerador continha flagrante inconstitucionalidade, tornando-se desnecessária a referência expressa. O novo texto incluiu ainda proteção ao mínimo vital descrevendo alguns itens que seriam "isentos" àquelas pessoas com "restrita capacidade econômica".[95] Conferiu-se, também, vedação a tributos que pudessem restringir a liberdade de ir e vir, excetuando-se taxa e pedágios para conservação de rodovias.[96] Houve no texto de 1946 uma profusão de limitações ao poder de tributar, incluindo vedação de tributação sobre templos, bens, rendas e serviços de partidos políticos, instituições educacionais e assistenciais e papel destinado exclusivamente a jornais, periódicos e livros (art. 31).[97] Por fim, a Constituição de 1946 instituiu a necessidade de os tributos observarem o caráter pessoal do contribuinte, atendendo sempre que possível a capacidade econômica revelada pelo indivíduo.[98] A disposição do artigo 202 viria a ser reeditada pela Constituição de 1988 com praticamente a mesma redação.

---

[94] BONAVIDES, Paulo e ANDRADE, Paes de. *História Constitucional do Brasil*. 4 ed. Brasília: OAB, 2002, p. 418.

[95] "Art. 15. Compete à União decretar impostos sobre: (...). § 1º – São isentos do imposto de consumo os artigos que a lei classificar como o mínimo indispensável à habitação, vestuário, alimentação e tratamento médico das pessoas de restrita capacidade econômica".

[96] "Art. 27. É vedado à União, aos Estados, ao Distrito Federal e aos Municípios estabelecer limitações ao tráfego de qualquer natureza por meio de tributos interestaduais ou intermunicipais, ressalvada a cobrança de taxas, inclusive pedágio, destinada exclusivamente à indenização das despesas de construção, conservação e melhoramento de estradas".

[97] "Art. 31. A União, aos Estados, ao Distrito Federal e aos Municípios é vedado: I – criar distinções entre brasileiros ou preferências em favor de uns contra outros Estados ou Municípios; II – estabelecer ou subvencionar cultos religiosos, ou embaraçar-lhes o exercício; III – ter relação de aliança ou dependência com qualquer culto ou igreja, sem prejuízo da colaboração recíproca em prol do interesse coletivo; IV – recusar fé aos documentos públicos; V – lançar impostos sobre: a) bens, rendas e serviços uns dos outros, sem prejuízo da tributação dos serviços públicos concedidos, observado o disposto no parágrafo único deste artigo; b) templos de qualquer culto bens e serviços de Partidos Políticos, instituições de educação e de assistência social, desde que as suas rendas sejam aplicadas integralmente no País para os respectivos fins; c) papel destinado exclusivamente à impressão de jornais, periódicos e livros. Parágrafo único – Os serviços, públicos concedidos, não gozam de isenção tributária, salvo quando estabelecida pelo Poder competente ou quando a União a instituir, em lei especial, relativamente aos próprios serviços, tendo em vista o interesse comum".

[98] "Art. 202. Os tributos terão caráter pessoal, sempre que isso for possível, e serão graduados conforme a capacidade econômica do contribuinte".

No cotejo do período histórico com o instituto do Estado de Direito, verifica-se um fortalecimento das instituições principalmente em razão do anseio democrático da época. Contudo, notável para o período é o "antropocentrismo" constitucional assumido na Constituição de 1946. Para Aliomar Baleeiro "Os constituintes de 1946 partiam do princípio filosófico kantiano de que o Estado não é fim em si mesmo, mas meio para o fim. Este fim seria o homem. O Estado deveria fazer convergir seus esforços precipuamente para elevar material, física, moral e intelectualmente o homem".[99] Essa valorização do ser humano, com a proteção a um mínimo vital, passa desde então a integrar a compreensão de Estado de Direito, lançando luzes nos conflitos envolvendo as normas da vedação do confisco e proibição de excesso, como adiante será demonstrado.

1.5. CONSAGRAÇÃO CONSTITUCIONAL DA AUTONOMIA DO DIREITO TRIBUTÁRIO. EMENDA CONSTITUCIONAL Nº 18, DE 1965

Como já enfatizado, o presente trabalho não se propõe a fazer uma reconstituição histórica da evolução do Direito Tributário. A preocupação está em localizar na evolução da tradição constitucional brasileira o conteúdo e a importância da cláusula do Estado de Direito para o Sistema Tributário Nacional.

Não é demasiado, todavia, abordar a Emenda Constitucional nº 18, de 1965 que para muitos autores foi o marco da autonomia do Direito Tributário consagrado na Constituição.[100] Com efeito, pela primeira vez na história do país a Constituição reservou um capítulo próprio ao "Sistema Tributário".[101] A inserção de um capítulo destacado para o Direito Tributário na Constituição significou muito mais que uma mera modificação legislativa. Representou, em verdade, uma maturação dogmática e institucional demonstrando através do texto constitucional a importância que a tributação tem na vida da sociedade. A ideia já havia sido sustentada por Ruy Barbosa Nogueira, que dizia em 1976 que: "O vigente sistema tributário do Brasil é fruto de evolução histórica e de recente teorização ou racionalização, realizada com a reforma tributária feita pela Emenda

---

[99] BALEEIRO, Aliomar e LIMA SOBRINHO, Barbosa. *Constituições Brasileiras: 1946*. Brasília: Senado Federal, 2001, p. 18.-19.

[100] FANUCCHI, Fábio. *Curso de Direito Tributário Brasileiro*. v. I. São Paulo: Resenha Tributária, 1971, p. 12.

[101] NOGUEIRA, Ruy Barbosa. *Curso de Direito Tributário*. 4 ed. São Paulo: Instituto Brasileiro de Direito Tributário, 1976, p. 14.

Constitucional nº 18, de 1965 que, com alterações, foi inserida na Constituição de 1967".[102]

Fabio Fanucchi considera que a autonomia do Direito Tributário foi consagrada na Constituição com a reforma de 1965, pois o texto constitucional expressamente referiu que competia à União legislar sobre direito financeiro e direito tributário. Essa singela inclusão da expressão "direito tributário" marcou a preocupação de reconhecer competência legislativa à União Federal a um ramo do Direito até então reconhecido apenas em nível de doutrina. O autor comenta que: "Marcante reforma foi inaugurada em 1965, através da Emenda nº 18, já citada neste estudo em diversas ocasiões. Foi a partir daí que apareceu um sistema tributário uno e quase perfeito, não bem imitado, infelizmente, pela Constituição de 1967 e por sua emenda nº 1, de 1969".[103]

A reforma não foi unanimidade na doutrina. Geraldo Ataliba, por exemplo, tece severas críticas à emenda constitucional cunhando-a de açodada e superficial.[104]

Em apertada síntese, a Emenda Constitucional nº 18 institui o chamado "Sistema Tributário Nacional", criou a atribuição à União dos "impostos regulatórios externos" (imposto sobre a importação de produtos estrangeiros e sobre a exportação, para o estrangeiro, de produtos nacionais ou nacionalizados – art. 7º); substituiu o imposto sobre o consumo pelo imposto sobre produtos industrializados (art. 11, *caput*); conferiu aos Estados a tributação das operações relativas à circulação de mercadorias (ICM, art. 12), substituindo o imposto sobre vendas e consignações; e, no tocante aos Municípios, atribui-lhes a instituição do imposto sobre serviços de qualquer natureza não compreendidos na competência tributária da União e dos estados, em substituição ao antigo imposto sobre indústrias e profissões (art. 15).

---

[102] NOGUEIRA, Ruy Barbosa. *Curso de Direito Tributário*. 4 ed. São Paulo: Instituto Brasileiro de Direito Tributário, 1976, p. 30. Recorda o autor que: "A idéia de racionalização foi mesmo visada pelo legislador da Emenda nº 18, que esclareceu: '..a Comissão procurou subordinar seus trabalhos a duas premissas que adotou como fundamentais. A primeira delas é a consolidação dos impostos de idênticas naturezas em figuras unitárias, definidas por via de referência às suas bases econômicas, antes que a uma das modalidades jurídicas que pudessem revestir. A segunda premissa é a concepção do sistema tributário como integrado no plano econômica e jurídico nacional, em substituição ao critério atual e histórico, de origem essencialmente política, da coexistência de três sistemas tributários autônomos, federal, estadual e municipal'".

[103] FANUCCHI, Fábio. *Curso de Direito Tributário Brasileiro*. v. I. São Paulo: Resenha Tributária, 1971, p. 63.

[104] ATALIBA, Geraldo. *Sistema Constitucional Tributário Brasileiro*. São Paulo: RT, 1968, p. XII.

1.6. CONSTITUIÇÃO DE 1967. PERÍODO DE EXCEÇÃO À DEMOCRACIA

Após o golpe militar de 1964, quando o status democrático foi alterado pelos militares que tomaram o poder e passaram a administrar o país, sentiu-se a necessidade de centralizar o poder no órgão executivo. Para que a "obra revolucionária" fosse implementada, referiu o Presidente Castelo Branco, ao enviar mensagem ao Congresso que justificava a nova Constituição: "ficar assegurada por uma nova Constituição, que, a par da unidade e harmonia, representa a institucionalização dos ideais e princípios que a inspiram".[105]

Sob o ponto de vista da evolução das ideias sobre Estado de Direito no Brasil, o período foi de retrocesso e atraso. Como referido em relação à Constituição de 1937, o regime ditatorial é um Estado de (não) Direito, somente podendo ser compatibilizado com uma visão estritamente legalista do conceito acerca do tema.

Todavia, no campo tributário houve inegável consolidação de conceitos e institutos que vigoram até os dias atuais. As limitações constitucionais foram praticamente repetidas do texto constitucional precedente.[106] O empréstimo compulsório,[107] criado com a emenda de 1965, foi repetido

---

[105] CAVALCANTI, Themístocles Brandão, BRITO, Luiz Navarro de. e BALEEIRO, Aliomar. *Constituições Brasileiras: 1967*. Brasília: Senado Federal, 2001, p. 39.

[106] "Art. 20. É vedado à União, aos Estados, ao Distrito Federal e aos Municípios: I – instituir ou aumentar tributo sem que a lei o estabeleça, ressalvados os casos previstos nesta Constituição; II – estabelecer limitações ao tráfego, no território nacional, de pessoas ou mercadorias, por meio de tributos interestaduais ou intermunicipais, exceto o pedágio para atender ao custo de vias de transporte; III – criar imposto sobre: a) o patrimônio, a renda ou os serviços uns dos outros; b) templos de qualquer culto; c) o patrimônio, a, renda ou os serviços de Partidos Políticos e de instituições de educação ou de assistência social, observados os requisitos fixados em lei; d) o livro, os jornais e os periódicos, assim como o papel destinado à sua impressão. § 1º – O disposto na letra a do n.º III é extensivo às autarquias, no que se refere ao patrimônio, à renda e aos serviços vinculados às suas finalidades essenciais, ou delas decorrentes; não se estende, porém, aos serviços públicos concedidos, cujo tratamento tributário é estabelecido pelo poder concedente no que se refere aos tributos de sua competência, observado o disposto no parágrafo seguinte. § 2º – A União, mediante lei complementar, atendendo, a relevante interesse social ou econômico nacional, poderá conceder isenções de impostos federais, estaduais e municipais".

"Art 21 – É vedado: I – a União instituir tributo que não seja uniforme em todo o território nacional, eu que importe distinção ou preferência em relação a determinado Estado ou Município; II – à União tributar a renda das obrigações da dívida pública estadual ou municipal e os proventos dos agentes dos Estados e Municípios., em níveis superiores aos que fixar para as suas próprias obrigações e para os proventos dos seus próprios agentes; III – aos Estados, ao Distrito Federal e aos Municípios estabelecer diferença tributária entre bens de qualquer natureza, em razão da sua procedência ou do seu destino".

[107] "Art. 19. Compete à União, aos Estados, ao Distrito Federal e aos Municípios arrecadar: (...) § 4º – Somente a União, nos casos excepcionais definidos em lei complementar, poderá instituir empréstimo compulsório".

no novo texto, cunhou-se a expressão "contribuições parafiscais"[108] e ampliou-se a abrangência das taxas para remunerar o exercício do poder de polícia.[109]

1.7. ACRÉSCIMO DA EXPRESSÃO "DEMOCRÁTICO" AO ESTADO DE DIREITO. A CONSTITUIÇÃO DE 1988

As experiências totalitárias vivenciadas tanto no exterior quanto no Brasil deixaram lições que jamais serão apagadas da história, assim como importaram em forte influência no aprimoramento da concepção de Estado de Direito.

O Estado de Direito passa a exigir instituições legitimadas democraticamente, reconhecimento de pluralismo político e garantia de direitos políticos, bem como livre manifestação de orientação ideológica.[110] O princípio democrático confere, como destaca Jorge Reis Novais, "uma nova inteligibilidade aos elementos do Estado de Direito e, desde logo, legitima a recomposição verificada na divisão de poderes tradicional".[111] Konrad Hesse, de seu turno, afirma que "o princípio democrático é o princípio diretivo da ordem do processo político, no qual poder estatal é criado e no qual poder estatal torna-se eficaz. Esse deve, conforme o artigo 20, alínea 2,

---

[108] Dentre as contribuições instituídas pela Constituição de 1967, pode-se elencar as seguintes: "Art. 157. (...) § 9º – Para atender à intervenção no domínio econômico, de que trata o parágrafo anterior, poderá a União instituir contribuições destinadas ao custeio dos respectivos serviços e encargos, na forma que a lei estabelecer". "Art. 158. (...)§ 2º – A parte da União no custeio dos encargos a que se refere o nº XVI deste artigo será atendida mediante dotação orçamentária, ou com o produto de contribuições de previdência arrecadadas, com caráter geral, na forma da lei". "Art. 159. (...)§ 1º – Entre as funções delegadas a que se refere este artigo, compreende-se a de arrecadar, na forma da lei, contribuições para o custeio da atividade dos órgãos sindicais e profissionais e para a execução de programas de interesse das categorias por eles representadas".

[109] "Art. 19. (...)II – taxas pelo exercício regular do poder de polícia ou pela utilização de serviços públicos de sua atribuição, específicos e divisíveis, prestados ao contribuinte ou postos à sua disposição";

[110] Segundo Konrad Hesse, o conceito de democracia é um dos mais cambiantes: "Quase não há um conceito jurídico-constitucional ao qual são dadas interpretações tão diferentes como àquele da democracia. Embora o princípio democrático determine, em primeiro lugar, a ordem constitucional da Lei Fundamental, existe sobre isto, que é 'democracia', uma abundância de concepções diferentes, muitas vezes, opostas". HESSE, Konrad. *Elementos de Direito Constitucional da República Federal da Alemanha*. Trad. Luís Afonso Heck. Porto Alegre: SaFe, 1998, p. 115. Pérez Luño atribui importância capital à soberania popular, identificando grave retrocesso e involução na correta compreensão do termo. Refere que: "Para recuperar el sentido y la funcionalidad de la soberanía popular es preciso conectarla con los princípios inspiradores y el techo emancipatorio del Estado de Derecho de orientación democrática". LUÑO, Antonio E. Pérez. *Derechos Humanos, Estado de Derecho e Constitucion*. 5 ed. Madri: Tecnos, 1995, p. 204. Ao tratar da importância das "massas", Paulo Bonavides sustenta que a democracia e o Estado devem convergir para o bom desenvolvimento das instituições, referindo que "A democracia e o Estado não podem ir, segundo ele, contra as massas, senão com as mesmas. Cabe-lhes educá-las, mediante a politização de seus elementos. Do contrário, seria entregá-las em covarde capitulação, aos piores 'flibusteiros' do totalitarismo". BONAVIDES, Paulo: *Do Estado Liberal ao Estado Social*. Fortaleza: Imprensa Universitária do Ceará, 1958, p. 167-8.

[111] NOVAIS, Jorge Reis. *Contributo para uma Teoria do Estado de Direito*. Coimbra: Almedina, 2006, p. 137.

frase 1, da Lei Fundamental, emanar do povo".[112] Recorrendo à clássica fórmula de Lincoln, na qual a essência da democracia está no "governo do povo, pelo povo e para o povo", Canotilho sustenta que ainda hoje a definição situa-se como a "justificação positiva da democracia".[113] De efeito, a noção básica e fundamental da expressão "democrático" na Constituição, conduz à imposição de requisitos de legitimidade do poder preenchidos com o consenso social por meio da democracia representativa, assim como também por meio da democracia direta, estimulada na Constituição de 1988 (art. 14, I, II e III).[114]

Ao comentar e justificar a existência do princípio democrático na ordem jurídica portuguesa, Canotilho prega uma noção de democracia dinâmica que, em termos normativos, em muito se assemelha com o modelo constitucional brasileiro, dizendo:

> A democracia é um processo dinâmico inerente a uma sociedade aberta e ativa, oferecendo aos cidadãos a possibilidade de desenvolvimento integral e de liberdade de participação crítica no processo político em condições de igualdade econômica, política e social (cfr. CRP, art. 9º/d). Neste sentido se podem interpretar os preceitos constitucionais que apontam para a transformação da República portuguesa numa sociedade livre, justa e solidária (art. 1º), para a realização da democracia econômica, social e cultural (art. 2º), para a promoção do bem estar e a qualidade de vida do povo e a igualdade real entre os portugueses, bem como para efectivação de direitos econômicos, sociais e culturais mediante a transformação e modernização das estruturas econômicas e sociais (art. 9º/d).[115]

A densidade identificada por Canotilho na realidade constitucional portuguesa, não difere muito em termos normativos daquela inscrita no texto da Constituição Federal de 1988. Sabidamente, os trabalhos dos constituintes se focavam num resgate democrático, inserindo instrumentos modernos de participação do povo na política.[116]

---

[112] HESSE, Konrad. *Elementos de Direito Constitucional da República Federal da Alemanha*. Trad. Luís Afonso Heck. Porto Alegre: SaFe, 1998, p. 118.

[113] CANOTILHO, José Joaquim Gomes. *Direito Constitucional e Teoria da Constituição*. 7 ed. Coimbra: Almedina, 2003, p. 287. Diogo de Figueiredo Moreira Neto aduz que a democracia formal, baseada no critério da maioria dos representantes eleitos pelo povo, "o processo de investidura e o processo decisório são suficientemente legitimatórios, ressalvados os casos extremos, em geral sancionados pela ordem jurídica em *numeros clausus*". MOREIRA NETO, Diogo de Figueiredo. *Juridicidade, pluralidade normativa, democracia e controle social. Reflexões sobre alguns rumos do Direito público neste século*. In: Fundamentos do Estado de Direito. org. Humberto Ávila. São Paulo: Malheiros, 2005, p. 106. LEAL, Rogério Gesta. *Teoria do Estado. Cidadania e poder político na modernidade*. 2 ed. Porto Alegre: Livraria do Advogado, 2001, p. 195.

[114] DIFINI, Luiz Felipe Silveira. *Princípio do Estado Constitucional democrático de direito*. in: Revista da Ajuris n. 102, p. 181.

[115] CANOTILHO, José Joaquim Gomes. *Direito Constitucional e Teoria da Constituição*. 7 ed. Coimbra: Almedina, 2003, p. 289.

[116] A participação popular, a propósito, é ressaltada no resgate histórico levado a efeito por Paulo Bonavides e Paes de Andrade, mencionando que apesar de não terem sido incluídas no texto do projeto, a inúmeras de sugestões e emendas com milhares de assinaturas foram encaminhadas à Comissão de Sistematização e outorgaram o direito de palavra no plenário aos seus subscritores. BONAVIDES, Paulo e ANDRADE, Paes de. *História Constitucional do Brasil*. 4 ed. Brasília: OAB, 2002, p. 480.

A abertura democrática "lenta e gradual" do regime militar culminou com a promulgação de uma nova Constituição, bem assim com o movimento para eleições diretas para os cargos do Poder Executivo.[117]

A Carta de 1988 trouxe significativos avanços no campo dos direitos fundamentais, ampliando consideravelmente o rol das garantias individuais.[118] Nesse sentido, exultam, Paulo Bonavides e Paes de Andrade, ao mencionar que os aspectos negativos são sobrepujados pelos aspectos positivos. Referem os autores que:

> A Constituição avança e testifica a modernidade quando faz do racismo, da tortura e do tráfico de drogas crimes inafiançáveis, quando estabelece o mandado de segurança coletivo, o mandado de injunção e o hábeas data, quando reforça a proteção dos direitos e das liberdades constitucionais, quando restitui ao Congresso Nacional prerrogativas que lhe haviam sido subtraídas pela administração militar, quando valoriza a função do controle parlamentar sobre o Executivo por via de comissões parlamentares de inquérito dotadas de poderes de investigação idênticos aos da autoridade judiciária, quando substitui o Conselho de Segurança Nacional por dois novos conselhos de assessoria do Presidente da República no propósito de fazer mais eficaz, mais aberto e mais fiscalizado o sistema de defesa das instituições, quando define os princípios fundamentais de um estado social de direito, quando determina os princípios da ordem econômica, a defesa do meio ambiente, a proteção dos índios, as conquistas da seguridade social.[119]

---

[117] A expressão *Estado Democrático de Direito,* inscrita na Constituição brasileira, tem nítida influência do artigo 2º da Constituição Portuguesa que apenas inverte a ordem, nomeando Portugal como um Estado de Direito Democrático. Jorge Miranda e Rui Medeiros comentam o artigo: "Há uma interacção dos princípios subtantivos da soberania do povo e dos direitos fundamentais e a mediatização dos princípios adjectivos da constitucionalidade e legalidade. Numa postura extrema de irrestrito domínio da maioria, o princípio democrático poderia acarretar a violação do conteúdo essencial de direitos fundamentais; assim como, levado aos últimos corolários, o princípio da liberdade poderia recusar qualquer decisão política sobre a sua modelação; o equilíbrio obtém-se através do esforço de conjugação, constantemente renovado e actualizado, de princípios, valores e interesses, bem como através de uma complexa articulação de órgãos políticos e jurisdicionais, como gradações conhecidas. Em segundo lugar, porém, Estado de Direito democrático parece querer significar um pouco mais. Ele liga-se especificamente também à democracia econômica, social e cultural, cuja realização é objetivos da democracia política (artigo 2º, 2ª parte); reporta-se ao relevo assumido pelos direitos econômicos, sociais e culturais e pelas condições da sua efectivação [artigo 9º, alínea d), e artigos 58º e segs.]; torna-se indissociável da vinculação das entidades privadas aos direitos. Liberdades e garantias (artigo 18.º, nº 1, *in fine*) e da subordinação do poder econômico ao poder político democrático [artigo 80.º, alínea a), e artigo 81.º, alínea e)]; pretende-se um modelo mais exigente (não necessariamente mais original) de Estado de Direito – no confronto do dos países da Europa ocidental – quer no tocante aos direitos sociais quer no que tange aos próprios direitos de liberdade". MIRANDA, Jorge e MEDEIROS, Rui. *Constituição Portuguesa anotada.* T. I. Coimbra: Coimbra Ed., 2005, p. 61-2.

[118] O ambiente democrático, segundo relata Ricardo Lodi Ribeiro, foi favorável, inclusive, a uma mudança de concepção do princípio da legalidade: "Em consequência, nesse novo contexto, que ora se mostra dominante, o princípio da legalidade passou a ter, como afirma Pérez Royo, um viés plural, como meio de garantir a democracia no procedimento de imposição das normas de repartição tributária, bem como a igualdade de tratamento entre os cidadãos e a unidade do sistema jurídico". RIBEIRO, Ricardo Lodi. *Legalidade tributária, tipicidade aberta, conceitos indeterminados e cláusulas gerais tributárias. In:* Revista de Direito Administrativo nº 229, p. 317, jul./set., 2002.

[119] BONAVIDES, Paulo e ANDRADE, Paes de. *História Constitucional do Brasil.* 4 ed. Brasília: OAB, 2002, p. 490.

O título destinado ao Sistema Tributário foi erigido, pois, sob uma nova égide, sem perder de vista os pilares erguidos na tradição relatada até aqui. Há nítido encadeamento de ideias e institutos consagrados ao longo dos anos que importaram num sistema rígido, mas ao mesmo tempo com aberturas para torná-lo dinâmico e atual.

Considerando que as normas referentes à tributação serão objeto de investigação em capítulo próprio, as considerações ora expendidas limitam-se ao desfecho do percurso histórico até aqui percorrido, bem assim do significado agregado ao texto da Constituição.

1.7.1. Legado do princípio democrático ao Direito Tributário

A Constituição Federal de 1988, denominada de "Constituição Cidadã", trouxe novamente a democracia à política brasileira. No entanto, os efeitos do retorno da democracia não se exaurem na eleição direta dos representantes do povo.[120]

O princípio democrático irradia efeitos para além da organização política, buscando a realização, em outros âmbitos, dos valores e princípios por ele prestigiados, tais como a soberania popular, garantia dos direitos fundamentais e pluralismo de expressão.[121] Não se trata de mera petição de princípios, a eficácia do princípio democrático decorre, em verdade, de normas expressas do texto da Constituição Federal. Válido, portanto, no sistema jurídico brasileiro o imbricamento das normas proposto por Canotilho (acima transcrito).

Com efeito, a necessidade de erigir a democracia como pedra de toque da nova República vem expressa no preâmbulo que introduz o texto constitucional. Fica claro que a Assembleia Nacional Constituinte instituiu

---

[120] Pérez Luño traça importante relato sobre a concreção normativa do princípio democrático: "En el ordenamiento constitucional de la República Federal de Alemania la concreción del princpio se traduce: 1) en la exigência del consenso de la mayoria para trazar las líneas fundamentales de la actividad política; 2) en el carácter democrático de la legislación emana del pueblo a través de sus representantes; 3) en la reglamentación y control del poder a través de la mayoria del pueblo, lo que presupone la igualdad de voto y tiene como consecuencia el respeto y la protección de las minorias; 4) en el libre desarrollo y la publicidad del proceso político. En Itália el principio democrático de la soberania popular ha sido considerado como una de las normas finales de la Constitución, esto es, como un principio normativo que indica e impone las metas a alcanzar, haciendo ilegítimas las disposiciones que tiendan a perseguir objetivos contrários o a obstaculizar la consecuión de aquéllas". Por fim, comenta a concreção do princípio democrático na Espanha, dizendo: "La fundamentación democrática de los três poderes clasicos del Estado se manifesta en: 1º) la consideración de 'la ley como expression de la voluntad popular' (Preâmbulo), ya que las Cortes, que representan al pueblo español, 'ejercen la potestad legislativa' (art. 66,2); 2º) que son las Cortes en virtud de su representatividad popular quienes 'controlan la acción del gobierno' (art. 66,2); que responde solidariamente de su gestión ante el Congreso (art. 108); 3º) que 'la justicia emana del pueblo y se administra por Jueces y Magistrados integrantes del poder judicial (art. 117, 1)". LUÑO, Antonio E. Pérez. *Derechos humanos, Estado de Derecho y Constitución*. 5 ed. Madri: Tecnos, 1995, p. 205-6.

[121] CANOTILHO, José Joaquim Gomes. *Direito Constitucional e Teoria da Constituição*. 7 ed. Coimbra: Almedina, 2003, p. 288.

um Estado Democrático. O Estado referido no preâmbulo tem como propósito "assegurar o exercício dos direitos sociais e individuais, a liberdade, a segurança, o bem-estar, o desenvolvimento, a igualdade e a justiça". Em suma, o Estado Democrático instituído compromete-se em velar pelos direitos fundamentais. Compromisso esse que será repetido no artigo 3º, quando expressamente ficam definidos como objetivos fundamentais da República Federativa do Brasil a construção de uma sociedade livre, justa e solidária (inciso I do art. 3º, semelhante ao artigo 1º da Constituição Portuguesa). Há, também, a necessidade de promoção do bem de todos (art. 3º, IV), sem qualquer tipo de discriminação, e, por via de consequência, preservação e promoção dos direitos fundamentais.

Essa teia normativa constitucional lança eficácia para dentro do Sistema Constitucional Tributário, exigindo da Administração Pública respeito aos valores constitucionalmente protegidos pelo princípio democrático como acima destacado. Tal eficácia é confirmada pelo Supremo Tribunal Federal. No julgamento de Recurso Extraordinário que apreciava a inconstitucionalidade na exigência de depósito prévio para o contribuinte apresentar recurso na esfera administrativa, a Corte decidiu reconhecer a inconstitucionalidade de tal exigência. No julgamento, o Supremo reconheceu que houve ofensa ao princípio democrático, consoante voto do Min. Joaquim Barbosa:

> A construção da democracia e de um Estado Democrático de Direito exige da Administração Pública, antes de mais nada, respeito ao princípio da legalidade, quer em juízo, quer nos procedimentos internos. Impossibilitar ou inviabilizar o recurso na via administrativa equivale a impedir que a própria Administração Pública revise um ato administrativo porventura ilícito. A realização do procedimento administrativo como concretização do princípio democrático e do princípio da legalidade fica tolhida, dada a natural dificuldade – para não dizer autocontenção – da Administração em revisar os próprios atos.[122]

A mudança no entendimento do Supremo Tribunal Federal acerca da exigência de depósito prévia para a interposição de recurso na via administrativa não é obra do acaso, tampouco se pode dizer que as palavras utilizadas pelos Ministros em seus votos são mero recursos de retórica. A concepção de Estado de Direito na sua acepção contemporânea, arejada pelos ideais da democracia, é fundamental para se compreender a importante virada na jurisprudência da Corte Suprema.[123]

Rogério Gesta Leal, por sua vez, critica a fórmula clássica de democracia, defendendo uma versão contemporânea "pensada numa perspectiva processual, garantidora de processos democráticos de exercício do

---

[122] RE nº 389383 / SP, Rel. Min. MARCO AURÉLIO, Pleno, j. 28.03.2007, DJU 29.06.2007, p. 31, acórdão fl. 11.
[123] O acórdão tirado do RE nº 389383 / SP, Rel. Min. MARCO AURÉLIO, Pleno, j. 28.03.2007, DJU 29.06.2007, p. 31, será adiante examinado com mais vagar dada a sua relevância.

poder político".¹²⁴ Assim, o princípio democrático impõe o reconhecimento de uma garantia do cidadão à participação na ação administrativa como medida de efetivação dos direitos fundamentais assegurados ao contribuinte.

---

¹²⁴ LEAL, Rogério Gesta. *Teoria do Estado. Cidadania e poder político na modernidade.* 2 ed. Porto Alegre: Livraria do Advogado, 2001, p. 195.

2. Fundamentos da República Federativa do Brasil. O Estado de Direito segundo a Constituição Federal de 1988

A Constituição Federal, ao reconhecer a República Federativa do Brasil como Estado de Direito, consagrou como fundamentos deste Estado, que tem o Direito como norte, a soberania, a cidadania, a dignidade da pessoa humana, os valores sociais do trabalho e da livre iniciativa, assim como o pluralismo político. Esses elementos, segundo a jurisdição do Supremo Tribunal Federal, desempenham papel importante na resolução de litígios envolvendo matéria tributária. Ao contrário do que se poderia concluir numa análise mais apressada, tais expressões inseridas no texto da Constituição não são meras utopias políticas ou dispositivos sem força normativa. O exame de alguns julgados do Supremo Tribunal Federal permitirá demonstrar o papel que cada fundamento do Estado de Direito exerce na construção da eficácia normativa do princípio e, muito especialmente, na eficácia no âmbito do Direito Tributário.

2.1. A DIGNIDADE DA PESSOA HUMANA

Em que pese o artigo 1º da Carta Magna estabeleça ordem diversa, a dignidade da pessoa humana, dado o seu papel estruturante do Estado Brasileiro, deve ser analisada em primeiro plano. Com efeito, o texto constitucional de 1988 incorporou a valorização do ser humano possuidor de dignidade pela sua simples existência e revelou notável preocupação com todas as dimensões do humano (econômica, intelectual, artística, política, ética e religiosa),[125] sendo facilmente constatável, no preâmbulo, artigo 1º, inciso III, e parágrafo único.

---

[125] SOUZA JUNIOR, Cezar Saldanha. *A supremacia do Direito no Estado Democrático e seus modelos básicos.* p. 24. Canotilho refere que não se pode conceber a Constituição Portuguesa separada da sua base antropológica, dizendo que "pela análise dos direitos fundamentais, constitucionalmente consagrados, deduz-se que a raiz antropológica se reconduz ao homem como pessoa, como cidadão, como trabalhador e como administrado". CANOTILHO, José Joaquim Gomes. Direito Constitucional e Teoria da Constituição. 7 ed. Coimbra: Almedina, 2003, p. 248.

Nesse sentido, a dignidade do ser humano deve ser perseguida pelo Estado e ser por ele respeitada, na medida em que o homem deve ser concebido como fim em si mesmo e não como meio, valendo-se da máxima kantiana.[126] No que concerne ao objeto desta investigação, a dignidade da pessoa humana impõe ao Estado o respeito ao ser humano enquanto sujeito dotado de razão, determinando que as relações havidas entre Estado e indivíduo sejam inteligíveis e racionalmente justificáveis.

Essa justificativa deve guardar pertinência com a ordem jurídica vigente e isto pode ser aferido através da obediência aos direitos e garantias fundamentais, em especial à igualdade (art. 5°, *caput* e inciso I, da CF), à legalidade (artigos 5°, II, e 37) e ao devido processo legal (art. 5°, LIV, da CF). Tendo em vista que a racionalidade que anima a existência humana aspira verdades, exige pautas de como agir, a valorização da dignidade da pessoa humana ruma à obtenção do bem comum. Essas aspirações devem permear o discurso jurídico, servindo como linha mestra ou bússola, apontando para a direção do fim último perseguido pelo Estado.

No âmbito do Direito Tributário, é bem verdade que a dignidade da pessoa humana não incide de forma direta na solução dos casos concre-

---

[126] O Supremo Tribunal Federal assim se manifestou sobre a dignidade da pessoa humana: "Sendo fundamento da República Federativa do Brasil a dignidade da pessoa humana, o exame da constitucionalidade de ato normativo faz-se considerada a impossibilidade de o Diploma Maior permitir a exploração do homem pelo homem. O credenciamento de profissionais do volante para atuar na praça implica ato do administrador que atende às exigências próprias à permissão e que objetiva, em verdadeiro saneamento social, o endosso de lei viabilizadora da transformação, balizada no tempo, de taxistas auxiliares em permissionários." (RE 359.444, Rel. Min. Carlos Velloso, DJ 28/05/04); "Fundamento do núcleo do pensamento do nacional-socialismo de que os judeus e os arianos formam raças distintas. Os primeiros seriam raça inferior, nefasta e infecta, características suficientes para justificar a segregação e o extermínio: inconciliabilidade com os padrões éticos e morais definidos na Carta Política do Brasil e do mundo contemporâneo, sob os quais se ergue e se harmoniza o estado democrático. Estigmas que por si só evidenciam crime de racismo. Concepção atentatória dos princípios nos quais se erige e se organiza a sociedade humana, baseada na respeitabilidade e dignidade do ser humano e de sua pacífica convivência no meio social. Condutas e evocações aéticas e imorais que implicam repulsiva ação estatal por se revestirem de densa intolerabilidade, de sorte a afrontar o ordenamento infraconstitucional e constitucional do País." (HC 82.424-QO, Rel. Min. Maurício Corrêa, DJ 19/03/04); "DNA: submissão compulsória ao fornecimento de sangue para a pesquisa do DNA: estado da questão no direito comparado: precedente do STF que libera do constrangimento o réu em ação de investigação de paternidade (HC 71.373) e o dissenso dos votos vencidos: deferimento, não obstante, do HC na espécie, em que se cuida de situação atípica na qual se pretende – de resto, apenas para obter prova de reforço – submeter ao exame o pai presumido, em processo que tem por objeto a pretensão de terceiro de ver-se declarado o pai biológico da criança nascida na constância do casamento do paciente: hipótese na qual, à luz do princípio da proporcionalidade ou da razoabilidade, se impõe evitar a afronta à dignidade pessoal que, nas circunstâncias, a sua participação na perícia substantivaria." (HC 76.060, Rel. Min. Sepúlveda Pertence, DJ 15/05/98) "Discrepa, a mais não poder, de garantias constitucionais implícitas e explícitas – preservação da dignidade humana, da intimidade, da intangibilidade do corpo humano, do império da lei e da inexecução específica e direta de obrigação de fazer – provimento judicial que, em ação civil de investigação de paternidade, implique determinação no sentido de o réu ser conduzido ao laboratório, 'debaixo de vara', para coleta do material indispensável à feitura do exame DNA. A recusa resolve-se no plano jurídico-instrumental, consideradas a dogmática, a doutrina e a jurisprudência, no que voltadas ao deslinde das questões ligadas à prova dos fatos." (HC 71.373, Rel. Min. Marco Aurélio, DJ 22/11/96).

tos. Todavia, uma vez compreendido o sentido da norma e os fins que o texto visa atingir, percebe-se com clareza que a jurisprudência do Supremo Tribunal Federal já prestigia de longa data a vida digna, o mínimo existencial, vedando a utilização de tributo com efeito de confisco ou que imponha riscos ao mínimo existencial do contribuinte.

Como destaca Humberto Ávila:

> O dever de coerência exige que exista uma principial relação de tensão entre a competência do Poder Legislativo para instituir tributos e a dignidade humana e os direitos fundamentais de liberdade de os sujeitos passivos desenvolverem sua propriedade privada e sua iniciativa privada, em virtude da qual deve ser encontrada uma harmonia entre interesses privados e públicos na determinação da carga tributária. A preservação do direito à vida e à dignidade e da garantia dos direitos fundamentais de liberdade alicerçam não apenas uma pretensão de defesa contra restrições injustificadas do Estado nesses bens jurídicos, mas exigem do Estado medidas efetivas para a proteção desses bens. O aspecto tributário dessa tarefa é a proibição de tributar o mínimo existencial do sujeito passivo.[127]

Essa proteção ao mínimo existencial encontra suporte na jurisprudência do Supremo Tribunal Federal, como por exemplo, sustenta o Min. Celso de Mello, ao apreciar a constitucionalidade da instituição de contribuição de seguridade social para os servidores públicos federais através da Lei nº 9.783/99:

> A proibição constitucional do confisco em matéria tributária nada mais representa senão a interdição, pela Carta Política, de qualquer pretensão governamental que possa conduzir, no campo da fiscalidade, à injusta apropriação estatal, no todo ou em parte, do patrimônio ou dos rendimentos dos contribuintes, comprometendo-lhes, pela insuportabilidade da carga tributária, o exercício do direito a uma existência digna, ou a prática de atividade profissional lícita ou, ainda, regular satisfação de suas necessidades vitais (educação, saúde e habitação, por exemplo).[128]

A carga semântica extraída da jurisprudência do Supremo Tribunal Federal evidencia a existência digna como limite à instituição de tributos ou a sua majoração. Em outras palavras, pode-se dizer que a dignidade da pessoa humana, compreendida como garantia do Estado Brasileiro à existência digna e à valorização do ser humano em si mesmo, constitui-se em limite à tributação e orienta a aplicação das normas tributárias, como de resto, também ocorre em Portugal, onde a norma igualmente tem assento constitucional. Como alerta Jorge Miranda "a dignidade da pessoa humana impõe condições materiais de vida capazes de assegurar liberdade e segurança às pessoas. Daí, as garantias especiais dos salários (...) a regu-

---

[127] ÁVILA, Humberto. *Sistema Constitucional Tributário*. p. 318.
[128] ADI – MC nº 2.010/DF, Pleno, Rel. Min. Celso de Mello, j. 30/09/1999, DJU 12.04.2002, p. 51.

lação dos impostos e dos benefícios fiscais de harmonia com os encargos familiares [artigo 67, n° 2, alínea f]".[129]

O caráter argumentativo da dignidade da pessoa humana é defendido por Luis Fernando Barzotto quando, ao caracterizar a democracia brasileira como uma democracia deliberativa, cujo regime se assenta na racionalidade prática, afirma que:

> A pessoa humana, por sua dignidade de ser racional, deve participar nas decisões que afetem sua vida, ela exige justificativas racionais para todo ato de poder no interior da comunidade e se recusa a obedecer a leis, comandos e ordens que não podem se justificar argumentativamente.[130]

Considerando que a dignidade da pessoa humana será analisada em conjunto com o princípio do Estado de Direito como limitação material, no item 7.4, por ora, definindo sua aplicabilidade no Direito Tributário, a abordagem aqui limita-se a reconhecê-la como fundamento do Estado de Direito e dotá-la de uma significado mínimo que será aprofundado a seguir.

2.2. A SOBERANIA

O conceito de soberania está extremamente ligado com a concepção de Estado,[131] remetendo o intérprete a uma ideia de não sujeição do Estado a nenhum outro Estado soberano. Roque Antonio Carrazza sustenta que:

> (...) soberania é a faculdade que, num dado ordenamento jurídico, aparece como suprema. Tem soberania quem possui o poder supremo, absoluto e incontrastável, que não reconhece, acima de si, nenhum outro poder. Bem por isso, ele sobrepaira toda e qualquer autoridade.[132]

A noção de soberania, para Marcello Caetano, é formada pelas expressões "supremo" e "independente". Diz-se "supremo" porque no âmbito interno não se limita a nenhum outro poder e "independente" porque no ambiente internacional não está obrigado a observar regras que não tenha consensualmente aceito.[133] Tais noções estão arraigadas na compreensão da Constituição Federal e são recolhidas de outras passagens da própria Constituição, como os artigos 3°, I, e 4°, I, que se referem à sociedade livre e à independência nacional, respectivamente.

---

[129] MIRANDA, Jorge e MEDEIROS, Rui. *Constituição Portuguesa Anotada*. t. I.. Coimbra: Coimbra Editora, 2005, p. 54.
[130] BARZOTTO, Luis Fernando. *A democracia na Constituição*. São Leopoldo. Ed. Unisinos, 2003, p. 181.
[131] SILVA, José Afonso da. *Curso de Direito Constitucional Positivo*. 16 ed. São Paulo: Malheiros, 1999, p. 108.
[132] CARRAZZA, Roque Antonio. *Curso de Direito Constitucional Tributário*. 18 ed. São Paulo: Malheiros, 2002, p. 109.
[133] CAETANO, Marcelo. *Direito Constitucional*. V. I, p. 169.

Essa concepção de soberania tem importantes reflexos no campo do Direito Tributário, em especial no Direito Internacional Tributário. Pode-se dizer, num primeiro momento, que o Estado brasileiro é independente, vale dizer, é capaz de editar normas relativamente alheio à interferência estrangeira. Diz-se relativamente, porque existe a necessidade de respeito à ordem jurídica internacional. Todavia, não é qualquer tratado que ingressará no ordenamento jurídico e passará a surtir efeitos. Como assentado pelo Supremo Tribunal Federal, há um *iter* a ser implementado para que as diretivas internacionais tenham eficácia, nos moldes preconizados pela Constituição Federal. No voto do Min. Celso de Mello consta:

> (...) PROCEDIMENTO CONSTITUCIONAL DE INCORPORAÇÃO DE CONVENÇÕES INTERNACIONAIS EM GERAL E DE TRATADOS DE INTEGRAÇÃO (MERCOSUL). – A recepção dos tratados internacionais em geral e dos acordos celebrados pelo Brasil no âmbito do MERCOSUL depende, para efeito de sua ulterior execução no plano interno, de uma sucessão causal e ordenada de atos revestidos de caráter político-jurídico, assim definidos: (a) aprovação, pelo Congresso Nacional, mediante decreto legislativo, de tais convenções; (b) ratificação desses atos internacionais, pelo Chefe de Estado, mediante depósito do respectivo instrumento; (c) promulgação de tais acordos ou tratados, pelo Presidente da República, mediante decreto, em ordem a viabilizar a produção dos seguintes efeitos básicos, essenciais à sua vigência doméstica; (1) publicação oficial do texto do tratado e (2) executoriedade do ato de direito internacional público que passa, então – e somente então – a vincular e a obrigar no plano do direito positivo interno. Precedentes. O SISTEMA CONSTITUCIONAL BRASILEIRO NÃO CONSAGRA O PRINCÍPIO DO EFEITO DIRETO E NEM O POSTULADO DA APLICABILIDADE IMEDIATA DOS TRATADOS OU CONVENÇÕES INTERNACIONAIS. – A Constituição Brasileira não consagrou, em tema de convenções internacionais ou de tratados de integração, nem o princípio do efeito direito, nem o postulado da aplicabilidade imediata. Isso significa, de jure constituto, que, enquanto não se concluir o ciclo de sua transposição, para o direito interno, os tratados internacionais e os acordos de integração, além de não poderem ser invocados, desde logo, pelos particulares, no que se refere aos direitos e obrigações neles fundados (princípio do efeito direito), também não poderão ser aplicados imediatamente, no âmbito doméstico do Estado brasileiro (postulado da aplicabilidade imediata). (...).[134]

Num segundo momento, em atenção ao artigo 98 do Código Tributário Nacional, é lícito referir que os tratados e convenções têm equivalência à legislação interna, insinuando certa supremacia sobre o direito interno. A questão acerca da preponderância dos tratados sobre a legislação pátria escapa aos propósitos da presente investigação,[135] valendo referir que o

---

[134] CR (AgRG) nº 8279 / Argentina, Pleno, Rel. Min. Celso de Mello, ementa publicada no informativo nº 196 de agosto de 2000.

[135] Luiz Felipe Difini comenta que a discussão pode ser dividida em dois enfoques. Quando há conflito entre um tratado internacional e a legislação interna, sendo que esta dispõe sobre normas gerais e o tratado sobre normas especiais. Assim sendo, a situação especial seria disciplinado pelo tratado e a legislação interna cuidaria das demais hipóteses, inexistindo conflito. Situação diversa ocorre quando a lei interna superveniente dispõe de forma diversa ao tratado. Nesse sentido, refere que "A conseqüência da violação do tratado pela legislação do Estado que a celebrou e ratificou será de direito internacional e não de direito interno: no plano do direito interno é obrigatória para a Justiça a apli-

Supremo Tribunal Federal, desde o julgamento do RE n° 80.004/SE, da relatoria do Min. Xavier de Albuquerque, ao apreciar a validade do Decreto-Lei n° 427/69 frente à Convenção de Genebra, afasta a ideia de superioridade normativa dos tratados internacionais.[136] Razão pela qual não se deve inferir que as normas internacionais possuiriam carta branca para criação de tributos. Nesse ponto, aliás, a doutrina especializada não diverge, como alerta Alberto Xavier,[137] lembrando que os tratados têm efeito negativo, delimitando pretensões tributárias dos Estados. Luciano Amaro exemplifica: "Dirá, por exemplo, o tratado que os Estados signatários poderão cobrar certo tributo, exceto em tais ou quais hipóteses, ou limitado a este ou àquele percentual, ou, ainda, limitado ao que exceder ao valor do tributo cobrado no outro Estado contratante".[138]

Enfim, sem ter a pretensão de ingressar na problemática da eficácia dos tratados e convenções em matéria tributária, tema que refoge a esta pesquisa, são suficientes as lições colacionadas. Portanto, a noção de soberania inserida na Carta Maior tem o condão de propor limites e proteger o cidadão-contribuinte de surpresas, bitributação ou tributação confiscatória, dentro do ideal de independência nacional que pauta o relacionamento internacional brasileiro.

2.3. A CIDADANIA

A expressão "cidadania" relacionada pelo artigo 1° como fundamento do Estado de Direito Brasileiro contém uma carga semântica muito mais ampla do que àquela referente apenas aos direitos políticos.[139] A palavra

---

cação da norma interna editada posteriormente à ratificação do tratado (até aqui citando parecer de Francisco Campos, in RDA 47, PP 456-457)". DIFINI, Luiz Felipe. *Manual de Direito Tributário*. 3ed. São Paulo: Saraiva, 2006, p. 150.

[136] "Convenção de genebra, lei uniforme sobre letras de cambio e notas promissórias, aval aposto a nota promissória não registrada no prazo legal, impossibilidade de ser o avalista acionado, mesmo pelas vias ordinárias. Validade do decreto-lei N. 427, de 22.01.1969. embora a convenção de genebra que previu uma lei uniforme sobre letras de cambio e notas promissórias tenha aplicabilidade no direito interno brasileiro, não se sobrepõe ela as leis do país, disso decorrendo a constitucionalidade e consequente validade do DEC. LEI Nº 427/69, que institui o registro obrigatório da nota promissória em repartição fazendária, sob pena de nulidade do título. Sendo o aval um instituto do direito cambiário, inexistente será ele se reconhecida a nulidade do título cambial a que foi aposto. Recurso extraordinário conhecido e provido". (RE 80004/SE, Rel. Min. XAVIER DE ALBUQUERQUE, Pleno, j. 01.06.1977, DJ 29.12.1977, p. 9433).

[137] XAVIER, Alberto. *Direito Tributário Internacional*, p. 103/104.

[138] AMARO, Luciano. *Direito Tributário Brasileiro*. 8 ed., São Paulo: Saraiva, 2002, p. 174.

[139] Na definição de Rogério Gesta Leal a noção de cidadania é mais ampla que apenas a garantia do direito ao voto, *in verbis*: "No que tange à identificação dos direitos dos cidadãos, em especial no Brasil, é interessante que se analise dois de seus aspectos fundantes, considerando o conceito que acima fora exposto, a saber: os direitos estabelecidos expressamente pelo ordenamento jurídico constitucional e os que implicitamente podem ser encontrados no mesmo estatuto, ou, no dizer de alguns teóricos da

está ligada também ao ser humano como parte integrante da comunidade, receptor das prestações estatais e responsável pela manutenção do Estado.

A cidadania é a manifestação eloquente da dimensão política do humano, compartilhando com seus semelhantes as decisões e os destinos do país. Caio Tácito, ao comentar a Carta de 1988, refere:

> A Constituição destaca, especialmente, como exercício da cidadania, a iniciativa popular de projetos de lei. É mister, porém, sejam subscritos por, no mínimo, um por cento do eleitorado nacional, obrigatoriamente representado por, pelo menos, cinco estados da Federação, em cada qual com, pelo menos, três décimos de seus eleitores.[140]

Sobre o tema, é a posição do Supremo Tribunal Federal:

> Ninguém é obrigado a cumprir ordem ilegal, ou a ela se submeter, ainda que emanada de autoridade judicial. Mais: é dever de cidadania opor-se à ordem ilegal; caso contrário, nega-se o Estado de Direito.[141]

Inegável, por certo, a estreita relação entre a palavra "cidadania" posta na Constituição, seu significado atribuído pelo Supremo Tribunal Federal e a norma do Estado de Direito. Nesse sentido, afirma Rogério Gesta Leal:

> De qualquer sorte, a Constituição Brasileira de 1988 traz em seu art. 1º, inciso II, a cidadania como fundamento do Estado Democrático de Direito que quer constituir, e, já no art. 3º, estabelece os objetivos fundamentais do País, a saber: construir uma sociedade livre, justa e solidária, garantir o desenvolvimento nacional; erradicar a pobreza e marginalização e reduzir as desigualdades sociais e regionais; promover o bem de todos, sem preconceitos de origem, raça, sexo, cor, idade e quaisquer outras formas de discriminação; a partir do art. 5º, a Constituição estabelece os direitos e garantias fundamentais do cidadão brasileiro.[142]

A expressão da cidadania manifesta-se, pois, na outorga ao cidadão de direitos e garantias frente ao Estado, que no domínio do Direito Tributário é ainda mais latente. Zelmo Denari propõe uma cidadania tributária cujo *status*:

> (...) supõe, de um lado, conhecimento das imposições tributárias em cada nível de governo e, de outro, avaliação da legitimidade dessas exigências fiscais e de sua adequação aos princípios e normas gerais do direito tributário elencados na Constituição e nos textos infraconstitucionais.[143]

área, os direitos silenciosos". LEAL, Rogério Gesta. *Teoria do Estado. Cidadania e poder político na modernidade*. 2 ed. Porto Alegre: Livraria do Advogado, 2001, p. 182.

[140] TÁCITO, Caio. *Constituições Brasileiras: 1988*. v. VII, 5 ed., Brasília: Senado Federal, 2005, p. 15.

[141] HC 73.454, Rel. Min. Maurício Corrêa, DJ 04/06/96.

[142] LEAL, Rogério Gesta. *Teoria do Estado. Cidadania e poder político na modernidade*. 2 ed. Porto Alegre: Livraria do Advogado, 2001, p. 183.

[143] DENARI, Zelmo. *Cidadania e Tributação. In:* Revista Dialética de Direito Tributário nº 10, jul. /1996, p. 44.

O cidadão/contribuinte é chamado a contribuir na medida da sua capacidade econômica para prover o Estado. Este, de seu turno, torna-se devedor da contraprestação que lhe incumbe através das tarefas destinadas pela Constituição. A comutatividade da relação é melhor visualizada quando se está falando em contribuições *latu sensu*, porquanto são instituídas tão somente para custear determinada finalidade. Na medida em que desatendida tal finalidade, seja porque desviada a arrecadação do tributo, seja porque a destinação foi desvirtuada já na sua instituição, verifica-se anomalia na exação criada e, em especial, desrespeito à cidadania enquanto fundamento do Estado de Direito. O Supremo Tribunal Federal tem coibido o desvio de finalidade da arrecadação das contribuições, como é exemplo, o acórdão que julgou inconstitucional a Lei Orçamentária que abria rubrica suplementar para a arrecadação da "CIDE/combustíveis" com destinação estranha àquela disposta na lei instituidora do tributo.[144]

Assim como é dever do indivíduo opor-se à ordem ilegal como forma de atender à cidadania inscrita na Constituição, é dever também do contribuinte se irresignar contra tributação abusiva, ilegal e/ou inconstitucional. Nesse particular é que se encontra o ponto de intersecção entre a noção de cidadania e o princípio do Estado de Direito. Como destaca Alberto Nogueira: "Enfim, o Estado se jurisdiciza de forma mais completa, passando a se sujeitar não apenas ao Direito, que na maior parte se habituou a formular, para se amoldar aos desígnios da cidadania ativa".[145] Recordando Aristóteles, deve-se prestar atenção, desde o começo, nos abusos, por menores que possam parecer.[146]

2.4. OS VALORES SOCIAIS DO TRABALHO E DA LIVRE INICIATIVA

A Constituição Federal, ao colocar lado a lado o trabalho e a livre iniciativa como fundamentos do Estado Brasileiro, quis inegavelmente estabelecer a justa medida na apreciação das questões envolvendo a tensão entre esses dois valores. No momento em que coloca em pé de igualdade os valores sociais do trabalho e da livre iniciativa, há a sinalização de que o Poder Público deverá promover em igualdade os valores sem excessivamente prestigiar um e sufocar o outro, ou reconhecer um e negar vigência aos demais. Esta ideia parece bem clara e permeia o texto da Constituição, em especial o Título VII – Da Ordem Econômica e Financeira.

---

[144] ADI nº 2.925-8/DF, Pleno, Rel. p/ acórdão Min. Marco Aurélio, j. 19.12.2004, DJU 04.03.2005.
[145] NOGUEIRA, Alberto. *Teoria dos Princípios Constitucionais Tributários*. Rio de Janeiro: Renovar, 2008, p. 82.
[146] Aristóteles. *A Política*. p. 232.

É possível, ainda, extrair do texto da Constituição Federal a ideia de promoção do desenvolvimento (art. 3°, II), de modo que nessa abordagem os valores sociais do trabalho e da livre iniciativa estariam sendo conjugados em adição, na medida em que ambos contribuem para a consecução dos objetivos fundamentais da República Federativa do Brasil (artigo 3°). Essa perspectiva propõe a valorização conjugada de ambos os valores para a promoção do desenvolvimento, demandando, do intérprete, uma visão preocupada com tais objetivos e, do Poder Público, uma ação que tenda a promover tais preceitos ao invés de tirar-lhes eficácia. O Supremo Tribunal Federal, ao apreciar demanda de declaração da inconstitucionalidade da Lei n° 8.039/90, que dispunha sobre o regime de reajustes das mensalidades escolares, preservou os valores da livre iniciativa, dizendo:

> Em face da atual Constituição, para conciliar o fundamento da livre iniciativa e do princípio da livre concorrência com os da defesa do consumidor e da redução das desigualdades sociais, em conformidade com os ditames da justiça social, pode o Estado, por via legislativa, regular a política de preços de bens e de serviços, abusivo que é o poder econômico que visa ao aumento arbitrário dos lucros.[147]

Na íntegra do voto do Min. Moreira Alves, vislumbra-se com clareza a tensão entre os valores da Constituição, ponderando-os da seguinte forma:

> Portanto, embora um dos fundamentos da Ordem Econômica seja a livre iniciativa, visa aquela assegurar a existência digna, em conformidade com os ditames da justiça social, observando-se os princípios enumerados nos sete incisos deste artigo [art. 170 da CF]. Ora, sendo a justiça social a justiça distributiva – e por isso mesmo que se chega a finalidade da ordem econômica (assegurar a todos a existência digna) por meio dos ditames dela – , e havendo a possibilidade de incompatibilidade entre alguns princípios constantes dos incisos desse artigo 170, se tomados em sentido absoluto, mister se faz, evidentemente que se lhes dê sentido relativo para que se possibilite a sua conciliação a fim de que, em conformidade com os ditames da justiça distributiva, se assegure a todos – e, portanto, aos elementos de produção e distribuição de bens e serviços e aos elementos de consumo deles – existência digna.[148]

O voto do Min. Moreira Alves reconduz à "livre iniciativa" e, por decorrência, o valor do "trabalho" para a cláusula constitucional da dignidade da pessoa humana, revelando que a Ordem Econômica está a garantir uma existência digna.

Tais preceitos desempenharão importante papel na definição do princípio do Estado de Direito como limitação material, especialmente quando direcionado a proteger os direitos fundamentais de primeira geração como a propriedade, o livre exercício de atividade e o trabalho, como adiante será melhor detalhado (item 7.2).

---

[147] ADI – QO n° 319/DF, Pleno, Rel. Min. Moreira Alves, j. 03.03.1993, DJU 30.04.1993, p. 7.563.
[148] Idem.

2.5. O PLURALISMO POLÍTICO

Partindo da premissa de que os fins perseguidos pela Constituição devem ser atingidos de forma justa através de uma racionalidade prática essencialmente dialógica, como sustentado por Luis Fernando Barzotto,[149] é possível compreender a necessidade de valorização do pluralismo político inscrito na Constituição Federal.

O justo e o injusto somente podem ser determinados através do *logos*, da palavra, o que pressupõe um discurso racional onde opiniões divergentes e pontos de vista são colocados à prova. Nas palavras de Luis Fernando Barzotto: "Somente com a consideração de um variado número de pontos de vista, e do debate entre eles, é que vamos determinar quais são os deveres de justiça exigidos para a realização do bem da pessoa e do bem comum".[150]

O pluralismo atua ainda como forma de legitimar a legalidade. A legalidade na concepção clássica de limite ao poder absoluto do monarca e o pluralismo político, como forma de garantir a maior participação possível dos mais variados segmentos da sociedade, tendem a garantir a participação da sociedade na ação estatal. Não por outro motivo, o Supremo Tribunal Federal vedou a edição de leis que condicionavam o número de candidatos às Câmaras Municipais ao número de representantes do respectivo partido na Câmara Federal. Reconheceu-se, no caso, interferência ao pluralismo político pregado pela Constituição:

> Normas que condicionaram o número de candidatos às Câmaras Municipais ao número de representantes do respectivo partido na Câmara Federal. Alegada afronta ao princípio da isonomia. Plausibilidade da tese, relativamente aos parágrafos do art. 11, por instituírem critério caprichoso que não guarda coerência lógica com a disparidade de tratamento neles estabelecida. Afronta à igualdade caracterizadora do pluralismo político consagrado pela Carta de 1988.[151]

O pluralismo instituído pela Constituição não se limita à diversidade de posições típicas do embate político, mas se irradia para toda e qualquer *disputatio*, principalmente a jurídica, como aqui explorado. Isso importa em dizer que a pluralidade de posições antes de ser problema, como imposição de ordem constitucional, é requisito para a instauração de um discurso tendente a atingir a justiça.

---

[149] BARZOTTO, Luis Fernando. *A democracia na Constituição*. São Leopoldo. Ed. Unisinos, 2003, p. 190.
[150] Idem, p. 191.
[151] ADI 1.355-MC, Pleno, Rel. Min. Ilmar Galvão, DJ 23/02/96.

3. O Estado de Direito e seus subprincípios

A Constituição Federal de 1988 elevou o Estado de Direito ao *status* de princípio fundamental, dispondo no artigo 1° que: "A República Federativa do Brasil, formada pela união indissolúvel dos Estados e Municípios e do Distrito Federal, constitui-se em Estado Democrático de Direito (...)". Essa norma é compreendida por meio dos bens jurídicos referidos no capítulo antecedente. Equivale a dizer que a moldura normativa é colorida com as cores emprestadas pelos fundamentos antes mencionados.

De outro lado, sabe-se que a partir do princípio do Estado de Direito são extraídas outras normas de importância crucial ao ordenamento jurídico. Convencionou-se chamá-las de subprincípios do Estado de Direito.

A pretensão de reconhecer o Estado de Direito como limitação ao poder de tributar passa necessariamente pela decomposição de seus subprincípios, bem como analisando qual sua efetiva dimensão normativa. Para tanto é necessário analisar o texto da Constituição Federal, cotejando os subprincípios reconhecidos pela jurisprudência e estabelecer suas conexões aos efeitos de traçar o conteúdo mínimo da referida norma constitucional. Nesse intento, as normas serão apreciadas preponderantemente sob o seu aspecto principiológico, acolhendo-se para tanto a nomenclatura utilizada por Humberto Ávila.[152]

Com efeito, a perspectiva normativa do Estado de Direito e seus subprincípios (legalidade, segurança jurídica, devido processo legal, separação dos poderes, responsabilidade objetiva do Estado e moralidade) raramente são utilizados pelo Supremo Tribunal Federal no clássico modelo silogístico. Ao contrário, o Estado de Direito é sempre invocado como enlace de outras normas e como critério de medida na integração e aplicação das demais normas. Esse dado explica o porquê da quase inexistência da expressão Estado de Direito nos julgados do Supremo Tribunal Federal como peça chave na resolução do conflito. A pesquisa restrita às ementas dos julgados seria ainda mais frustrante. No tocante à matéria tributária, não é diferente. A expressão "Estado de Direito", analisada isoladamente,

---

[152] Conferir ÁVILA, Humberto. *Teoria dos princípios*. São Paulo: Malheiros, 2003, p. 81. Sobre as eficácias e dimensões normativas do Estado de Direito, conferir o capítulo 4.

pouca ou quase nenhuma atenção recebeu da Suprema Corte. Como bem identificado por Humberto Ávila, o Estado de Direito e seus subprincípios, ainda que invocados de forma implícita ou reflexa, não receberam a devida importância no ramo do Direito Tributário se individualmente considerados.[153]

Todavia, decompondo os julgados, por meio da análise da íntegra dos votos dos Ministros do Supremo Tribunal Federal, é possível colacionar inúmeras decisões que invocam o sobreprincípio, correlacionando-o com os princípios que o integram como razão de decidir.

Dessa forma, passa-se a analisar cada subprincípio do Estado de Direito na forma retratada pelo Supremo Tribunal Federal, sempre fazendo o reenvio à norma que lhe é sobrejacente, o que autoriza extrair a ligação entre as normas e estabelecer o alcance como limitação tributária que adiante se pretende expor.

3.1. A IDEIA DE VINCULAÇÃO AO ORDENAMENTO JURÍDICO EMANADA PELO ESTADO DE DIREITO. UMA NOVA PERSPECTIVA DA LEGALIDADE

Um dos sentidos mais correntes do Estado de Direito, como elaborado acima,[154] é a vinculação do Estado ao direito posto.[155] E sobre a compreensão mínima de Direito, Canotilho assim se pronuncia:

> O direito compreende-se como um *meio de ordenação* racional e vinculativa de uma comunidade organizada e, para cumprir esta função ordenadora, o direito estabelece *regras e medidas*, prescreve *formas e procedimentos* e cria *instituições*. Articulando medidas ou regras materiais com formas e procedimentos, o direito é, simultaneamente, *medida material e forma* da vida colectiva (K. Hesse).[156]

Sobre as raízes do problema, narra, com precisão, Sacha Calmon:

> O princípio da legalidade, aspiração genérica dos povos, no campo específico da tributação, despontou em vários lugares como já vimos. Convencionou-se, porém, tomar como marco histórico a Magna Carta imposta a João-Sem-Terra pelos barões normandos, consignando numa de suas prescrições a frase *no taxation without representation*. Ao lume dessa insurgência contra o poder unipessoal de tributar, o princípio incorporou a conotação de autotri-

---

[153] ÁVILA, Humberto. *Sistema Constitucional Tributário*. São Paulo: Saraiva: 2004, p. 268.

[154] Ver o capítulo 1, pontos 1.1 e 1.2.

[155] Semelhante conclusão foi obtida por Rafael Maffini em sua pesquisa na jurisprudência do Supremo Tribunal Federal. MAFFINI, Rafael. *Princípio da Proteção Substancial da Confiança no Direito Administrativo Brasileiro*. Porto Alegre: Verbo Jurídico, 2006, p. 42 e 44.

[156] CANOTILHO, José Joaquim Gomes. Direito Constitucional e Teoria da Constituição. 7 ed. Coimbra: Almedina, 2003, p. 243. Essas noções são incorporadas ao presente trabalho aos efeitos de se fixar um entendimento mínimo sobre o conceito de Direito.

butação, por isso que a idéia da imposição passou a depender da audiência de um conselho indicado pelos governados.[157]

Num país de tradição romano-germânica, onde a lei ocupa lugar preponderante enquanto fonte de direito,[158] forçoso concluir que tal vinculação se refere-se à lei vigente. Por esse motivo a Carta Magna dispõe que: "art. 5° (...) II – ninguém será obrigado a fazer ou deixar de fazer alguma coisa senão em virtude de lei;". No mesmo dispositivo, a Constituição assegura que: "XXXIX – não há crime sem lei anterior que o defina, nem pena sem prévia cominação legal;". No âmbito do Direito Público, há determinação explícita no artigo 37 da Constituição Federal, impondo à Administração a observância da legalidade. No Direito Tributário, por sua vez, vige a legalidade tributária, conforme preconiza o artigo 150 da Lei Maior, *in verbis*: "Art. 150. Sem prejuízo de outras garantias asseguradas ao contribuinte, é vedado à União, aos Estados, ao Distrito Federal e aos Municípios: I – exigir ou aumentar tributo sem lei que o estabeleça; (...)".

No texto da Constituição, são incontáveis os artigos e incisos que remetem a disciplina e a regulamentação de garantias e direitos à legislação infraconstitucional, o que denota a importância da legislação e o apreço do ordenamento jurídico para com a norma escrita.[159]

O princípio da legalidade, em especial a legalidade tributária, é decorrência do sobreprincípio do Estado de Direito, segundo posicionamento iterativo do Supremo Tribunal Federal. Assim expõe o voto do Min. Aliomar Baleeiro que endossa a tese ora sustentada:

> Nosso sistema jurídico-constitucional, como todos os Estados-de-Direito, consagra o princípio da legalidade do tributo, que é, doutrinariamente, obrigação *ex lege* (art. 19, I; art. 153, § 29, da Constituição Federal). E o Código Tributário Nacional, que é lei complementar de normas gerais de Direito Financeiro (art. 6°, XVII, *c*), da Constituição Federal, estabelece nítida e imperiosamente a regra da reserva de lei para instituição e majoração de impostos, quer do ponto de vista do fato gerador, quer no da base de cálculo (Lei n° 5.172/66, arts. 97, II, III e § 1°).[160]

---

[157] COÊLHO, Sacha Calmon Navarro. *Comentários à Constituição de 1988*. 9 ed. Rio de Janeiro: Forense, 2005, p. 221.

[158] DAVID, René. *Os Grandes Sistemas do Direito Contemporâneo. Direito Comparado*. 2 ed. Lisboa: Meridiano, 1978, p. 62. FALCÃO, Amílcar de Araújo. *O problema das fontes do Direito Tributário*. in: Revista de Direito Administrativo n. 41, p. 15, jul./set., 1955.

[159] José Souto Maior Borges, em excelente artigo, ironiza o movimento que se denomina "contradogmática" ou também cunhado de "direito alternativo" chamando-o de generoso equívoco, pois dentre outros equívocos destacados acaba por destruir um dos pilares da juridicidade que é a segurança jurídica. Ao se referir à legalidade, é enfático: "Uma legalidade 'ilegítima' pode muito bem ser ainda assim melhor do que a ineficácia da legalidade; sua conversão num mero enunciado teórico, desprovido de efetividade". BORGES, José Souto Maior. *Pro-Dogmática: Por uma hierarquização dos princípios constitucionais*. In: Revista Trimestral de Direito Público n. 1, p. 140.

[160] RE n° 80386/SP, 1ª Turma, Rel. Min. Aliomar Baleeiro, j. 04.03.1975, DJU 04.04.1975.

O prestígio da legalidade e do devido processo legal, como corolário do Estado de Direito é de tal importância no âmbito da Corte encarregada da guarda da Constituição brasileira que, por vezes, autoriza o exame da matéria mesmo quando a afronta à Constituição seja reflexa, como consta do seguinte voto do Min. Marco Aurélio:

> Entendimento diverso implica relegar à inocuidade dois princípios básicos em um Estado Democrático de Direito: o da legalidade e do devido processo legal, com a garantia da ampla defesa, sempre a pressuporem a consideração de normas estritamente legais.[161]

Reexaminando a discussão levada ao Supremo Tribunal Federal pelo Estado do Rio Grande do Sul que havia se insurgido com a sua inclusão no cadastro federal de devedores (CADIN) por divergência na prestação de contas de um convênio entabulado com a União Federal, percebe-se que a Corte reconheceu o "princípio da reserva de lei", qualificando-o como "instrumento constitucional de preservação da integridade de direitos e garantias fundamentais". No voto do Min. Celso de Mello consta que:

> O princípio da reserva de lei atua como expressiva limitação constitucional ao poder do Estado, cuja competência regulamentar, por tal razão, não se reveste de suficiente idoneidade jurídica que lhe permita restringir direitos ou criar obrigações. Nenhum ato regulamentar pode criar obrigações ou restringir direitos, sob pena de incidir em domínio constitucionalmente reservado ao âmbito de atuação material da lei em sentido formal. – O abuso de poder regulamentar, especialmente nos casos em que o Estado atua "contra legem" ou "praeter legem", não só expõe o ato transgressor ao controle jurisdicional, mas viabiliza, até mesmo, tal a gravidade desse comportamento governamental, o exercício, pelo Congresso Nacional, da competência extraordinária que lhe confere o art. 49, inciso V, da Constituição da República e que lhe permite sustar os atos normativos do Poder Executivo que exorbitem do poder regulamentar (...)[162]

As premissas assentadas no julgado são importantes para compreender a limitação exercida pelo Estado de Direito no âmbito tributário. Como referido pelo Ministro "nenhum ato regulamentar pode criar obrigações ou restringir direitos". Com mais razão é possível afirmar que nenhum ato regulamentar pode instituir ou majorar tributos, ainda que por via reflexa, porquanto a Constituição Federal expressamente assim impõe (art. 150, I).

Ao apreciar a constitucionalidade da concessão de benefícios fiscais por parte do Estado do Rio Grande do Sul através de protocolo individual, estabelecendo como exigência para a concessão a inexistência de autuação do contribuinte, manifestou-se a Ministra Ellen Gracie:

> Reputo induvidoso que o Poder Público detém a faculdade de instituir benefícios fiscais, desde que observados determinados requisitos ou condições já definidos no texto constitucional

---

[161] RE n° 194295/RJ, 2ª Turma, Rel. Min. Marco Aurélio, j. 07.11.2000, DJU 17.08.2001, p. 52.
[162] ACO-QO 1048/RS, Rel. Min. CELSO DE MELLO, j. 30.08.2007, Pleno, DJ 31.10.2007, p. 77.

e em legislação complementar, de modo a respeitar princípios e valores jurídicos próprios do Estado de Direito. Tal premissa mostra-se de fundamental importância porquanto não apenas preserva características formais próprias do Estado de Direito, como a representação popular, a reserva constitucional de competências, a independência de jurisdição, o princípio da legalidade (reserva e supremacia da Lei), entre outras, como também a atuação do Poder Público, mediante prévia subordinação a certos parâmetros ou valores antecipadamente estabelecidos em lei específica e sobretudo a princípios positivados na Constituição. Com isso, o Poder Público submete-se à ordem normativa do Estado de Direito, por sua simultânea especificidade garantidora do interesse prevalente do Estado e do interesse individual dos administrados, estabelecendo-se verdadeiro obstáculo à atuação ilegítima e à intemperança do Poder Público.[163]

A legalidade tributária, também conhecida como legalidade estrita, exige, em síntese, que todo e qualquer tributo seja instituído por lei, não por mera formalidade, mas como forma de prestigiar o Estado de Direito, na acepção antes referida de submissão do Estado ao Direito. Nesse sentido, inúmeros são os julgados do Supremo Tribunal Federal que declaram a inconstitucionalidade de determinada exação por ausência de lei prévia que a estabeleça. A título ilustrativo, vale transcrever excerto do voto do Min. Ilmar Galvão que reconhece a inconstitucionalidade de taxa instituída através de portaria:

A portaria nº 62/2000, portanto, ao determinar a cobrança de valores em razão do exercício do poder de polícia, cria verdadeira taxa, sem observar, entretanto, os princípios da legalidade estrita – que disciplina o Direito Tributário – e da anterioridade. Ressalta-se, ainda, que a utilização de expressões vagas como "outras espécies" e "outros aquáticos", constantes do item 5.4 da portaria sob enfoque, gera caracterização imprecisa das atividades ensejadoras da cobrança da taxa, o que igualmente é incompatível com legalidade tributária.[164]

Como referido no voto retro, a legalidade tributária não se resume à exigência de lei, mas também impõe clareza nos enunciados, não se admitindo vagueza nas expressões.

Outro caso que, embora o objeto do recurso nele apreciado seja de ordem criminal, a essência da conclusão guarda relevância para o tema aqui debatido. Isso porque a Corte Suprema reconheceu a inépcia de uma denúncia mal redigida por ferir os postulados básicos do Estado de Direito. Vale transcrever o excerto do voto condutor do Min. Gilmar Mendes:

O tema tem, portanto, sérias implicações no campo dos direitos fundamentais. Denúncias genéricas, que não descrevem os fatos na sua devida conformação, não se coadunam com os postulados básicos do Estado de Direito. Mas há outras implicações! Quando se fazem imputações vagas, dando ensejo à persecução criminal injusta, está a se violar, também, o princípio da dignidade da pessoa humana, que, entre nós, tem base positiva no artigo 1º, III, da Constituição. Como se sabe, na sua acepção originária, este princípio proíbe a utilização ou transformação do homem em objeto dos processos e ações estatais. O Estado está

---

[163] RE nº 403.205/RS, 2ª Turma, Rela. Mina. Ellen Gracie, j. 28.03.2006, DJU 19.05.2006, p. 43.
[164] ADI-MC nº 2247/DF, Pleno, Rel. Min. Ilmar Galvão, j. 13.09.2000, DJU 10.11.2000, p. 81.

vinculado ao dever de respeito e proteção do indivíduo contra exposição a ofensas ou humilhações. A propósito, em comentários ao art. 1º da Constituição alemã, afirma Günther Dürig que a submissão do homem a um processo judicial indefinido e sua degradação como objeto do processo estatal atenta contra o princípio da proteção judicial efetiva (rechtliches Gehör) e fere o princípio da dignidade humana ["Eine Auslieferung des Menschen an ein staatliches Verfahren und eine Degradierung zum Objekt dieses Verfahrens wäre die Verweigerung des rechtlichen Gehörs."] (MAUNZ-DÜRIG, Grundgesetz Kommentar, Band I, München, Verlag C.H.Beck, 1990, 1I 18).[165]

Para que um cidadão possa se sujeitar à persecução criminal, é preciso que a denúncia seja precisa, a fim de que seja assegurado o devido processo legal e se atenda a tipicidade criminal. Caso contrário, estar-se-á violando os postulados básicos do Estado de Direito e a dignidade da pessoa humana, normas constitucionais com eficácia afirmada pelo Supremo Tribunal Federal no acórdão citado.

A jurisdição do Supremo Tribunal Federal nos brinda com exemplos que conferem relevante importância à legalidade, sempre reenviando a norma ao sobreprincípio do Estado de Direito. Conclui-se, portanto, que o Estado de Direito, segundo a Corte Suprema, é o respeito e a observância da lei. Impõe-se a reserva e a supremacia da lei como forma de subordinar a atuação do Poder Público a parâmetros pré-estabelecidos e atender valores insculpidos na legislação,[166] consoante voto da Ministra Ellen Gracie.[167] O conteúdo normativo que a jurisprudência do Supremo Tribunal Federal apresenta ao intérprete é de que a legislação deve ser observada de forma incondicional para que seja garantido o estado ideal de coisas representado pela norma do Estado de Direito.

3.2. PREVISIBILIDADE, ESTABILIDADE E MENSURABILIDADE PLASMADOS NA SEGURANÇA JURÍDICA

O Estado de Direito é também composto dos valores previsibilidade, estabilidade e mensurabilidade, já que toda a construção histórica da norma se voltou para assegurar ao ordenamento jurídico prestígio a tais ideais.[168] Neil Maccormick sustenta que dentre os valores assegurados pelo

---

[165] HC 84768/PE, 2ª Turma, Rel. p/ acórdão Min. Gilmar Mendes, j. 08.03.2005, DJU 27.05.2005, p. 30.

[166] Essa concepção é idêntica à referida por Karl Engisch sobre a Lei Fundamental Alemã: "O artigo 20, al. 3, da Constituição (Lei Fundamental) da República Federal declara expressamente: 'O Poder Executivo (a Administração, pois) e o Poder Judicial (ou seja, os Tribunais) estão vinculados à Lei e ao Direito'. É este um aspecto essencial do caráter de 'Estado-de-Direito' da nossa vida pública." ENGISCH, Karl. *Introdução ao Pensamento Jurídico*. 8 ed., trad. J. Baptista Machado. Lisboa: Fundação Calouste Gulbenkian, 2001, p. 78.

[167] RE nº 403.205/RS, 2ª Turma, Rela. Mina. Ellen Gracie, j. 28.03.2006, DJU 19.05.2006, p. 43.

[168] Guido Fassò afirma que se há algum valor que se possa vincular ao Estado de Direito, esse valor é "certezza del diritto". FASSO, Guido. *Stato di Diritto e Stato di Giustizia. In:* Rivista Internazionale di Filosofia del Diritto. Ano XL, série 11, jan/fev 1963, p. 85.

Estado de Direito (*Rule of Law*) nenhum é tão importante quanto a certeza jurídica e a segurança das expectativas jurídicas.[169] Segundo Canotilho, "o homem necessita de segurança para conduzir, planificar e conformar autônoma e responsavelmente a sua vida".[170] No direito pátrio, Almiro do Couto e Silva é considerado um dos precursores do tema segurança jurídica e há muito identifica conexão entre o referido princípio e o Estado de Direito.[171] Almiro do Couto e Silva critica as imprecisões terminológicas criadas pela doutrina que, por vezes, substitui "segurança jurídica" por "boa-fé" ou, ainda, por "proteção da confiança" como se fossem sinônimos. Em trabalho mais recente sobre o tema, o autor propõe a seguinte definição:

> A segurança jurídica é entendida como sendo um conceito ou um princípio jurídico que se ramifica em duas partes, uma de natureza objetiva e outra de natureza subjetiva. A primeira, de natureza objetiva, é aquela que envolve a questão dos limites à retroatividade dos atos do Estado até mesmo quando estes se qualifiquem como atos legislativos. Diz respeito, portanto, à proteção ao direito adquirido, ao ato jurídico perfeito e à coisa julgada. Diferentemente do que acontece em outros países cujos ordenamentos jurídicos frequentemente têm servido de inspiração ao direito brasileiro, tal proteção está há muito incorporada à nossa tradição constitucional e dela expressamente cogita a Constituição de 1988, no art. 5º, inciso XXXVI. A outra, de natureza subjetiva, concerne à proteção à confiança das pessoas no

---

[169] MACCORMICK, Neil. *Rhetoric and the Rule of Law*. New York: Oxford University Press, 2005, p. 16. Trata-se de apropriação do seguinte excerto: "Where the law is observed, the Rule of law obtains; and societies that live under the Rule of Law enjoy great benefits by comparison with those that do not. The Rule of Law is a possible condition to be achieved under human governments. Among the values that it can secure, none it is more important than legal certainty, except perhaps its stablemates, security of legal expectations and safety of the citizen from arbitrary interference by governments and their agents. For a society that achieves legal certainty and legal security enables its citizens to live autonomous lives in circumstances of mutual trust".

[170] CANOTILHO, José Joaquim Gomes. Direito Constitucional e Teoria da Constituição. 7 ed. Coimbra: Almedina, 2003, p. 257. "Em geral, considera-se que a segurança jurídica está conexionada com elementos objectivos da ordem jurídica – garantia de estabilidade jurídica, segurança de orientação e realização do direito – enquanto a protecção da confiança se prende mais com as componentes subjectivas da segurança, designadamente a calculabilidade e previsibilidade dos indivíduos em relação aos efeitos jurídicos dos actos dos poderes públicos".

[171] "Há hoje pleno reconhecimento de que a noção de Estado de Direito apresenta duas faces. Pode ela ser apreciada sob o aspecto material ou sob o ângulo formal. No primeiro sentido, elementos estruturantes do Estado de Direito são ideias de justiça e de segurança jurídica. No outro, o conceito de Estado de Direito compreende vários componentes, dentre os quais têm importância especial: a) a existência de um sistema de direitos e garantias fundamentais; b) a divisão das funções do Estado de modo que haja razoável equilíbrio e harmonia entre elas, bem como entre os órgãos que as exercitam, a fim de que o poder estatal seja limitado e contido por "freios e contrapesos" (*checks and balances*); c) a legalidade da Administração Pública e, d) a proteção da boa fé ou da confiança (*Vertrauensschutz*) que os administrados têm na ação do Estado, quando à sua correção e conformidade com as leis. A esses dois últimos elementos – legalidade da Administração Pública e proteção da confiança ou da boa fé dos administrados – ligam-se, respectivamente, a presunção ou aparência de legalidade que têm os atos administrativos e a necessidade de que sejam os particulares defendidos, em determinadas circunstâncias, contra a fria e mecânica aplicação da lei, com o conseqüente anulamento das providências do Poder Público que geraram benefícios e vantagens, há muito incorporados ao patrimônio dos administrados". COUTO E SILVA, Almiro do. *Princípios da legalidade da Administração Pública e da segurança jurídica no Estado de Direito contemporâneo. in:* Revista de Direito Público n. 84, p. 46.

pertinente aos atos, procedimentos e condutas do Estado, nos mais diferentes aspectos de sua atuação.[172]

O Supremo Tribunal Federal em diversas oportunidades prestigiou o princípio da segurança jurídica, reconhecendo-o como subprincípio do Estado de Direito,[173] como refere o Min. Gilmar Mendes em seu voto:

> Esse princípio foi consagrado na Lei no 9.784, de 29 de janeiro de 1999, que regula o processo administrativo no âmbito da Administração Pública Federal, tanto em seu artigo 2º, que estabelece que a Administração Pública obedecerá ao princípio da segurança jurídica, quanto em seu artigo 54, que fixa o prazo decadencial de cinco anos, contados da data em que foram praticados os atos administrativos, para que a Administração possa anulá-los. Em diversas oportunidades esta Corte manifestou-se pela aplicação desse princípio em atos administrativos inválidos, como subprincípio do Estado de Direito, tal como nos julgamentos do MS 24.268, DJ 17.09.04 e do MS 22.357, DJ 05.11.04, ambos por mim relatados.[174]

Em outro julgado o Supremo Tribunal Federal apreciou ato do Tribunal de Contas da União que cancelou o pagamento de pensão que era alcançada há dezoito anos pela Administração Federal. A beneficiária da pensão alega que não foram observados princípios constitucionais como o contraditório e a ampla defesa, corolários do devido processo legal. Vencida a Ministra Ellen Gracie que negava a ordem à impetrante, o Tribunal Pleno do Supremo Tribunal Federal concedeu o *writ* por entender, segundo posição vencedora do Min. Gilmar Mendes, que o devido processo legal é cláusula constitucional que se aplica tanto aos processos judiciais quanto aos administrativos. Na sua argumentação, o Min. Gilmar evocou o princípio da segurança e da confiança dizendo:

> Registre-se que o tema é pedra angular do Estado de Direito sob a forma de proteção da confiança. É o que destaca Karl Larenz, que tem na consecução da paz jurídica um elemento nuclear do Estado de Direito material e também vêm como aspecto do princípio da segurança o da confiança: "O ordenamento jurídico protege a confiança suscitada pelo comportamento do outro e não tem mais remédio que protegê-la, porque poder confiar (...) é condição fundamental para uma pacífica vida coletiva e uma conduta de cooperação entre os homens e, portanto, da paz jurídica"'. (Derecho Justo – Fundamentos de Ética Jurídica. Madri. Civitas, 1985, p. 91).[175]

---

[172] COUTO E SILVA, Almiro do. *O princípio da segurança jurídica (proteção à confiança) no Direito Público Brasileiro e o Direito da Administração Pública de anular seus próprios atos administrativos: o prazo decadencial do art. 54 da lei do processo administrativo da União (Lei nº 9.784/99).* In: Revista da Procuradoria Geral do Estado n 27, p. 33-74, 2004. MARTINS-COSTA, Judith. *A re-significação do princípio da segurança jurídica na relação entre o Estado e os cidadãos: a segurança como crédito de confiança.* In: R. CEJ n. 27, p. 110-120, out./dez., 2004.

[173] Em excelente trabalho sob o princípio da proteção da confiança, Rafael Maffini empreende pesquisa nos precedentes do Supremo Tribunal Federal e identifica nítida relação entre Estado de Direito, Segurança Jurídica e Proteção da Confiança. MAFFINI, Rafael. *Princípio da Proteção Substancial da Confiança no Direito Administrativo Brasileiro.* Porto Alegre: Verbo Jurídico, 2006, p. 46 e ss.

[174] RE 466546/RJ, 2ª Turma, Rel. Min. Gilmar Mendes, j. 14.02.2006, DJU 17.03.2006, p. 42.

[175] STF, MS nº 24.268/MG, Pleno, Rel. p. acórdão Min. Gilmar Mendes, j. 05.02.2004, DJ 17.09.2004.

São inúmeros os acórdãos reconhecendo a segurança jurídica como decorrente do Estado de Direito que, para evitar tautologia, são representados pelos precedentes antes referidos. De toda sorte, é possível extrair dos precedentes do Supremo Tribunal Federal, com elevado grau de exatidão, que a segurança jurídica é pedra basilar do Estado de Direito, compondo a estrutura normativa do sobreprincípio como refere expressamente o Ministro Carlos Britto, ao apreciar um pleito de reconhecimento de reconhecimento de posição jurídica consolidada no tempo:

> A inércia da Corte de Contas, por sete anos, consolidou de forma positiva a expectativa da viúva, no tocante ao recebimento de verba de caráter alimentar. Este aspecto temporal diz intimamente com o princípio da segurança jurídica, projeção objetiva do princípio da dignidade da pessoa humana e elemento conceitual do Estado de Direito.[176]

A carga hermenêutica que é agregada ao Estado de Direito conduz o aplicador do Direito, quando chamado a sopesar argumentos, a privilegiar a estabilidade das relações interpessoais, em especial, a relação Estado-indivíduo, valorizando a certeza, a estabilidade e a previsibilidade dos atos estatais quando geradores de expectativas legítimas.

3.3. DEVIDO PROCESSO LEGAL COMO SUBPRINCÍPIO DO ESTADO DE DIREITO

Como corolário do Estado de Direito, o Supremo Tribunal Federal tem apontado para a cláusula constitucional do "devido processo legal", caracterizando-a como manifestação da Supremacia do Direito na seara do processo, seja ele instaurado no âmbito do Poder Judiciário, seja ele instaurado em âmbito administrativo. Impregnado pelos ideais de libertação da sociedade do arbítrio do déspota, o *due process of law* de pedigree britânico,[177] ganhou fama e prestígio nas Declarações de Direitos dos Estados Americanos.[178] Foi na "Declaração dos Direitos" de Maryland, segundo historia Nelson Nery Jr., que a cláusula do "due process of law" passou a fazer referência expressa aos três valores mais tarde consagrados na Constituição Norte-americana, a saber: vida-liberdade-propriedade.[179]

---

[176] MS 24448/DF, Rel. Min. CARLOS BRITTO, Pleno, j. 27.09.2007, DJ 14.11.2007, p. 42.

[177] Interessante e objetivo histórico é traçado por Cristina Reindolf da Motta em artigo sobre o tema. Aponta a Professora gaúcha o surgimento da expressão na Magna Carta ou "Carta do João sem terra" na Inglaterra em 1215, tendo irrompido do ostracismo efetivamente por volta de 1352, quando finalmente passou a ser reconhecida com a roupagem atual. Consultar com proveito: MOTTA, Cristina Reindolf da. *Due process of law*. In: Garantias do Cidadão no Processo Civil. org. Sérgio Gilberto Porto e Daniel Ustarroz. Porto Alegre: Livraria do Advogado: 2003, p. 266 e ss.

[178] NERY, Nelson. *Princípios do Processo Civil na Constituição Federal*. 6 ed. São Paulo: RT, 2000, p. 32 e ss.

[179] Nery transcreve cláusula da referida Declaração de Maryland dado o seu valor histórico "that no freeman ought to be taken, or imprisioned, or disseized of his freehold, liberties, or deprived of his

O princípio no direito norte-americano assume realmente feições notáveis a partir de julgamentos históricos que passaram a interpretar o texto da Constituição como garantia ao trinômio vida-liberdade-propriedade. A partir do texto da XIV emenda à Constituição, a Suprema Corte dos Estados Unidos passou a contruir toda uma estrutura normativa própria com os precedentes, interpretando o correto significado do princípio[180] e extraindo da própria norma o fundamento para o Estado de Direito norte-americano.

O instituto inspirou o constituinte brasileiro e ingressou na Constituição Federal de 1988 para propor uma pauta mínima de garantias aos litigantes no contencioso judicial ou administrativo, *in verbis:*. "art. 5º (...) LIV – ninguém será privado da liberdade ou de seus bens sem o devido processo legal".

O prestígio à devida proteção jurídica e às garantias processuais são citados por Canotilho como "terceira dimensão do Estado de Direito, pilar fundamental do Estado de Direito e coroamento do Estado de Direito". Para o autor português, essas expressões denotam a importância do devido processo legal para o Estado de Direito a fim de assegurar uma proteção jurídico-judiciária individual sem lacunas.[181] Canotilho, assim como toda a doutrina processualística, defende que a partir do Estado de Direito surge a exigência de "um procedimento justo e adequado de acesso ao direito e de realização do direito".[182]

A norma supratranscrita, como leciona Humberto Ávila, possui dupla dimensão normativa, assumindo feição de princípio, quando estabelece:

---

life, liberty or property, but by the judgement of his peers, or by the law of the land". NERY, Nelson. *Princípios do Processo Civil na Constituição Federal*. 6 ed. São Paulo: RT, 2000, p. 33.

[180] "Amendment XIV (Ratified July 9, 1868) Section 1 – All persons born or naturalized in the United States, and subject to the jurisdiction thereof, are citizens of the United States and of the State wherein they reside. No State shall make or enforce any law which shall abridge the privileges or immunities of citizens of the United States; nor shall any State deprive any person of life, liberty, or property, without due process of law; nor deny to any person within its jurisdiction the equal protection of the laws".

[181] CANOTILHO, José Joaquim Gomes. *Direito Constitucional e Teoria da Constituição*. 7 ed. Coimbra: Almedina, 2003, p. 273. Alberto Nogueira estabelece relação entre o devido processo e o Estado de Direito, referindo que: "No conjunto, tais meios e modos de defesa basicamente consistem na proteção processual (processo administrativo e judicial), transparência legislativa e da atuação do fisco em relação ao contribuinte (seja na investigação da atividade e conduta do contribuinte, seja no respeito e presteza devidos quando estiver na posição legal de atender aos direitos daquele (p. ex., na restituição de tributos indevidos – CTN, arts., 165 e s.), prestar esclarecimentos (consulta fiscal) e informações, inclusive para facilitar o atendimento dos deveres do contribuinte. NOGUEIRA, Alberto. *Teoria dos Princípios Constitucionais Tributários*. Rio de Janeiro: Renovar, 2008, p. 76.

[182] CANOTILHO, José Joaquim Gomes. *Direito Constitucional e Teoria da Constituição*. 7 ed. Coimbra: Almedina, 2003, p. 274. Em nível de doutrina processual, compartilham a mesma ideia, por exemplo. NERY, Nelson. *Princípios do Processo Civil na Constituição Federal*. 6 ed. São Paulo: RT, 2000, p. 34. PORTO, Sérgio Gilberto. *Coisa julgada civil*. 3 ed. São Paulo: RT, 2006.

(...) o dever de buscar um ideal de protetividade dos direitos em todos os procedimentos ou processos instituídos pelo Poder Público, mediante a criação de regras necessárias para garantir um processo ou procedimento adequados à defesa dos direitos do contribuinte, mesmo que não previstas expressamente pelo ordenamento jurídico.[183]

De outro lado, o devido processo legal, na lição de Humberto Ávila, pode desempenhar também a função de postulado, "já que exige uma interpretação racional das regras e dos princípios procedimentais".[184]

Inegável, portanto, reconhecer a função bloqueadora e protetora contra abusividades e arbitrariedades que o Estado por ventura venha a praticar, como salientado pelo Min. Celso de Mello, ao referir que:

A imposição estatal de restrições de ordem jurídica, quer se concretize na esfera judicial, quer se realize no âmbito estritamente administrativo (como sucede com a inclusão de supostos devedores em cadastros públicos de inadimplentes), supõe, para legitimar-se constitucionalmente, o efetivo respeito, pelo Poder Público, da garantia indisponível do *due process of law*, assegurada, pela Constituição da República (art. 5º, LIV), à generalidade das pessoas, inclusive às próprias pessoas jurídicas de direito público, eis que o Estado, em tema de limitação ou supressão de direitos, não pode exercer a sua autoridade de maneira abusiva e arbitrária.[185]

No caso citado, o Estado do Rio Grande do Sul se insurgiu contra a sua inclusão no cadastro de devedores federal (CADIN) em razão de divergência na prestação de contas de convênio firmado com a União Federa. O Supremo Tribunal Federal reafirmou, no julgamento do caso, que a limitação de direitos exige inquestionavelmente a observância do devido processo legal.

O Min. Carlos Velloso, ao apreciar Ação Direta de Inconstitucionalidade que debatia a adequação do artigo 7º da Lei nº 8.906/94 – Estatuto da OAB – à Constituição Federal, adotou outra divisão da norma, vislumbrando por vezes um viés formal e, noutras oportunidades, um viés substancial. No caso, foi arguida inconstitucionalidade do dispositivo que determinava a concessão da palavra ao advogado para proferir sustentação oral após o voto do relator nos órgãos judicantes colegiados. Por maioria de votos, entendeu-se que a norma atingia a separação dos poderes, já que se imiscuía em matéria privativa do Regimento Interno das Cortes, assim como feria o devido processo legal. No voto proferido pelo Min. Carlos Velloso, constata-se o duplo sentido para a cláusula do devido processo legal, um formal, outro substancial. No primeiro, refere Velloso que:

---

[183] ÁVILA, Humberto. *Sistema Constitucional Tributário*, p. 113.
[184] Idem. p. 113.
[185] ACO-QO 1048/RS, Rel. Min. CELSO DE MELLO, j. 30.08.2007, Pleno, DJ 31.10.2007, p. 77

> *Due process of law*, sob tal aspecto, constitui garantia da tutela jurisdicional, pressupondo o princípio da inafastabilidade do controle judicial (CF, art. 5°, XXXV), do qual decorre o direito de ação e o acesso a justiça. E pressupõe, mais a) o juiz natural, que é o juiz legal, o juiz independente, imparcial, confiável, com garantia de independência, b) o contraditório que se assenta no princípio da igualdade e c) o procedimento regular, que são regras pré-estabelecidas, com formalidades essenciais.[186]

Prosseguindo no voto, o Ministro identifica o perfil substancial da norma do devido processo legal:

> *Due process of law*, com caráter substantivo, representa, vale repetir, limite ao Poder Legislativo, no sentido de que as leis devem ser elaboradas com justiça e racionalidade. As leis devem ser, sobretudo, razoáveis, devem guardar um real e substancial nexo com o objetivo que se quer atingir, lecionou na Suprema Corte Americana, o Juiz Holmes.[187]

Em outro julgado, valendo-se da norma do devido processo legal, a Suprema Corte suspendeu liminarmente a eficácia da Medida Provisória que acrescentava ao artigo 485 do Código de Processo Civil, outra hipótese de rescisão do julgado. No voto do Min. Sepúlveda Pertence, restou consignado que tal ampliação importava em exacerbado privilégio à Fazenda Pública em detrimento da igualdade que se deve prestigiar em favor dos litigantes, importando em violação ao *due process of law*, subprincípio do Estado de Direito:

> (...) 4. No caminho da efetivação do *due process of law* – que tem particular relevo na construção sempre inacabada do Estado de direito democrático – a tendência há de ser a da gradativa superação dos privilégios processuais do Estado, à custa da melhoria de suas instituições de defesa em juízo, e nunca a da ampliação deles ou a da criação de outros, como – é preciso dizê-lo – se tem observado neste decênio no Brasil.[188]

A relevância da promoção do devido processo legal é defendida pelo Supremo Tribunal Federal inclusive quando a ofensa à Constituição Federal não ocorre de forma direta, revelando-se necessário o exame da legislação infraconstitucional, como assevera o Ministro Marco Aurélio:

> A intangibilidade do preceito constitucional que assegura o devido processo legal direciona ao exame da legislação comum. Daí a insubsistência da tese no sentido de que a ofensa à Carta Política da República suficiente a ensejar o conhecimento de extraordinário há de ser direta e frontal. Caso a caso, compete ao Supremo Tribunal Federal exercer crivo sobre a matéria, distinguindo os recursos protelatórios daqueles em que versada, com procedência, a transgressão a texto constitucional, muito embora torne-se necessário, até mesmo, partir-se do que previsto na legislação comum. Entendimento diverso implica relegar à inocuidade dois princípios básicos em um Estado Democrático de Direito: o da legalidade e do devido

---
[186] ADI-MC n° 1105-7/DF, Pleno, Rel. Min. Paulo Brossard, j. 03.08.1994, DJU 27.04.2001.
[187] Idem.
[188] ADI-MC n° 1910/DF, Pleno, Rel. Min. Sepúlveda Pertence, j. 22.04.2004, DJU 27.02.2004, p. 19.

processo legal, com a garantia da ampla defesa, sempre a pressuporem a consideração de normas estritamente legais. (...).[189]

A jurisprudência do Supremo Tribunal Federal confere importante destaque à necessidade de observância dos requisitos legais na hipótese de restrição ou ablação de interesses privados, sempre primando pela garantia de condições mínimas do indivíduo contestar ato estatal que julga prejudicial aos seus interesses e contrários ao ordenamento jurídico. No exame do Recurso Extraordinário nº 158.543-9/RS, o Min. Marco Aurélio sustenta a aplicabilidade das garantias constitucionais da ampla defesa, do contraditório e do devido processo legal no processo administrativo. O caso envolvia o ato estatal de concessão de vantagem nos proventos de determinados servidores públicos aposentados, que por ato unilateral e sem que fosse franqueado o devido processo legal, deixaram de ser pagos. O Supremo Tribunal Federal reconheceu a vulneração às garantias do contraditório, ampla defesa e devido processo legal, pois entendeu que tais preceitos devem presidir todo e qualquer processo, seja administrativo, seja judicial, como referiu o Min. Marco Aurélio:

> A presunção de legitimidade dos atos administrativos milita não só em favor da pessoa jurídica de direito público, como também do cidadão que se mostre, de alguma forma por ele alcançado. Logo, o desfazimento, ainda que sob o ângulo da anulação, deveria ter ocorrido em cumprimento ao que se entende como devido processo legal (*latu sensu*) ao que o inciso LV do artigo 5º objetiva preservar.[190]

A necessidade de oferecer ao particular condições de se opor a ato da administração e exercitar seu constitucional direito de defesa também foi reconhecido pelo Supremo Tribunal Federal no exame do Mandado de Segurança nº 22164/SP, relatado pelo Min. Celso de Mello. Na ocasião, discutia-se na Corte Constitucional, dentre outros temas ventilados na lide, a necessidade do INCRA notificar o proprietário de terras que sua propriedade estaria sendo vistoriada e, eventualmente, seria expropriada. No caso, o INCRA procedeu vistoria e constatou improdutividade da terra, sem antes comunicar tais expedientes ao proprietário que foi surpreendido com demanda de desapropriação. Sustentou o Min. Celso de Mello que:

> O descumprimento dessa formalidade essencial, ditada pela necessidade de garantir ao proprietário a observância da cláusula constitucional do devido processo legal, importa em vício radical que configura defeito insuperável, apto a projetar-se sobre todas as fases subseqüentes do processo de expropriação, contaminando-as, por efeito de repercussão causal, de maneira irremissível, gerando em consequência, por ausência de base jurídica

---

[189] RE nº 198016/RJ, 2ª Turma, Rel. Min. Marco Aurélio, j. 01.04.1997, DJU 20.06.1997, p. 28492.
[190] RE nº 158.543-9/RS, 2ª Turma, Rel. Min. Marco Aurélio, j. 30.08.1994, DJU 06.10.1995.

idônea, a própria invalidação do decreto presidencial consubstanciador da declaração expropriatória.[191]

Arremata o Min. Celso de Mello, dizendo:

Não se pode perder de perspectiva, por mais relevantes que possam ser os fundamentos da ação expropriatória do Estado, que este não pode – e também não deve – desrespeitar a cláusula do *due process of law* que condiciona qualquer atividade do Estado tendente a afetar a propriedade privada. A Constituição da República, bem por isso, após estender à propriedade a cláusula de garantia de sua proteção (art. 5º, XXII), proclama que "ninguém será privado da liberdade ou de seus bens sem o devido processo legal" (art. 5º, LIV). Daí a advertência do magistério doutrinário no sentido de que a destituição dominial de qualquer bem não prescinde – enquanto medida de extrema gravidade que é – da necessidade de observância estatal das garantias inerentes ao *due process of law* (Celso Ribeiro BastoS, *Comentários à Constituição do Brasil*, vol. 2/263-264, 1989, Saraiva).[192]

Por fim, cabe referir o julgamento do Habeas Corpus n° 85195/SP que discutia a possibilidade de se instaurar a ação penal antes do desfecho do processo administrativo tributário. A Corte, por maioria de votos, entendeu que a propositura de ação penal em matéria de crime tributário imprescinde da conclusão do processo administrativo tributário, como forma de promover o devido processo legal.[193]

Em síntese, pode-se dizer que o sentido encontrado na jurisprudência do Supremo Tribunal Federal dá conta de uma proteção conferida pelo Estado de Direito ao cidadão. Como visto, o devido processo legal extrapola a clássica concepção de observância das regras que regem o procedimento, demandando do Poder Público atenção especial aos interesses das partes, preservando os valores "liberdade" e "propriedade", garantindo dessa forma outros valores prestigiados pelo Estado de Direito, a saber: confiança, estabilidade e, em última instância, justiça. No viés substancial destacado pelo Min. Carlos Velloso, o devido processo legal age também como critério verificador da razoabilidade da norma, impondo que a mesma guarde "um real e substancial nexo com os objetivos perseguidos", na esteira da Suprema Corte Norte-americana.[194]

---

[191] MS n° 22164-0/SP, Pleno, Rel. Min. Celso de Mello, j. 30.10.1995, DJU 17.11.1995.

[192] Idem.

[193] HC n° 85185/SP, Pleno, Rel. Min. César Peluso, j. 10.08.2005, DJU 19.08.2005.

[194] Neste prisma substancial da cláusula do devido processo legal, o Min. Ilmar Galvão estabelece interessante conexão com a capacidade econômica, ao apreciar a ADI que julgou a constitucionalidade da prorrogação da CPMF, *in verbis*: "Deixo, entretanto, ressalvado o entendimento de que foi ofendido, na hipótese, o princípio da capacidade econômica, corolário do devido processo legal, sob o aspecto substantivo, visto que mera movimentação de conta bancária não configura fato econômico suscetível de tributação". ADI n° 2.666-6, Rela. Min. Ellen Gracie, j. 30.10.2002, DJU 06.12.2002, p. 188 do acórdão.

3.4. A CONSTITUCIONAL SEPARAÇÃO DE PODERES E OS REFLEXOS NA APLICAÇÃO DO DIREITO

A doutrina clássica debruça-se sobre a tese da separação de Poderes, quase que invariavelmente, sob o foco da Ciência Política ou Teoria Geral do Estado, buscando analisar o modo de organização dos poderes estatais.[195] O enfoque aqui adotado diverge um pouco, na medida em que se pretende extrair do subprincípio da separação de poderes um conteúdo semântico próprio, capaz de influenciar a aplicação de outras normas no caso concreto.[196] Nesse sentido, pronuncia-se Humberto Ávila, defendendo uma dupla dimensão normativa para a norma da separação de Poderes:

> Na perspectiva da espécie normativa que a exterioriza, a separação dos poderes é bidimensional. Sua dimensão normativa preponderante ou sentido normativo direto é de *princípio*, na medida em que estabelece o dever de buscar um ideal de *harmonia e coexistência funcional* entre os Poderes. No sentido normativo indireto, a separação dos poderes funciona igualmente como um postulado na medida em que exige do aplicador do Direito o respeito às decisões valorativas do Poder Legislativo objetivadas nos instrumentos normativos que editou.[197]

A cláusula da separação de poderes é reconhecida pelo Supremo Tribunal Federal como parte integrante do sobreprincípio do Estado de Direito,[198] razão pela qual se justifica o seu viés hermenêutico, ora defendido. Para ilustrar, vale trazer à baila o julgamento da ADIn que questionava a constitucionalidade da Lei da Assembleia Legislativa do Estado de São Paulo que conferia prerrogativa aos deputados estaduais para controle e investigação do Poder Executivo Estadual. No voto do Min. Sepúlveda Pertence, é procedida a análise da Lei frente à norma da separação de poderes, como corolário do Estado de Direito:

---

[195] LEAL, Rogério Gesta. *Teoria do Estado. Cidadania e poder político na modernidade*. 2 ed. Porto Alegre: Livraria do Advogado, 2001, p. 139.

[196] Canotilho visualiza duas dimensões para a divisão de poderes uma negativa e uma positiva, dizendo: "A constitucionalística mais recente salienta que o princípio da separação de poderes transporta duas dimensões complementares: (1) a separação como 'divisão', 'controlo', e 'limite' do poder – dimensão negativa; (2) a separação como constitucionalização, ordenação e organização do poder do Estado tendente a decisões funcionalmente eficazes e materialmente justas (dimensão positiva)". CANOTILHO, José Joaquim Gomes. Direito Constitucional e Teoria da Constituição. 7 ed. Coimbra: Almedina, 2003, p. 250.

[197] ÁVILA, Humberto. *Sistema Constitucional Tributário*. p. 289.

[198] A relação entre Estado de Direito e separação de poderes também é percebida por Rafael Maffini, quando refere que: "o STF também se valeu do sobreprincípio do Estado de Direito como fundamento da divisão dos poderes (funções estatais), quando julgou inconstitucional lei estadual que atribuía a membro da Assembleia Legislativa poderes individuais de controle sobre a Administração Pública estadual, dada a natureza colegiada do controle legislativo da Administração Pública, tal como preconizada pelo texto da Constituição Federal. MAFFINI, Rafael. *Princípio da Proteção Substancial da Confiança no Direito Administrativo Brasileiro*. Porto Alegre: Verbo Jurídico, 2006, p. 43.

Sem embargo, entretanto, da diversidade de modelos concretos, o princípio da divisão de poderes, no Estado de Direito, tem sido concebido como instrumento da recíproca limitação deles em favor das liberdades clássicas. 24. Daí constituir traço marcante de todas as suas formulações positivas de "pesos e contrapesos" adotados. 25. É lícito generalizar, por isso mesmo, a observação de Lawrence Tribe de que é antes a interdependência institucional do que a independência funcional que melhor sintetiza a idéia americana de proteção da liberdade pela fragmentação do poder.[199]

A norma da separação dos Poderes foi utilizada pelo Supremo Tribunal Federal noutro julgado para decidir que, nos casos de concessão do benefício de isenção tributária, o Poder Judiciário não pode exercer função positiva, vale dizer, por se tratar de juízo discricionário do Poder Público, não poderia a Justiça estender benefícios isencionais não alcançados pela lei em razão da separação de Poderes. No voto do Min. Celso de Mello consta que:

> A concessão desse benefício isencional traduz ato discricionário que, fundado em juízo de conveniência e oportunidade do Poder Público, destina-se, a partir de critérios racionais, lógicos e impessoais estabelecidos de modo legítimo em norma legal, a implementar objetivos estatais nitidamente qualificados pela nota da extrafiscalidade. A exigência constitucional de lei formal para a veiculação de isenções em matéria tributária atua como insuperável obstáculo à postulação da parte recorrente, eis que *a extensão dos benefícios isencionais, por via jurisdicional, encontra limitação absoluta no dogma da separação de poderes.*[200]

Ao longo do voto, o Min. Celso de Mello invoca a tese do legislador negativo para fundamentar sua decisão:

> Os magistrados e Tribunais – que não dispõem de função legislativa – não podem conceder, por isso mesmo, ainda que sob fundamento de isonomia, o benefício da exclusão do crédito tributário em favor daquela a quem o legislador, com apoio em critérios impessoais, racionais a objetivos, não quis contemplar com a vantagem da isenção. Entendimento diverso, que reconhecesse aos magistrados essa anômala função jurídica, equivaleria, em última análise, a converter o Poder Judiciário em inadmissível legislador positivo, condição institucional essa que lhe recusou a própria Lei Fundamental do Estado. É de acentuar, neste ponto, que, em tema de controle de constitucionalidade de atos estatais, o Poder Judiciário só pode atuar como legislador negativo (RTJ 146/461, rel. Min. Celso de Mello).

Portanto, o conteúdo mínimo que se pode extrair da norma da separação de poderes está centrada num ideal de coexistência harmônica entre os Poderes, respeitando as competências atribuídas pela Constituição Federal a cada qual, bem como as opções valorativas já escolhidas na sua respectiva zona de competência. Outrossim, a tese do legislador negativo desenvolvida pelo Supremo Tribunal Federal estatui que o Poder Judiciá-

---

[199] ADI 3046/SP, Pleno, Rel. Min. Sepúlveda Pertence, j. 15.04.2004, DJU 28.05.2004, p. 492.
[200] AI AgR n° 142348/MG, 1ª Turma, Rel. Min. Celso de Mello, j. 02.08.1994, DJU 24.03.1995, p. 6.807.

rio não pode acrescentar hipóteses não previstas na legislação em atenção à separação de poderes.[201]

3.5. A MORALIDADE PREVISTA NA CONSTITUIÇÃO FEDERAL E SUA RELAÇÃO COM O ESTADO DE DIREITO

A Constituição Federal de 1988 trouxe no seu texto expressões que simbolizam valores fundamentais prezados pela sociedade brasileira, dentre eles, e talvez ocupando posição de destaque, está a moralidade, inserida como princípio fundamental da administração pública, consoante artigo 37 da Carta Magna. A origem, explica Marçal Justen Filho, está na jurisprudência do Conselho de Estado francês, consolidando "entre nós a concepção de que a atividade administrativa, porque orientada à consecução do bem e do interesse públicos, não pode ser eticamente reprovável".[202]

Compulsando atentamente o texto da Constituição e o significado a ela atribuído pelo Supremo Tribunal Federal, pode-se perceber o caráter multifacetado da moralidade. Por vezes, vê-se a moralidade desempenhando a função de princípio, orientando a Administração Pública. Em outras oportunidades, é possível identificá-la desempenhando o papel de postulado, servindo de norte para a aplicação e ponderação de outras normas. É possível ainda visualizar a moralidade como diretriz ética que deve animar a aplicação do Direito, prestando serviço para a consolidação de uma teoria argumentativa alicerçada em valores. Equivale a dizer que a moralidade pode servir como norma de absorção dos valores do mundo da cultura, transpondo-os para o universo do dever-ser. Com igual percepção, Celso Ribeiro Bastos defende que a "moral se manifesta em expectativas e exigências de comportamento como *standards,* modelos ou ideais de valor e pautas de conduta".[203]

---

[201] Não obstante o enfrentamento dos limites da atuação do Poder Judiciário não seja objeto do presente ensaio, oportuno trazer a excelente lição de Humberto Ávila que examina o tema, contestando a propalada "tese do legislador negativo", dizendo: "essas considerações demonstram que o Poder Judiciário só está mesmo impedido de atuar, com base não tão falada tese do legislador negativo, quando sua atividade implicar a alteração de sentidos mínimos, predetermináveis a partir dos dispositivos legais, e levar ao estabelecimento de critérios e soluções opostos aos critérios e soluções constantes da lei. Isso não ocorrerá, no entanto, quando: o dispositivo, objeto de interpretação, for suscetível de múltiplos sentidos; a interpretação não contrariar o teor literal da lei e a sua finalidade em pontos essenciais; houver sentido que subsista à nulidade de uma parte da norma em virtude da ausência de entrelaçamento semântico dos fragmentos normativos". ÁVILA, Humberto. *Teoria da Igualdade Tributária.* São Paulo: Malheiros, 2008, p. 186.

[202] JUSTEN FILHO, Marçal. *O Princípio da Moralidade Pública e o Direito Tributário.* in: Revista Trimestral de Direito Público n. 11, p. 44.

[203] BASTOS, Celso Ribeiro. *O Princípio da moralidade no Direito Tributário.* in: *O princípio da moralidade no Direito Tributário.* org. Ives Gandra da Silva Martins. São Paulo: CEU – RT, 1996, p. 83. Joseph Raz sustenta que: "Interpretation, it was suggeste, lives in spaces where fidelity to an original and opnnes

Para os propósitos deste capítulo, ocupar-se-á da dimensão principiológica da moralidade, integrando-a com o Estado de Direito e relacionando-a com o Direito Tributário, campo de aplicação da investigação empreendida. Por ora, cumpre destacar que a moralidade desempenha importante papel na organização e disciplina da administração pública, granjeando reconhecimento através da positivação no texto da Constituição Federal.

Da cláusula constitucional da moralidade extrai-se a proteção da confiança e a boa-fé da administração que Celso Antonio Bandeira de Mello enuncia como o dever de agir com lealdade e com respeito à boa-fé. Nas palavras do doutrinador:

> Administração haverá de proceder em relação aos administrados com sinceridade e lhaneza, sendo-lhe interdito qualquer comportamento astucioso, eivado de malícia, produzido de maneira a confundir, dificultar ou minimizar o exercício de direitos por parte dos cidadãos.[204]

No Direito Tributário, como ramo do Direito intrinsecamente ligado à Administração Pública, a moralidade não poderia deixar de exercer papel de destaque. A incidência da moralidade importa em conduzir a atuação estatal para um padrão ético como condição de validade dos atos da administração tributária.[205] Ao tratar do tema da extrafiscalidade, já escrevia o saudoso mestre Geraldo Ataliba:

> Não é possível invocar razões extrafiscais para, com isto, amesquinhar quantos óbices e restrições colocou o poder constituinte ao poder de tributar, tendo em vista o resguardo de valores essenciais ao nosso estilo de vida e padrões ético-políticos, os quais não podem ficar à mercê de atentados eventuais, mesmo que partidos do legislador ordinário.[206]

Partindo do pressuposto que a Administração possui um compromisso de atuação proba e consentânea com a moral, é lícito concluir que os atos estatais são geradores de expectativas legítimas e que tais expectativas

---

to novelty mix. It exists in a dialectical tension, as some might say. The reason we find this tension in reasoning about constitutional law, I claimed, is that constitutional decisions are moral decisions that have to be morally justified, and the moral considerations that apply include both fidelity to the law of the constitution as it is, arising out of concern for continuity, and openness to its shortcomings and to injustices its application may yield in certain cases, which leads to openness to the need to develop and modify it". RAZ, Joseph. *On the authority and Interpretation of Constitutions: Some Preliminaries. In:* Constitutionalism. Philosophical foundations. Org. Larry Alexander. Cambridge: University Press, p. 182.

[204] MELLO, Celso Antonio Bandeira de. *Curso de Direito Administrativo.* 19 ed. São Paulo: Malheiros, 2005, p. 107.

[205] JUSTEN FILHO, Marçal. *O Princípio da Moralidade Pública e o Direito Tributário. in:* Revista Trimestral de Direito Público n. 11, p. 44. Assevera que a "incompatibilidade entre o princípio constitucional e o ato infraconstitucional resolve-se pela invalidade deste último, independente de sua natureza legislativa ou administrativa".*Op. Cit.* p. 48.

[206] ATALIBA, Geraldo. *Sistema Constitucional Tributário Brasileiro.* São Paulo: RT, 1968, p. 169.

merecem atenção do Poder Público.[207] Não é outra a lição de Marçal Justen Filho, ao tratar do tema moralidade e boa-fé: "O princípio da moralidade indica, sob esse ângulo, lealdade do Estado frente aos cidadãos. A ação e a omissão do Estado devem ser cristalinas, inequívocas e destituídas de reservas, ressalvas ou segundas-intenções".[208]

Não obstante, é incumbência do Estado buscar a realização do bem comum, entendido esse como o bem de todos na expressão do artigo 3º, inciso IV, da Constituição Federal. Por certo a prática de ato desvirtuado ou distante do fim estatuído pela Constituição não pode ser entendida como de acordo com os preceitos da moralidade nela inscritos. Nesse ponto, importante ressaltar que o interesse de todos não se confunde com o interesse estatal. A promoção do bem de todos pretendida pela Constituição Federal está intimamente ligada com os interesses privados de cada cidadão, e não com os interesses da Fazenda Pública, permitindo concluir que se há alguma supremacia no ordenamento jurídico, esta se encontra no privado sobre o público, e não o contrário. Inegável, como destacado por Marçal Justen Filho, a incidência do Estado de Direito para solução de tal tensão:

> O Estado de Direito Democrático, tal como aquele consagrado pela CF/88, reconhece que a supremacia do interesse público não significa supressão de interesses privados. Um dos mais graves atentados à moralidade pública consiste no sacrifício prepotente, desnecessário ou desarrazoado de interesse privado. O Estado não existe *contra* o particular, mas *para* o particular.[209]

Em razão da cláusula do Estado de Direito, as pretensões, sejam elas estatais, sejam elas privadas, devem estar lastreadas por alguma proteção jurídica que não a supremacia apriorística de um interesse frente a outro, sob pena de se subverter todo o Sistema Constitucional, olvidando a submissão do Estado ao Direito.[210]

Ocorre que, sob o manto da supremacia do interesse público, manto este capaz de abrigar toda e qualquer alegação em favor do Estado, os direitos e as garantias consideradas pela Constituição Federal como fundamentais têm sido esquecidos. Importante que se diga que não há no ordenamento jurídico brasileiro tal supremacia *prima facie*. Não é autorizado extrair da Constituição Federal que, antes de examinado o caso concreto, seja possível dizer que o interesse público é superior ao interesse privado. Como alerta Humberto Ávila:

---

[207] PORTO, Éderson Garin. *A proteção da confiança e a boa-fé objetiva no Direito Público. In:* Revista da Ajuris, v. 33, n. 102, p. 33.

[208] JUSTEN FILHO, Marçal. *O Princípio da Moralidade Pública e o Direito Tributário. in:* Revista Trimestral de Direito Público n. 11, p. 53.

[209] Idem, p. 52.

[210] PORTO, Éderson Garin. *Manual da Execução Fiscal.* Porto Alegre: Livraria do Advogado, 2005, p. 23/24.

(...) a ponderação deve, primeiro, determinar quais os bens jurídicos envolvidos e as normas a eles aplicáveis e, segundo, procurar preservar e proteger, ao máximo, esses mesmos bens. Caminho bem diverso, portanto, do que direcionar, de antemão, a interpretação das regras administrativas em favor do interesse público, o que quer que isso possa vir a significar.[211]

Marçal Justen Filho, nesse ponto, destaca que: "a moralidade significa que o Estado é instrumento de realização do bem público e, não, de opressão social. A concentração de poderes e a superioridade do interesse público retratam, por assim dizer, a servidão do Estado em face da comunidade".[212] Tal conclusão não decorre de opinião pessoal ou gosto do intérprete, antes resulta da expressão da Constituição Federal aferível através das normas nela inseridas (artigos 3º, IV, e 37).

A fim de ilustrar a ponderação entre finalidades e o bem comum, importante examinar o acórdão lançado na ADIn nº 2.925. No caso, foi reconhecida a inconstitucionalidade da Lei Orçamentária Anual que destinava parte da arrecadação da Contribuição de Intervenção no Domínio Econômico – CIDE – à rubrica de crédito suplementar, permitindo ao Poder Executivo realocar a verba com destinação específica na Constituição Federal para fim diverso do estabelecido na Carta Magna. A Corte, por maioria de votos, reconheceu a inconstitucionalidade da referida lei, entendendo que a mesma feria expressa disposição constitucional no tocante à destinação da verba (art. 177, § 4º, II), porquanto desviava verbas com destinação específica para fim diverso do estabelecido na Lei Maior.[213] Interessante o comentário tecido pelo Min. Sepúlveda Pertence que, ao recordar precedente do Supremo Tribunal Federal em que se examinava a desvirtuação da arrecadação da CPMF, revelou remorso no posicionamento adotado à época, já que naquela ocasião a Corte não havia conhecido da ADIn e as consequências todos conhecemos.[214] O Min. Cezar Peluso, em seu voto, ressalta a supremacia da Constituição para coibir desvios dos atos do Poder Público:

> Sr. Presidente, meu voto é no sentido de dar liberdade ao Governo para não invocar outra interpretação qualquer como pretexto para deixar de cumprir a Constituição, isto é, afasto

---

[211] ÁVILA, Humberto Bergmann. *Repensando o "princípio da supremacia do interesse público sobre o particular"*. In:O Direito Público em Tempos de crise. Estudos em Homenagem a Ruy Ruben Ruschel. Org. Ingo Wolfgang Sarlet. Porto Alegre: Livraria do Advogado, 1999, p. 127.

[212] JUSTEN FILHO, Marçal. *O Princípio da Moralidade Pública e o Direito Tributário*. In: Revista Trimestral de Direito Público n. 11, p. 44.

[213] ADI nº 2.925-8/DF, Pleno, Rel.p/ acórdão Min. Marco Aurélio, 19.12.2004, DJU 04.03.2005.

[214] Idem. Comentário à fl. 128. Neste *leading case*, não se conheceu da ADIn que objetivava questionar a LDO que destinava parcela da arrecadação da CPMF para cobrir débitos do FAT. Indiretamente, a jurisprudência do Supremo Tribunal Federal passou a admitir a desvinculação da receita das contribuições.

todas as interpretações que dêem ao Governo um pretexto para não cumprir a Constituição.[215]

Na mesma toada, o Pleno do Supremo Tribunal Federal assentou que a instituição de contribuição social sem vinculação causal entre o tributo e o benefício por ele custeado inquina-o de inconstitucional, consoante voto do Min. Celso de Mello:

> O REGIME CONTRIBUTIVO É, POR ESSÊNCIA, UM REGIME DE CARÁTER EMINENTEMENTE RETRIBUTIVO. A QUESTÃO DO EQUILÍBRIO ATUARIAL (CF, ART. 195, § 5º). CONTRIBUIÇÃO DE SEGURIDADE SOCIAL SOBRE PENSÕES E PROVENTOS: AUSÊNCIA DE CAUSA SUFICIENTE. – Sem causa suficiente, não se justifica a instituição (ou a majoração) da contribuição de seguridade social, pois, no regime de previdência de caráter contributivo, deve haver, necessariamente, correlação entre custo e benefício. A existência de estrita vinculação causal entre contribuição e benefício põe em evidência a correção da fórmula segundo a qual não pode haver contribuição sem benefício, nem benefício sem contribuição. Doutrina. Precedente do STF.[216]

De outro lado, cotejando a moralidade, o bem comum e as competências tributárias, o Supremo Tribunal Federal, ao analisar a viabilidade jurídica de tributação da renda de verbas de origem de atividades ilícitas e moralmente reprováveis como o crime, prostituição, posicionou-se favoravelmente à incidência do tributo sobre a renda. No voto do Min. Sepúlveda Pertence, é procedida uma análise atenta das posições sobre o tema no direito brasileiro e estrangeiro, reconhecendo a tributação irrestrita independentemente da procedência da verba, *in verbis*:

> E recorda, com Hensel, a célebre resposta de Vespasiano – *non olet*, ou seja, o dinheiro não tem cheiro – à objeção feita ao imposto que instituíra sobre as cloacas e mictórios públicos, ironicamente chamados monumenta Vespasiani, para acentuar, – ob. Cit. P. 91, nota 77: "Claro está que, na versão atual as expressões perderam o cínico de anedota, para se penetrarem no alto sentido ético, qual o de procurar atingir isonomamente a capacidade econômica do contribuinte sem preconceitos falsos ou ingênuos pruridos de sentimentalismo quanto a licitude da atividade que constitua o fato gerador do tributo". De resto, afora a persistência de objeções de peso, como de Ives Gandra Martins (RT 712/118), não parece que o artigo 118, I do CTN, se possa fazer distinção a maior ou menor carga de imoralidade da razão de invalidez de determinado ato, para subtrair da tributação o resultado econômico do fato criminoso. Quiçá possam contrariar o princípio da moralidade os dispositivos que fazem do pagamento do tributo causa elisiva da punibilidade do crime; não, a tributação de seu produto econômico, sem prejuízo da sanção penal.[217]

A decisão do Supremo Tribunal Federal está a sinalizar que o padrão moral que orienta a classificação de determinadas condutas em criminosas e moralmente reprováveis na seara do Direito Penal são irrelevantes para

---

[215] ADI n° 2.925-8/DF, Pleno, Rel.p/ acórdão Min. Marco Aurélio, 19.12.2004, DJU 04.03.2005.
[216] ADI-MC n° 2.010/DF, Pleno, Rel. Min. Celso de Mello, j. 30.09.1999, DJU 12.04.2002.
[217] HC n° 77530/RS, 1ª Turma, Rel. Min. Sepúlveda Pertence, j. 25.08.1998, DJU 18.09.1998, p. 7.

o ponto de vista da tributação, onde prevalece responsabilidade fiscal e necessidade de promoção do bem comum.

A concatenação das ideias propugnadas pelos fundamentos do Estado de Direito, antes descritos, com a norma constitucional aqui trabalhada, é realizada com propriedade por José Augusto Delgado:

> Não satisfaz às aspirações da Nação a atuação do Estado de modo compatível só com a mera ordem legal. Exige-se muito mais. Necessário se torna que a administração da coisa pública obedeça a determinados princípios que conduzam à valorização da dignidade da pessoa humana, ao respeito à cidadania e à construção de uma sociedade justa e solidária (...) o cumprimento da moralidade além de se constituir um dever que deve cumprir, apresenta-se como um direito subjetivo de cada administrado.[218]

Dessa forma, congregando as ideias de lealdade do Estado com relação ao cidadão (boa-fé) e dever de persecução e proteção do bem de todos, individualmente considerados de forma a não suprimir o interesse privado,[219] chega-se ao conteúdo mínimo da moralidade inscrita na Constituição Federal, tornando possível a utilização criteriosa de tal estado ideal de coisas na aplicação do princípio do Estado de Direito.

3.6. O PRINCÍPIO DA DETERMINABILIDADE FÁTICA

O que o presente trabalho atribui o nome de "determinabilidade fática" é comumente chamado pela doutrina de legalidade material, tipicidade ou especificidade conceitual.[220] Ocorre que a exigência constitucional imposta ao legislador ordinário de uma determinação mais apurada das hipóteses fáticas é mais enfática que a prévia edição de lei, como exige a legalidade formal.[221] Exige-se, em sede tributária, tal nível de precisão nor-

---

[218] DELGADO, José Augusto. *O princípio da Moralidade Administrativa e a Constituição Federal de 1988.* in: Revista Trimestral de Jurisprudência dos Estados v. 100, p. 21-20.

[219] Ao estabelecer a relação da moralidade com o respeito ao interesse privado, Marçal Justen Filho discorre que: "O princípio da moralidade pressupõe a existência e o respeito aos interesses privados, mesmo que egoísticos, dos não exercentes do Poder Público. Por isso a supremacia do interesse público não significa nem acarreta ilicitude dos interesses particulares: significa maior valoração, para fins de disciplina normativa, ao interesse público". JUSTEN FILHO, Marçal. *O Princípio da Moralidade Pública e o Direito Tributário.* in: Revista Trimestral de Direito Público n. 11, p. 52.

[220] RIBEIRO, Ricardo Lodi. *Legalidade tributária, tipicidade aberta, conceitos indeterminados e cláusulas gerais tributárias.* In: Revista de Direito Administrativo nº 229, p. 323, jul./set., 2002. o autor critica a ideia oitocentista de tipicidade cerrada ou fechada, apontando como uma das causas do atraso ou "crise axiológica" do Direito Tributário.

[221] Misabel Derzi, na atualização à obra de Aliomar Baleeiro, parafraseando Bühler identifica a legalidade no sentido material com o Estado de Direito: "Lembra O. Bühler que, segundo a máxima de que nenhuma intervenção se dará sem fundamental legal, a conformidade coma lei e com o pressuposto de fato 'são manifestações jurídico-tributárias do Estado de Direito. (Cf. Ottmar Bühler, Princípios de Derecho Internacional Tributário, trad. Fernando Cervera Torrejon, Madrid, Derecho Financiero, 1968, p. 201)". BALEEIRO, Aliomar. *Limitações Constitucionais ao Poder de Tributar.* 7 ed. Rio de Janeiro: Forense, 1998, p. 116.

mativa como forma de evitar que a utilização de expressões corriqueiras possam embaralhar o intérprete. Por essa razão adota-se a definição "determinabilidade fática" utilizada por Humberto Ávila.[222] A conhecida e já referida legalidade formal foi tratada no ponto referente à vinculação ao Direito e será tratada na segunda parte do trabalho no capítulo pertinente às limitações ao poder de tributar.

Aqui, no entanto, está a se sustentar que a Constituição exige mais que lei prévia. Exige a definição clara da hipótese de incidência, sob pena de violação à determinabilidade fática. De nada adiantaria a Constituição exigir simplesmente que houvesse a edição prévia de lei para instituição de um determinado tributo novo em abstrato.[223] Estar-se-ia, assim, conferindo ao Poder Executivo um "cheque em branco" para estabelecer o sujeito passivo, fato gerador, base de cálculo e alíquota. O Sistema Tributário, no entanto, indica o contrário. É possível haurir do Sistema Constitucional Tributário esse dever de precisão, aqui chamado determinabilidade fática, inclusive com supedâneo em precedente do Supremo Tribunal Federal:

> (...) o princípio da reserva legal foi concebido para garantir o contribuinte contra o abuso do poder de tributar. Se prevalescer o poder do acórdão impugnado, ficará o executivo Paulista com o poder quase absoluto de tributar por meio de decreto regulamentar de lei federal, anomalia que a Constituição rejeita, como se compreende.[224]

A doutrina de Direito Tributário é uníssona ao sustentar o dever de precisão normativa, divergindo apenas quanto ao nome a ser atribuído.[225] Roque Antonio Carrazza, por exemplo, chama apenas legalidade e diz que "para afugentarmos, desde já, possíveis dúvidas, é bom dizermos que criar um tributo é descrever abstratamente sua hipótese de incidência, seu

---

[222] ÁVILA, Humberto. *Sistema Constitucional Tributário*. São Paulo: Saraiva, 2004, p. 300 e ss. Canotilho reconhece a existência de um princípio da precisão ou determinabilidade das normas jurídicas. CANOTILHO, José Joaquim Gomes. Direito Constitucional e Teoria da Constituição. 7 ed. Coimbra: Almedina, 2003, p. 258.

[223] O Tribunal Constitucional Federal da Alemanha aplicou o princípio do Estado de Direito no julgamento do caso que discutia a "Lei dos preços" e a possibilidade dos órgãos da Administração para regular a matéria por meio de decretos e medidas administrativas. O Tribunal assentou que "os princípios do Estado de Direito exigem que também os poderes delegados ao Executivo para a edição de atos administrativos onerosos sejam, por meio de lei autorizadora, suficientemente determinados e delimitados em seu conteúdo, objeto, propósito e extensão, de tal forma que as intervenções sejam mensuráveis, bem como sejam, em certa extensão, previsíveis e calculáveis para o cidadão". BVerfGE 8, 274 de 12.11.1958. SCHWABE, Jürgen. *Cinqüenta Anos de Jurisprudência do Tribunal Constitucional Federal Alemão*. Trad. Beatriz Hennig *et alli*. Montevidéu: Fundacion Konrad Adenauer, 2005, p. 846.

[224] RE 78871/SP, Rel. Min. ANTONIO NEDER, 1ª Turma, j. 19.04.1977, DJU 06.05.1977, RTJ v. 81-3, p. 787.

[225] Importante ressaltar que a mera classificação ou nomenclatura adotada é de somenos importância. Parece-nos mais correto e didaticamente ilustrativo utilizar a expressão determinabilidade fática. Contudo, a despeito da divergência quanto ao nome, convergem os autores quanto aos efeitos e conseqüências jurídicas da norma.

sujeito ativo, seu sujeito passivo, sua base de cálculo e sua alíquota".²²⁶ De outro lado, Paulo de Barros Carvalho prefere adjetivar o princípio e chamá-lo de estrita legalidade, pois:

> (...) o veículo introdutor da regra tributária no ordenamento há de ser sempre a lei (sentido lato), porém o princípio da estrita legalidade diz mais do que isso, estabelecendo a necessidade de que a lei adventícia traga no seu bojo os elementos descritores do fato jurídico e os dados prescritores da relação obrigacional. Esse *plus* caracteriza a *tipicidade tributária*, que alguns autores tomam como outro postulado imprescindível ao subsistema de que nos ocupamos, mas que pode, perfeitamente, ser tido como uma decorrência imediata do princípio da estrita legalidade.²²⁷

O Supremo Tribunal Federal, ao apreciar a extensão e significado da norma constitucional de legalidade, já reconheceu o dever de correta discriminação de sujeito passivo, alíquota e base de cálculo. Como destaca o Min. Aliomar Baleeiro no seu voto:

> Nosso sistema jurídico-constitucional, como o de todos Estados-de-Direito, consagra o princípio da legalidade do tributo, que é, doutrinariamente, obrigação *ex lege* (arts. 19, I; 153, § 29 da Constituição Federal). E o Código Tributário Nacional, que é lei complementar de normas gerais de Direito Financeiro (art. 6º, XVII, *c*) da Constituição Federal, estabelece nítida e imperiosamente a regra da reserva de lei para instituição e majoração de impostos, quer do ponto de vista do fato gerador, quer no da base de cálculo (Lei 5.172/66, arts. 97, II, III e § 1º).²²⁸

No julgamento que apreciou a prática da Administração paulista em legislar sobre matéria tributária por meio de decreto, o Supremo Tribunal Federal referiu que ainda que a determinação do sujeito passivo constasse das normas federais (Decreto-Lei), seria necessário constar também na legislação estadual.²²⁹

Ao examinar o Recurso Extraordinário que discutia a instituição de taxa sem a expressa discriminação da base de cálculo e alíquota, o Supremo Tribunal Federal reconheceu a inconstitucionalidade, consoante ressalta o Min. Carlos Velloso:

> Posta assim a questão, segue-se a inconstitucionalidade do citado dispositivo legal, dado que ali não está fixada nem a base de cálculo da taxa e nem a sua alíquota. É dizer, a lei não estabelece a base de cálculo da taxa e nem a sua alíquota, delegando à autoridade administrativa a elaboração de tabela anual para "ressarcimento de custos incorridos nos

---

²²⁶ CARRAZZA, Roque Antonio. *Curso de Direito Constitucional Tributário*. 18 ed. São Paulo: Malheiros, 2002, p. 216.
²²⁷ CARVALHO, Paulo de Barros. *Curso de Direito Tributário*. 15 ed. São Paulo: Saraiva, 2003, p. 159.
²²⁸ RE 80386/SP, Rel. Min. ALIOMAR BALEEIRO, 1ª Turma, j. 04.03.1975, DJU 04.04.1975.
²²⁹ RE 78871/SP, Rel. Min. ANTONIO NEDER, 1ª Turma, j. 19.04.1977, DJU 06.05.1977, RTJ v. 81-3, p. 787.

respectivos serviço", violando-se, destarte, o princípio da legalidade tributária (CF, art. 150, I; CTN, art. 97, IV).[230]

Na síntese do princípio, proposta por Humberto Ávila, a determinabilidade fática consiste na necessidade de expressa referência na nova lei a ser editada dos elementos essenciais distintivos da hipótese de incidência do tributo, sob pena de incidir em inconstitucionalidade.[231]

---

[230] RE 188107/SC, Rel. Min. CARLOS VELLOSO, Pleno, j. 21.03.1997, DJU 30.05.1997, p. 23.193.
[231] ÁVILA, Humberto. *Sistema Constitucional Tributário*. São Paulo: Saraiva, 2004, p. 310.

4. Conteúdo mínimo do Estado de Direito e Eficácia Normativa Autônoma

4.1. DEFINIÇÕES CONCEITUAIS

Como já dito, a expressão *Estado de Direito* é polissêmica, tendo assumido diversas conformações ao longo do tempo.[232] Do Estado Legal ao Estado Constitucional, diversas outras expressões foram adotadas, ora agregando sentido e valor, ora apenas servindo a caprichos doutrinários. Consenso sobre a expressão mais acertada ou mais adequada aos dias atuais não existe em doutrina, sendo possível identificar vozes abalizadas sustentando uma nomenclatura ou outra.

Sem desprezar o conteúdo e sentido que as concepções liberal, social-democrata, constitucional ou simplesmente democrata acrescentaram à noção de Estado de Direito, adota-se no presente trabalho apenas e, tão somente, Estado de Direito por duas razões objetivas. Em primeiro lugar, é a classificação mais difundida e arraigada em sede doutrinária e jurisprudencial, consolidada ao longo dos anos. Em segundo lugar, em que pese as expressões "legal", "social", "democrático" e "constitucional" tenham acrescentado valor e conteúdo semântico a norma, incorporando-se ao princípio, a inclusão de uma em detrimento de outra, poderia insinuar uma opção ideológica que não se pretende fazer. Tampouco se poderiam utilizar todas as expressões ao mesmo tempo, sob pena de tornar inviável o manejo do vocábulo.

Assim, como já destacado ao longo do trabalho, as evoluções destacadas na concepção de Estado de Direto, antes de suceder umas às outras, em verdade, incorporam-se no princípio do Estado de Direito para lhe conferir um sentido próprio e único.[233]

---

[232] HEUSCHLING, Luc. *Etat de droit, Rechtsstaat, Rule of Law*. Paris: Dalloz, 2002. LUÑO, Antonio E. Pérez. *Derechos humanos, Estado de Derecho y Constitución*. 5 ed. Madri: Tecnos, 1995, p. 238-40.

[233] Pablo Lucas Verdú caracteriza o Estado de Direito como uma conquista que congrega seus vários tipos históricos. VERDÚ, Pablo Lucas. *La lucha por El Estado de Derecho*. Bolonia: Real Colégio de España, 1975, p. 131-132. Inocêncio Mártires Coelho afirma que: "o Estado de Direito é aquele que se pretende aprimorado, na exata medida em que não renega, antes incorpora e supera, dialeticamente,

Importante também ressaltar que a concepção de Estado de Direito aqui adotada não é meramente formalista,[234] já que sabidamente a Constituição Federal gravou o princípio com maior relevo e importância do que simplesmente a aferição de atendimento da legalidade.[235] Com razão, sustenta Ingo Sarlet, defendendo uma concepção material de Estado de Direito:

> Considerando-se, ainda, que de forma aqui intencionalmente simplificada, o Estado de Direito não no sentido meramente formal, isto é, como "governo das leis", mas, sim, como "ordenação integral e livre da comunidade política", expressão da concepção de um Estado material de Direito, no qual, além da garantia de determinadas formas e procedimentos inerentes à organização do poder e das competências dos órgãos estatais, se encontram reconhecidos, simultaneamente, como metas, parâmetros e limites da atividade estatal, certos valores, direitos e liberdades fundamentais, chega-se fatalmente à noção – umbilicalmente ligada à idéia de Estado de Direito – de legitimidade da ordem constitucional do Estado.[236]

Nesse sentido, pode-se afirmar, com apoio em Canotilho, que o princípio do Estado de Direito é um princípio "constitutivo, de natureza material, procedimental e formal (a doutrina alemã refere-se a *material-verfahrenmässiges Formprinzip*)".[237]

---

os modelos liberal e social que o antecederam e que propiciaram o seu aparecimento no curso da História". MENDES, Gilmar, COELHO, Inocêncio Mártires e BRANCO, Paulo Gustavo Gonet. *Curso de Direito Constitucional*. 2 ed. São Paulo: Saraiva, 2008, p. 149. LEAL, Rogério Gesta. *Perspectivas Hermenêuticas dos Direitos Humanos e Fundamentais no Brasil*. Porto Alegre: Livraria do Advogado, 2000, p. 77. Refere, o autor, que: "podemos concluir que não há a menor possibilidade de se desconsiderar as experiências estatais anteriores, pois elas serviram e servem de propulsão para novas modalidades e experiências políticas. Significa dizer que qualquer idéia de Estado Democrático de Direito, que possamos esboçar, evidenciará, necessariamente, caracteres dos modelos anteriores".

[234] No pensamento de Rogério Gesta Leal: "Esta leitura do Estado de Direito como condições e possibilidades de governos regidos pelos termos da Lei não é suficiente quando se pretende enfrentar os conteúdos reais da existência de Sociedades dominadas pelas contradições econômicas e culturais e de cidadanias esfaceladas em sua consciência política e direitos fundamentais". LEAL, Rogério Gesta. *Perspectivas Hermenêuticas dos Direitos Humanos e Fundamentais no Brasil*. Porto Alegre: Livraria do Advogado, 2000, p. 65.

[235] Konrad Hesse defende também uma concepção material de Estado de Direito. HESSE, Konrad. *Elementos de Direito Constitucional da República Federal da Alemanha*. Trad. Luís Afonso Heck. Porto Alegre: SaFe, 1998, p. 162. Jorge Reis Novaes: "A identificação do Estado facista com o Estado de Direito constitui, então, a expressão mais radical – e nessa medida, mais elucidativa – das conseqüências que a via da redução formalista do conceito de Estado de Direito inelutavelmente produzia". NOVAIS, Jorge Reis. *Contributo para uma Teoria do Estado de Direito*. Coimbra: Almedina, 2006, p. 139.

[236] SARLET, Ingo Wolfgang. *A eficácia dos direitos fundamentais*. 4 ed. Porto Alegre: Livraria do Advogado, 2004, p. 68. Compartilha da mesma ideia, Jacques Chevallier, que concebe o Direito mais que uma limitação formal, vislumbrando um meio de organização racional do Estado. CHEVALLIER, Jacques. *L'Etat de droit*. 3 ed. Paris: Montchrestien, 1999, p. 15.

[237] CANOTILHO, José Joaquim Gomes. *Direito Constitucional e Teoria da Constituição*. 7 ed. Coimbra: Almedina, 2003, p. 243. O autor expõe de forma sintética a concepção de direito que considera adequada para a compreensão do tema: "O direito compreende-se como um *meio de ordenação* racional e vinculativa de uma comunidade organizada e, para cumprir esta função ordenadora, ele estabelece *regras e medidas*, prescreve *formas e procedimentos* e cria *instituições*. Articulando medidas ou regras materiais com formas e procedimentos, o direito é, simultaneamente, *medida material e forma* da vida colectiva (K. Hesse)". Essa noção é incorporada ao presente trabalho aos efeitos de pré-compreensão do que se entende por Direito.

Dessa forma, a noção de Estado de Direito está radicalmente ligada ao núcleo dos Direitos fundamentais sejam as expressões da primeira, segunda ou ainda terceira gerações.[238] Essa ligação se estabelece justamente para se fixar parâmetros e limites a serem seguidos na relação Estado-indivíduo, agindo como verdadeira limitação jurídica do Poder em proteção aos direitos de índole fundamental.[239]

A limitação jurídica ao Poder reflete-se na seara tributária, já que expressamente a Constituição outorga ao contribuinte garantias e limitações ao poder de tributar. Para Roque Carraza: "O Estado de Direito confere aos indivíduos a titularidade de direitos públicos subjetivos e, portanto, de posições jurídicas ativas que podem ocupar nos eventuais confrontos que venham a ter com a autoridade pública e, mesmo com outros particulares".[240]

A tentativa de extrair um conteúdo mínimo, antes de tentar apresentar uma fórmula pronta e acabada, pretende oferecer um sentido mais adequado e oportuno ao ordenamento jurídico pátrio e mais especificamente ao Sistema Constitucional Tributário Brasileiro. A conjugação dos significados das normas até agora invocadas demonstra ser possível construir, a partir dos julgados do Supremo Tribunal Federal, uma significação própria ao Estado de Direito que não pode ser encontrada nos subprincípios tomados individualmente. O estado ideal de coisas representado pelo Estado de Direito é, portanto, a soma dos ideais de cada subprincípio e fundamento, adquirindo, por certo, uma dimensão maior com conteúdo próprio e único.

Com efeito, os fundamentos do Estado de Direito trouxeram as ideias de: relações entre Poder Público e particular inteligíveis e justificáveis, vi-

---

[238] NOVAIS, Jorge Reis. *Contributo para uma Teoria do Estado de Direito*. Coimbra: Almedina, 2006, p. 26. CANOTILHO, José Joaquim Gomes. Direito Constitucional e Teoria da Constituição. 7 ed. Coimbra: Almedina, 2003, p. 248. Konrad Hesse, com supedâneo na Lei Fundamental Alemã, fundamenta uma multiplicidade de atribuições ao Estado de Direito, dizendo que o princípio fundamental a unidade política, impõe estabilidade ou forma de produção de continuidade, além de constituir forma de racionalização da vida social e, principalmente, como forma de limitação ao Poder Estatal. HESSE, Konrad. *Elementos de Direito Constitucional da República Federal da Alemanha*. Trad. Luís Afonso Heck. Porto Alegre: SaFe, 1998, p. 160-1. Rogério Gesta Leal, de seu turno, propõe uma perspectiva garantista ao Estado de Direito. LEAL, Rogério Gesta. *Perspectivas Hermenêuticas dos Direitos Humanos e Fundamentais no Brasil*. Porto Alegre: Livraria do Advogado, 2000, p. 88-95.

[239] NOVAIS, Jorge Reis. *Contributo para uma Teoria do Estado de Direito*. Coimbra: Almedina, 2006, p. 128. Para Guido Fassò: "Com 'Stato di diritto' intenderemo dunque, repetiamo, uno Stato che, anche quando riconosca come diritto soltanto le norme da esso stesso emanate, si sottometta a tali norme ed accetta di esserne limitato, cosi che ne consegua per il cittadino la garanzia di una ben deterinata sfera di libertà". FASSO, Guido. *Stato di Diritto e Stato di Giustizia*. In: Revista Internazionale di Filosofia del Diritto. Ano XL, série 11, jan/fev 1963, p. 85. GIANNINI, Achille Donato. *Acerca da pretensa 'não juridicidade' da norma tributária*. In: Revista de Direito Público n° 23, p. 277., jan./mar., 1973. "A característica essencial do Estado de direito não e que adota o autor, mas sim a de que as relações entre ele e o cidadão, no campo administrativo, são reguladas por normas imperativas, das quais decorrem, para os particulares direitos subjetivos contra a Administração Pública".

[240] CARRAZZA, Roque Antonio. *Curso de Direito Constitucional Tributário*. 18 ed. São Paulo: Malheiros, 2002, p. 350.

sando à valorização do ser humano (dignidade da pessoal humana – item 2.1); garantia de tributação adequada, sem dupla incidência e com autonomia sobre as demais nações (soberania – item 2.2); participação do indivíduo na política – gestão da Pólis e garantia de uma cidadania tributária (cidadania – item 2.3); justa medida entre o social e a iniciativa privada e promoção do desenvolvimento (valores sociais do trabalho e da livre iniciativa 2.4); e valorização da diversidade cultural e de opiniões contrárias na formação do consenso (pluralismo político – 2.5).

Os subprincípios, de seu turno, agregam os significados da: preservação de valores e parâmetros pré-estabelecidos (legalidade – 3.1); estabilidade, previsibilidade e mensurabilidade (segurança jurídica – 3.2); dever de proteção aos direitos e garantias individuais (devido processo legal formal – 3.3) e dever de real e substancial nexo com os objetivos traçados pela Constituição (devido processo legal substancial – 3.4); lealdade (moralidade – boa-fé – 3.5), promoção do bem comum (moralidade – bem comum – 3.5), sem perder de vista o viés material que impõe a observância de escolhas prévias adotadas pela Constituição acerca de valores e pressupostos constitucionais (determinabilidade fática – 3.6).

Pode-se dizer que o princípio do Estado de Direito resulta na proclamação da juridicidade, responsabilidade, previsibilidade da ação estatal, de um lado, e, de outro, da segurança, protetividade e estabilidade aos direitos individuais.[241] Esse estado ideal de coisas envolve os ideais menores, expressos pelas normas antes referidas e que nelas encontram significado e fundamentação.

A proposta aqui apresentada tem vinculação com o Sistema Constitucional Tributário Nacional (capítulo I do Título VI da Constituição Federal). Assim, como não poderia deixar de ser, o ponto de partida é o texto da Constituição Federal da República Federativa do Brasil e não outra. Essa Constituição caracteriza-se, preponderantemente, pela sua rigidez, na medida em que dispõe sobre as competências tributárias (artigos 145 a 149-A) e impõe limites ao poder de tributar (artigos 150 e 152). A criação e majoração de tributos exigem lei prévia para o seu estabelecimento (artigo 150, I) e algumas matérias somente podem ser tratadas através de Lei Complementar (artigo 146). A rigidez constitucional tributária é traço genuinamente brasileiro, presente desde a Constituição de 1946, como refere Aliomar Baleeiro ao comentar que: "o sistema tributário movimenta-se sob complexa aparelhagem de freios e amortecedores, que limitam os excessos acaso detrimentosos à economia e à preservação do regime e dos direitos individuais".[242]

---

[241] ÁVILA, Humberto. *Sistema Constitucional Tributário*. p. 40.
[242] BALEEIRO, Aliomar. *Limitações Constitucionais ao Poder de Tributar*. 7 ed. Rio de Janeiro: Forense, 1998, p. 2.

Nas palavras do Min. Celso de Mello:

> O exercício do poder tributário, pelo Estado, submete-se, por inteiro, aos modelos jurídicos positivados no texto constitucional, que institui, de modo implícito ou explícito, em favor dos contribuintes, decisivas limitações ao poder estatal para impor e exigir, coativamente, as diversas espécies tributárias existentes.[243]

Não obstante, notabiliza o Sistema Tributário Nacional a sua abertura, na medida em que admite a incidência de outras garantias além daquelas previstas no seu capítulo específico (artigo 150, *caput*), conferindo dinamicidade e possibilidade de adequação ao desenvolvimento.[244] Estas duas características revelam quão relevante é o Estado de Direito para o Sistema Tributário, segundo a Constituição Federal e sua dimensão dentro do ordenamento jurídico.

A jurisprudência do Supremo Tribunal Federal, enquanto expressão maior do sentido da Constituição Federal, preconiza o respeito ao Direito e prima pelo império da Constituição.[245] Com efeito, em voto proferido no julgamento do Recurso Extraordinário n° 107.869/SP, o Min. Celso de Mello enfatiza o valor jurídico da Constituição Federal brasileira como condição de validade de toda a ordem jurídica, alçando a Lei Maior ao status de vértice do sistema jurídico nacional:

> O princípio da supremacia da ordem constitucional – consectário da rigidez normativa que ostentam os preceitos de nossa Constituição – impõe ao Poder Judiciário, qualquer que seja a sede processual, que se recuse a aplicar leis ou atos estatais reputados em conflito com a Carta Federal. A superioridade normativa da constituição traz, ínsita em sua noção conceitual, a idéia de um estatuto fundamental, de uma *fundamental law*, cujo incontrastável valor jurídico atua como pressuposto de validade de toda a ordem positiva instituída pelo Estado.[246]

---

[243] RE n° 150.764-1, Pleno, Rel. Min. Sepúlveda Pertence, Redator p/ acórdão Marco Aurélio, 10.12.1992, DJU 02.04.1993, voto p. 1548.

[244] AVILA, Humberto. *Sistema Constitucional Tributário*. p. 107-8.

[245] A Supremacia da Constituição é considerado por Canotilho como uma das facetas do Estado de Direito: "Trata-se de uma verdadeira ordenação normativa fundamental dotada de supremacia – supremacia da constituição – e é nesta supremacia normativa da lei constitucional que o "primado do direito" do estado de direito encontra uma primeira e decisiva expressão". CANOTILHO, José Joaquim Gomes. Direito Constitucional e Teoria da Constituição. 7 ed. Coimbra: Almedina, 2003, p. 246. No mesmo sentido: FALCÃO, Amílcar de Araújo. *O problema das fontes do Direito Tributário. in:* Revista de Direito Administrativo n. 41, p. 15, jul./set., 1955.

[246] RE n° 107.869/SP, Pleno, Rel. Min. Célio Borja, j. 23.08.1989, DJU 21.08.1992. O Min. Celso de Mello, em outra feliz passagem, reforça a tese da superioridade normativa da Constituição Federal valendo-se do célebre caso Marbury *vs.* Madison da Suprema Corte norte-americana: "Certainly all those who have framed written constitution contemplate them as forming the fundamental and paramount law of the nation, and, consequently, the theory of every such government must be, that an act of legislature, repugnant to the constitution, is void. (...) Those, then, who, controvert the principle that the constitution is to be considered, in the court, as a paramount law of the nation, are reduced to the necessity of maintaining that courts must close their eyes on the constitution, and see only the law. This doctrine would subvert the foundations of all written constitutions. It would declare that an act with, according to the principles and theory of our government, is entirely void, is yet, in pratice, completely

Da mesma sorte, como já afirmado pelo Supremo Tribunal Federal, a Constituição notabiliza-se por se caracterizar como um todo uno e indivisível, seja no aspecto formal, seja na sua substância. Esses aspectos foram evidenciados no julgamento da ADI n° 815-3/DF, onde se discutia a inconstitucionalidade de normas constitucionais. Nas palavras do Min. Moreira Alves:

> (...) delas resulta a estrita observância do princípio da unidade da Constituição. Assim na atual Carta Magna "compete ao Supremo Tribunal Federal, precipuamente, a guarda da Constituição" (artigo 102, caput), o que implica dizer que essa jurisdição que lhe é atribuída para impedir que desrespeite a Constituição como um todo, (...).[247]

Ao lado da supremacia e unidade da Constituição Federal, o Supremo Tribunal Federal confere importância ao respeito e observância da expressão da Lei Fundamental, pois segundo entendimento da Corte:

> A DEFESA DA CONSTITUIÇÃO DA REPÚBLICA REPRESENTA O ENCARGO MAIS RELEVANTE DO SUPREMO TRIBUNAL FEDERAL. – O Supremo Tribunal Federal – que é o guardião da Constituição, por expressa delegação do Poder Constituinte – não pode renunciar ao exercício desse encargo, pois, se a Suprema Corte falhar no desempenho da gravíssima atribuição que lhe foi outorgada, a integridade do sistema político, a proteção das liberdades públicas, a estabilidade do ordenamento normativo do Estado, a segurança das relações jurídicas e a legitimidade das instituições da República restarão profundamente comprometidas. O inaceitável desprezo pela Constituição não pode converter-se em prática governamental consentida. Ao menos, enquanto houver um Poder Judiciário independente e consciente de sua alta responsabilidade política, social e jurídico-institucional.[248]

Adiante, prossegue o Min. Celso de Mello, chamando atenção para a autoridade hierárquica-normativa da Constituição que não pode ser submetida à vontade do Príncipe:

> Impõe-se advertir, com apoio em autorizado magistério doutrinário (Eduardo Garcia de Enterria, "La lucha contra las imunidades del poder", 3° ed, 1983, Editorial Civitas, Madrid), que as razões de Estado – quando invocadas como argumento de sustentação das pretensões do Poder Público – representam expressão de um perigoso ensaio destinado a submeter, à vontade do Príncipe (circunstância que se revela absolutamente intolerável), a autoridade hierárquico-normativa da própria Constituição da República, comprometendo, desse modo, a idéia de que o exercício do Poder Estatal, quando praticado sob a égide de um regime democrático, está permanentemente exposto à fiscalização de ordem jurídico-constitucional dos magistrados e dos Tribunais.[249]

---

obrigatory (Excerto do voto do Juiz Marshall, então presidente da Suprema Corte dos EUA, no caso Marbury *vs* Madison – 1803) – *apud WILLIAN M. REHNQUIST: in the Supreme Court: how it was, how it is, First Quill Edition, New York, 1987, págs. 113/114"*. em voto publicado na RTJ 139/75.

[247] ADI n° 815-3, Pleno, Rel. Min. Moreira Alves, j. 23.08.1996, DJU 10.05.1996.

[248] ADI-MC n° 2.010/DF, Pleno, Rel. Min. Celso de Mello, j. 30.09.1999, DJU 12.04.2002.

[249] Idem.

O trecho do voto do Min. Celso de Mello está a confortar a tese sugerida neste trabalho, endossando a ideia de preponderância do Estado de Direito no discurso jurídico, suplantando argumentos outros que não aqueles associados à referida cláusula constitucional.

No julgamento da constitucionalidade da prorrogação do tributo FINSOCIAL, o Supremo reafirma o império da Constituição no Sistema Tributário Nacional, condicionando a legitimidade do poder de tributar às normas do direito constitucional positivo, velando pela intangibilidade da Lei Fundamental. Consta no voto do Min. Celso de Mello: "É preciso advertir o Estado de que o uso ilegítimo de seu poder de tributar, não deve, sob pena de erosão da própria consciência constitucional, extravasar os rígidos limites traçados e impostos à sua atuação pela Constituição República".[250]

As decisões do Supremo Tribunal Federal acima reproduzidas possuem em comum a nota da valorização da Constituição Federal, conferindo-lhe supremacia face às demais fontes normativas.[251] A conclusão, aliás, não representa nenhuma novidade para o estudo do Direito, sendo tese sustentada por Hans Kelsen há muito.[252] A República Federativa do Brasil por se constituir num Estado Democrático de Direito, consoante dicção do artigo 1º da Constituição Federal, impõe ao país a supremacia do Direito. Essa Supremacia, na sempre valiosa lição de Cezar Saldanha de Souza Junior, é:

> (...) a acolhida na Constituição, por consenso da comunidade, dos valores éticos supremos do direito como fins últimos da convivência política e – a partir daí – a sujeição ao ordenamento jurídico vigente, por meio de técnicas normativas adequadas, da organização e do funcionamento do Estado e de toda a vida social.[253]

Portanto, a Constituição, como e enquanto vértice do ordenamento e condição de validade para os demais atos normativos que lhe são hierarquicamente inferiores, estrutura e ordena também a tributação.

---

[250] RE nº 150.764-1, Pleno, Rel. Min. Sepúlveda Pertence, Redator p/ acórdão Marco Aurélio, 10.12.1992, DJU 02.04.1993, voto p. 1557.

[251] Numa percepção epistemológica, José Souto Maior Borges refere: "O ordenamento constitucional (plano descritivo) é pois base empírica da ciência do direito constitucional (plano descritivo-explicativo)". BORGES, José Souto Maior. *Pro-Dogmática: Por uma hierarquização dos princípios constitucionais. In:* Revista Trimestral de Direito Público n. 1, p. 140.

[252] KELSEN, Hans. *Teoria Pura do Direito.* 4 ed. São Paulo: Martins Fontes.

[253] Consta na obra de Cezar Saldanha: "O verdadeiro significado da supremacia do direito – primeiro fundamento da democracia axio-orientada, prevalecente na consciência ética de nossos dias – está no interagir destes dois lados da equação". A equação referida por Cezar Saldanha é a chamada "mão-dupla", onde, de um lado, está o Direito na sua porção ética, limitando e submetendo o Estado e, do outro lado, está o Direito na sua dimensão política, servindo de instrumento para a consecução dos fins estatais. SOUZA JUNIOR, Cezar Saldanha. *A supremacia do direito no estado democrático e seus modelos básicos.* Tese para concurso a professor titular, junto ao Departamento de Direito do Estado – Área de Teoria Geral do Estado da Faculdade de Direito da Universidade de São Paulo. Porto Alegre [s. ed.], 2002, p. 54.

Não obstante, poder-se-ia, ainda, objetar a importância ou relevância do princípio do Estado de Direito, já que, à primeira vista, ele serviria para proteger aquilo que já está protegido através de seus subprincípios. Então seria o Estado de Direito inócuo, já que resultaria da simples soma dos princípios, regras e valores que lhes são subjacentes? Por certo que não! O princípio do Estado de Direito previsto na Constituição Federal possui carga valorativa nova e eficácia própria como a seguir se pretende demonstrar. Com efeito, a constatação aqui referida sobre a ordem jurídica Brasileira encontra ressonância no modelo português como sustenta Canotilho. Segundo o autor:

> (...) o princípio do estado de direito tem vindo a ser aplicado pela jurisprudência constitucional portuguesa como um princípio geral dotado de um "mínimo normativo" capaz de fundamentar autonomamente direitos e pretensões dos cidadãos e justificar a inconstitucionalidade de actos normativos violadores dos princípios do Estado de direito.[254]

Assim, analisando as eficácias que o princípio do Estado de Direito pode assumir, tornar-se-á perceptível sua eficácia própria. De forma, esquemática, pode-se ilustrar as dimensões normativas do Estado de Direito e suas eficácias da seguinte forma:[255]

4.2. ESTADO DE DIREITO ENQUANTO PRINCÍPIO

De uma forma geral, pode-se dizer que os princípios são "mandamentos de otimização",[256] normas que indicam finalidades ou objetivos a serem observados pelo intérprete e que devem ser perseguidos pelo Poder Público. Com precisão define Humberto Ávila:

---

[254] CANOTILHO, José Joaquim Gomes. Direito Constitucional e Teoria da Constituição. 7 ed. Coimbra: Almedina, 2003, p. 254. O autor cita os seguintes precedentes da Corte Constitucional portuguesa que aplicam autonomamente o princípio do Estado de Direito: "Acórdão TC n° 11/83, in DR, I, de 20-10-1983; Acórdão TC n° 23/83, in DR, II, de 1-2-1984; Acórdão n° 437 da Comissão Constitucional, in BMJ, n° 314; Acórdão TC n° 86/84, in DR, de 2-2-1985; Acórdão TC n° 73/84, in DR, III, de 11-1-1985 (cfr. Ac. TC n° 93/84, DR, I, 16-11-1984)".

[255] As eficácias adiante expostos são classificações apresentadas por Humberto Ávila e são adotadas aqui dada a sua pertinência com o princípio do Estado de Direito. ÁVILA, Humberto. *Sistema Constitucional Tributário*. p. 45 e ss.

[256] ALEXY, Robert. *Teoria de los derechos fundamentales*. Trad. Ernesto Garzón Valdés. Madri: Centro de Estúdios Políticos y Constitucionales, 2001, p. 87. Vale transcrever o conceito elaborado por Robert Alexy: "El punto decisivo para la distinción entre reglas y princípios es que los princípios son nomras que ordenan que algo sea realizado en la mayor medida posible, dentro de las posibilidades jurídicas y reales existentes. Por lo tanto, los princípios son mandatos de optimización, que están caracterizados por el hecho de que pueden ser cumplidos en diferente grado y que la medida debida de su cumplimiento no solo depende de las posibilidades reales sino también de las juridicas". Cf. ALEXY, Robert. *Idée et structure d'un système du droit rationnel*. Traduzido para o francês por Ingrid Dwars. In: Archives de Philosophie du Droit. T. 33, Paris: Sirey ed, 1988, p. 23-38. BORGES, José Souto Maior. *Pro-Dogmática: Por uma hierarquização dos princípios constitucionais*. In: Revista Trimestral de Direito Público n. 1, p. 143. DIFINI, Luiz Felipe Silveira. *Manual de Direito Tributário*. 3 ed. São Paulo: Saraiva, 2006, p. 70-1.

Os princípios são normas imediatamente finalísticas, primariamente prospectivas e com pretensão de complementariedade e de parcialidade, para cuja aplicação demandam uma avaliação da correlação entre o estado de coisas a ser promovido e os efeitos decorrentes da conduta havida como necessária à sua promoção.[257]

A nota essencial que destaca os princípios é, sem dúvida, o caráter teleológico, mas não se pode falar em um *telos* qualquer. Tendo a Constituição Federal feito escolhas prévias, não compete ao legislador ordinário, tampouco ao aplicador do Direito, alterá-las. Ricardo Lobo Torres, citando Otto Schimidt (1972, p. 229), refere que "a descoberta dos princípios impede que a aplicação do direito tributário oscile entre a jurisprudência dos conceitos e a vagabundagem do direito livre (*freirechtlichem Vagabundieren*), por lhe abrir os caminhos para a consideração teleológica".[258]

Importante para o prosseguimento da pesquisa é definir algumas particularidades que o emprego de um princípio acarreta no discurso jurídico. Dentre elas, ganha importância o dever de compatibilização dos princípios dentro do ordenamento. Na medida em que cada princípio carrega consigo um valor idealizado pelo Estado Brasileiro e, segundo a Constituição Federal, estes valores devem ser promovidos ao máximo, extrai-se que os princípios mantêm, entre si, uma relação de complementariedade e o conteúdo mínimo de cada norma deve ser preservado e compatibilizado com o sistema constitucional.[259]

Outro aspecto destacável do perfil normativo dos princípios reside na fixação de objetivos a serem perseguidos, sem preestabelecer a forma de atingi-los. Para Humberto Ávila: "Em primeiro lugar, os princípios descrevem um estado de coisas a ser buscado, sem, no entanto, definir previamente o meio cuja adoção produzirá os feitos que contribuirão para promovê-lo".[260] Esta característica trará consequências para a argumentação jurídica como a seguir se pretende demonstrar.

---

[257] ÁVILA, Humberto Bergmann. Teoria dos Princípios. Da definição à aplicação dos princípios jurídicos. São Paulo: Malheiros, 2003, p. 70. A jurisprudência do Supremo Tribunal Federal é rica na apreciação das categorias normativas. A esse respeito vale transcrever voto do Min. Eros Grau sobre o tema: "Inexistente atribuição de competência exclusiva à União, não ofende a Constituição do Brasil norma constitucional estadual que dispõe sobre aplicação, interpretação e integração de textos normativos estaduais, em conformidade com a Lei de Introdução ao Código Civil. Não há falar-se em quebra do pacto federativo e do princípio da interdependência e harmonia entre os poderes em razão da aplicação de princípios jurídicos ditos 'federais' na interpretação de textos normativos estaduais. Princípios são normas jurídicas de um determinado direito, no caso, do direito brasileiro. Não há princípios jurídicos aplicáveis no território de um, mas não de outro ente federativo, sendo descabida a classificação dos princípios em 'federais' e 'estaduais'." ADI 246, Pleno, Rel. Min. Eros Grau, DJ 29/04/05.

[258] TORRES, Ricardo Lobo. *Normas de interpretação e integração do Direito Tributário*, p. 57.

[259] AVILA, Humberto. *Sistema Constitucional Tributário*. p. 38.

[260] AVILA, Humberto. *Conflito entre o dever de proteção à saúde e o dever de proteção à liberdade de comunicação e informação no caso da propaganda comercial do tabaco. Exame de constitucionalidade da Lei nº 9.249/96. in:* Revista de Direito Administrativo nº 240, p. 332.

Uma última característica, destacada por Klaus Tipke, merece atenção. Diz respeito à essencialidade do princípio ao Direito Tributário como "critério" de repartição de bens jurídicos. Para Tipke:

> O princípio cria uma medida uniforme. O exame de casos iguais com duas ou mais medidas é injusto. O princípio proporciona tratamento isonômico e imparcial de todos que são compreendidos pelo princípio. A orientação por princípios desobriga o legislador do dever de prever e regular todas as possíveis situações; isso ajuda a evitar lacunas.[261]

Assim, o Estado de Direito age preponderantemente como princípio,[262] atuando sobre outras normas, estabelecendo o estado ideal de coisas por ele protegido como detalhado nos capítulos antecedentes.

Pode-se perceber por meio da análise de casos apreciados pelo Supremo Tribunal Federal que a aplicação do princípio do Estado de Direito possui eficácias variadas, todas elas autônomas de seus subelementos. A seguir serão verificadas as diversas eficácias que pode assumir o Estado de Direito. Essa variedade é decorrência lógica da gama de bens e interesses jurídicos que o princípio protege que, aliado aos valores que lhe foram incorporados pela tradição[263] expandem sua eficácia no Direito Tributário.

4.2.1. Eficácia interna direta – função eficacial integrativa

Pode-se identificar a eficácia interna dos princípios quando atuam sobre outras normas do mesmo sistema jurídico, agregando conteúdo e definindo o sentido das normas sobre as quais incidem. A eficácia interna direta se dá quando o princípio age sem a intermediação de outro subelemento.

Quando o princípio do Estado de Direito incide de forma direta sobre outras normas, sem que sejam invocados seus subprincípios, está desempenhando função eficacial integrativa. Nesse caso, o princípio do Estado de Direito insere efeitos que não seriam obtidos com a utilização de qualquer de seus subprincípios isoladamente.

---

[261] Refere o mestre alemão que: "Direito justo pressupõe princípios (regras, critérios, padrões). Tais princípios são especialmente necessários quando direitos e obrigações, cargas e reivindicações devem ser repartidos entre membros de uma comunidade. Repartição sem princípios é repartição arbitrária". TIPKE, Klaus e YAMASHITA, Douglas. *Justiça Fiscal e o princípio da capacidade contributiva*. p. 19.

[262] MAURER, Hartmut. *A revisão jurídico-constitucional das leis pelo Tribunal Constitucional Federal*. In: *Fundamentos do Estado de Direito*. org. Humberto Ávila. São Paulo: Malheiros, 2005, p. 182. Estatui que: "O princípio do Estado de Direito pede não só a vinculação do legislador à Constituição como ordem fundamental do Estado, mas também um controle correspondente por uma instância politicamente independente, isto é, por um tribunal".

[263] Sobre a tradição, escreve Arthur Kaufmann que o pensar hermenêutico vive da herança da tradição como "suelo común del mundo manifiesto que pisamos". KAUFMANN, Arthur. *Concepcion hermenêutica del método jurídico*. In: Revista de fundamentación de lãs Instituciones Jurídicas y de Derechos Humanos v. 35, p. 11-37, 1996. BORGES, José Souto Maior. *Hermenêutica histórica no Direito Tributário*. in Revista Tributária e de Finanças Públicas n. 31, p. 112-6.

É o que ocorre, por exemplo, do julgamento que considerou inconstitucional a exigência de depósito prévio para apresentação de recurso administrativo. A mera utilização do princípio do devido processo legal conduziria o intérprete a reconhecer que a exigência não ofenderia o referido princípio já que o depósito era previsto em lei. Inclusive, esse foi o entendimento do Supremo Tribunal Federal durante muitos anos.[264] No entanto, a função eficacial integrativa do princípio do Estado de Direito fez com que a Suprema Corte revisasse seu posicionamento para reconhecer a inconstitucionalidade da exigência.[265] Em outras palavras, o devido processo legal e "mais alguma coisa" levam o intérprete a compreender que a exigência é indevida. Essa "mais alguma" coisa é a função eficacial integrativa do Estado de Direito.

4.2.2. Eficácia interna indireta

A eficácia interna indireta é identificada quando da utilização do princípio com a colaboração de subprincípios ou, ainda, regras. A eficácia interna indireta do Estado de Direito nas suas diversas funções eficaciais será analisada na segunda parte do trabalho quando será verificada a aplicação do princípio como limitação ao poder de tributar.

4.2.2.1. Função eficacial interpretativa

A prestação jurisdicional como e enquanto tarefa do Estado para com o cidadão deve obedecer a alguns critérios impostos pela própria Constituição Federal, de modo que a tarefa de dizer o Direito, por mais pleonástica que possa parecer, deve obedecer ao Direito. Em outras palavras, a concreção do Direito na solução de litígios tem o princípio do Estado de Direito no desempenho da função eficacial interpretativa.

Desse modo, o Estado de Direito exerce hermenêutica-integradora, impondo limites, sistematizando e conferindo diretrizes para a solução dos conflitos. O princípio do Estado de Direito proporciona, assim, uma interpretação direcionada das normas que lhe são axiologicamente inferiores. Nas palavras de Humberto Ávila, "essas considerações qualificam os princípios como decisões valorativas objetivas com função explicativa (*objektive Wertentscheidung mit erläuternder Funktion*), nas hipóteses em que orienta a interpretação de normas constitucionais ou legais".[266]

Pode-se dizer, pois, que embora os subelementos do Estado de Direito possuam eficácia própria e protejam alguns bens jurídicos idênticos

---

[264] RE 169077/MG, Rel. Min. OCTAVIO GALLOTTI, j. 05.12.1997, 1ª Turma, DJ, 27.03.1998, p. 18.
[265] RE nº 389383 / SP, Rel. Min. MARCO AURÉLIO, Pleno, j. 28.03.2007, DJU 29.06.2007, p. 31
[266] ÁVILA, Humberto. *Sistema Constitucional Tributário*. São Paulo, Saraiva, 2004, p. 47.

aqueles protegidos pelo próprio Estado de Direito, esse não se constitui em norma inútil, já que permite indicar ao intérprete o caminho valorativo já adotado pelo constituinte.

4.2.2.2. Função eficacial bloqueadora

A função eficacial bloqueadora atua como anteparo à incidência de normas contraditórias com os bens jurídicos protegidos pelo estado ideal de coisas que o princípio do Estado de Direito preserva.

No julgamento da Ação Direta de Inconstitucionalidade que questionava em abstrato a aplicação de multa no percentual de 300%, o Supremo Tribunal Federal afastou a incidência das normas contraditórias com o princípio do Estado de Direito que impunham grave vulneração ao núcleo essencial dos direitos fundamentais do cidadão.[267]

Trata-se, como visto, de eficácia voltada a coibir o arbítrio, viés sempre presente na atuação da norma ao longo dos séculos.

4.2.3. Eficácia externa

Os princípios atuam não somente sobre outras normas, podendo desempenhar função importante sobre a compreensão de fatos e sobre valoração de provas. A esse fenômeno dá-se o nome de eficácia externa dos princípios.

Em matéria de cognição processual, segmento importante da doutrina defende a ideia de "redução teleológica da norma" visando a avaliar as finalidades, intenções e princípios envolvidos na conformação da regra processual.[268] Tal redução proposta não pode ser empreendida ao gosto do intérprete. Deve sim estar atrelada ao sistema jurídico do qual faz parte. Nesse

4.2.3.1. Eficácia externa objetiva

4.2.3.1.1. Função eficacial seletiva

O princípio do Estado de Direito age de forma a privilegiar determinados fatos ou elementos de convicção do juízo sobre outros de acordo com o estado ideal de coisas que a norma busca preservar.

A aplicação da norma ao caso concreto, por vezes, expõe a dificuldade de saber qual o fato correto a sofrer a subsunção. Há hipóteses em que a dificuldade não reside na antinomia, mas sim na pluralidade de fatos que

---

[267] ADI-MC 1075/DF, Rel. Min. CELSO DE MELLO, Pleno, j. 17.06.1998, DJU 24.11.2006, p. 59.
[268] WALTER, Gerhard. *Libre apreciación de la prueba*. Bogotá: Temis, 1985, p. 185.

podem baralhar a visão do intérprete. É o caso, por exemplo, da regra de incidência do imposto de importação. A legislação do referido tributo diz que se considera ocorrido o fato gerador com o desembaraço aduaneiro. No entanto, qual o fato capaz de perfectibilizar o desembaraço aduaneiro? O desembarque da mercadoria em território brasileiro, o preenchimento da declaração de importação ou a efetiva retirada da mercadoria na sede alfandegária? Os contribuintes que adquiriram bens na vigência de Decreto com alíquota mais benéfica e depois foram surpreendidos com a mudança da alíquota de importação no curso do processo de aquisição do produto levaram ao judiciário a controvérsia. O Supremo Tribunal Federal desprezou todos os outros fatos e levou em consideração apenas a retirada da mercadoria da alfândega.[269]

O impasse não é resolvido somente com a subsunção das regras de incidência ao caso concreto, exigindo a atuação de princípios que "selecionam" fatos em detrimento de outros de acordo com os valores que o Estado de Direito visa a proteger.

4.2.3.1.2. Função eficacial valorativa

Como referido por Klaus Tipke: "O Direito Tributário de um Estado de Direito não é Direito técnico de conteúdo qualquer, mas ramo jurídico orientado por valores".[270] O mestre alemão pretendeu expor que o discurso jurídico tributário não é preenchido por qualquer conteúdo ou colmatado com qualquer valor. O Direito Tributário, por lidar com bens jurídicos valiosos ao ordenamento, possui regramento rígido com sede constitucional. Tais constatações não ocorrem por acaso. Klaus Tipke adverte que a disciplina tributária não diz respeito apenas à relação Fisco/contribuinte, mas refere-se ao relacionamento que os membros da comunidade mantêm entre si. Ressalta que: "Estados de Direito são obrigados a criar um Direito justo, inclusive um Direito Tributário justo. Se, segundo suas próprias Constituições, tanto o Brasil como a Alemanha são igualmente Estados Sociais de Direito, cada qual não pode ser diferentemente justo".[271] Prossegue o mestre tedesco, explicando o porquê da segregação desse ramo do Direito:

---

[269] RE 224285/CE, Rel. Min. MAURÍCIO CORRÊA, Pleno, j. 17.03.1999, DJU 28.05.1999, p. 26. O Min. Castro Meira desqualifica a declaração de importação dizendo: "realço que a declaração de importação, não gera ato jurídico perfeito ou direito adquirido à aplicação da alíquota vigente ao tempo de sua emissão, porquanto é decorrente da mera comunicação por parte do importador à autoridade alfandegária que autoriza precariamente a compra de bens provenientes do exterior". (REsp 157.162/SP, Rel. Ministro CASTRO MEIRA, SEGUNDA TURMA, julgado em 03.05.2005, DJ 01.08.2005 p. 366)

[270] TIPKE, Klaus e YAMASHITA, Douglas. *Justiça Fiscal e princípio da capacidade contributiva*. São Paulo: Malheiros, 2002, p. 15.

[271] Idem.

Não existe um critério de justiça uniforme para todo o Direito. Muito mais correto é que cada ramo do Direito tenha seu próprio critério. Em outras palavras, deve ser decidido qual o princípio ou qual o critério é adequado para o particular ramo do Direito, tal como o Direito Tributário. Na Alemanha fala-se, portanto, em *justiça adequada à matéria*.[272]

Nesse sentido, a função eficacial valorativa do Princípio do Estado de Direito age como bússula a orientar o intérprete para os fins perseguidos pela ordem constitucional. É preciso ter os olhos voltados para a Constituição Federal de 1988 e, bem assim, à jurisprudência do Supremo Tribunal Federal sobre o tema.[273] Klaus Tipke revela que:

> A política jurídica é intelectual e teoricamente impotente diante de poderosos grupos de interesse (*lobbies*) e de uma clientela de eleitores interessados em privilégios quando ela não puder fundamentar-se em critérios de justiça adequados ao Estado de Direito.

A assertiva revela a importância que a cláusula constitucional do Estado de Direito exerce no discurso jurídico no âmbito tributário e, por decorrência, ressalta a função eficacial valorativa do preceito.

4.2.3.1.3. Função eficacial argumentativa

Argumentar, para Larenz, significa "fornecer fundamentos, que permitam a uma afirmação apresentar-se como justificada, pertinente ou pelo menos discutível".[274] Alexy defende que o discurso jurídico é parte do discurso racional e que, portanto, possui especificidades que lhes são próprias.[275]

A constatação feita por Robert Alexy de que o modelo tradicional de aplicação do Direito através da lógica subsuntiva[276] revelava-se débil

---

[272] TIPKE, Klaus e YAMASHITA, Douglas. *Justiça Fiscal e princípio da capacidade contributiva*. São Paulo: Malheiros, 2002, p. 21. Em sentido contrário, Ricardo Lobo Torres sustenta que o Direito Tributário não possui especificidade capaz de lhe conferir autonomia interpretativa, *in verbis*: "De efeito, a interpretação do Direito Tributário não apresenta especificidade que a afaste da interpretação de outros ramos do Direito. Já estão totalmente superadas as opiniões que apontavam o Direito Tributário como excepcional ou que sujeitavam a sua interpretação a princípios como o do *in dúbio contra fiscum*". TORRES, Ricardo Lobo. *Normas de integração e interpretação do Direito Tributário*. 3 ed. Rio de Janeiro: Renovar, 2000, p. 52. Em que pese o pensamento desenvolvido pelo Prof. Lobo Torres, propõe-se aqui não uma teoria argumentativa autônoma, mas com especificidades próprias do Sistema Constitucional Tributário Brasileiro.

[273] A afirmação pode parecer óbvia, mas não raros são os casos de importação de normas do direito estrangeiro ou lições doutrinárias alienígenas que discorrem, obviamente, do seu respectivo Direito. A mera transposição de normas e/ou lições de um ordenamento jurídico para outro pode ser capaz de criações teratológicas, de modo que não se revela despropositado alertar para a importância do exame do ordenamento jurídico pátrio para as soluções dos problemas que aqui se apresentam.

[274] LARENZ, Karl. *Metodologia da Ciência do Direito*. trad. José Lamego. 3 ed. Lisboa: Fundação Calouste Gulbenkian, 1997, p. 212.

[275] ALEXY, Robert. *Theory of Legal Argumentation. The Theory of Rational Discourse as Theory of Legal Justification*. Trad. Ruth Adler e Neil MacCormick. Oxford: Claredon Press, 1989, p. 14/15.

[276] Sobre subsunção é clássica a lição de Engisch: "a subsunção dum caso a um conceito jurídico 'representa uma relação entre conceitos: um facto tem de ser pensado em conceitos, pois que de outra forma

e, muitas vezes, incapaz de solucionar a complexidade das controvérsias postas à apreciação do Judiciário pode ter chocado a comunidade jurídica há algumas décadas. No entanto, atualmente, é lugar comum fazer tal assertiva.[277]

Considerando que os litígios em sede tributária envolvem normas constitucionais e, em sua grande maioria, a solução dos conflitos importa em manejar inúmeros argumentos que autorizam a classificação de tais contendas na categoria de "casos difíceis (*hard cases*)" é lícito concluir que implícita ou explicitamente há embate de argumentos e a forma como estes são manejados deve ser orientada. Essa orientação, segundo defendido ao longo da primeira parte desse trabalho e realçado no ponto 7.1 é desempenhada pelo princípio do Estado de Direito.

O Supremo Tribunal Federal já se pronunciou em várias oportunidades, valorizando mais determinados argumentos em prejuízos de outros. O critério, embora não explicitado, para prevalência de alguns argumentos é fornecido pelo Estado de Direito, eis que as razões utilizadas nos votos dos Ministros sempre ressaltam a necessidade de preservar a força e expressão da Constituição e reenviam os fundamentos ao ordenamento jurídico, revelando clara preferência pelo estado ideal de coisas que é valioso ao Estado de Direito.[278] A proposta de classificação dos argumen-

– como facto não é conhecido, ao passo que os conceitos jurídicos, como o seu nome o diz, são sempre pensados na forma conceitual'. São, portanto, subsumidos conceitos de factos a conceitos jurídicos". ENGISCH, Karl. *Introdução ao Pensamento Jurídico*. 4 ed. Trad. J. Baptista Machado. Lisboa: Fundação Calouste Gulbenkian, 2001, p. 95. LARENZ, Karl. *Metodologia da Ciência do Direito*. trad. José Lamego. 3 ed. Lisboa: Fundação Calouste Gulbenkian, 1997, p. 383/387.

[277] A obra "Theorie der juristischen argumentation" lançada em 1978, traz a seguinte constatação, na versão inglesa: "It can ... no longer be seriously maintained that the application of laws involves no more than a logical subsumption under abstractly formulated major premises". ALEXY, Robert. *Theory of Legal Argumentation. The Theory of Rational Discourse as Theory of Legal Justification.* Trad. Ruth Adler e Neil MacCormick. Oxford: Claredon Press, 1989, p. 1.

[278] "INTERPRETAÇÃO – CARGA CONSTRUTIVA – EXTENSAO. Se e certo que toda interpretação traz em si carga construtiva, não menos correta exsurge a vinculação a ordem jurídico-constitucional. O fenômeno ocorre a partir das normas em vigor, variando de acordo com a formação profissional e humanística do interprete. No exercício gratificante da arte de interpretar, descabe "inserir na regra de direito o próprio juízo – por mais sensato que seja – sobre a finalidade que "conviria" fosse por ela perseguida" – Celso Antonio Bandeira de Mello – em parecer inédito. Sendo o Direito uma ciência, o meio justifica o fim, mas não este aquele. CONSTITUIÇÃO – ALCANCE POLÍTICO – SENTIDO DOS VOCABULOS – INTERPRETAÇÃO. O conteúdo político de uma Constituição não e conducente ao desprezo do sentido vernacular das palavras, muito menos ao do técnico, considerados institutos consagrados pelo Direito. Toda ciência pressupõe a adoção de escorreita linguagem, possuindo os institutos, as expressões e os vocábulos que a revelam conceito estabelecido com a passagem do tempo, quer por força de estudos acadêmicos quer, no caso do Direito, pela atuação dos Pretórios. SEGURIDADE SOCIAL – DISCIPLINA – ESPÉCIES – CONSTITUIÇÕES FEDERAIS – DISTINÇÃO. Sob a égide das Constituições Federais de 1934, 1946 e 1967, bem como da Emenda Constitucional no 1/69, teve-se a previsão geral do tríplice custeio, ficando aberto campo propicio a que, por norma ordinária, ocorresse a regência das contribuições. A Carta da Republica de 1988 inovou. Em preceitos exaustivos – incisos I, II e III do artigo 195 – impôs contribuições, dispondo que a lei poderia criar novas fontes destinadas a garantir a manutenção ou expansão da seguridade social, obedecida a regra do artigo 154, inciso I, nela inserta (par. 4. do artigo 195 em comento).. CONTRIBUIÇÃO SOCIAL – TOMADOR

tos com fundamento na cláusula constitucional do Estado de Direito será tratada com maior clareza no ponto 7.1. De qualquer forma, cumpre, por ora, afirmar que o princípio do Estado de Direito possui função eficacial argumentativa, na medida em que os valores por ele preservados impõem uma racionalidade a ser observada no discurso jurídico.

4.2.3.2. Eficácia externa subjetiva

A eficácia externa subjetiva do princípio do Estado de Direito guarda relação com a proteção jurídica assegurada pela referida norma aos contribuintes como proibição de intervenções do Estado.

A Constituição Federal, ao criar capítulo referente às "limitações ao poder de tributar" quis, inegavelmente, estabelecer balizas, impor limites a competência tributária. Essas limitações são inseridas no texto da Constituição como proteção aos cidadãos e assim devem ser interpretadas. Não se trata de "garantismo tributário" ou expressão similar. Em verdade, como visto no desenvolvimento histórico examinado antes, o Estado de Direito foi se desenvolvendo sempre em atenção à proteção ao indivíduo contra os arbítrios estatais. Assim, no âmbito do Direito Tributário, é evidente que o princípio do Estado de Direito possui eficácia externa subjetiva, vale dizer, tem aplicação direcionada em favor do contribuinte a fim de balizar o exercício da competência tributária.

4.2.3.2.1. Função eficacial de defesa

A eficácia externa subjetiva pode desempenhar uma função negativa, impedindo, bloqueando as intervenções estatais em nome dos bens jurídicos tutelados pelo Estado de Direito. Humberto Ávila as qualifica como função de defesa e resistência (*Abwerhrfunktion*). É função própria

---

DE SERVIÇOS – PAGAMENTOS A ADMINISTRADORES E AUTONOMOS – REGENCIA. A relação jurídica mantida com administradores e autônomos não resulta de contrato de trabalho e, portanto, de ajuste formalizado a luz da Consolidação das Leis do Trabalho. Dai a impossibilidade de se dizer que o tomador dos serviços qualifica-se como empregador e que a satisfação do que devido ocorra via folha de salários. Afastado o enquadramento no inciso I do artigo 195 da Constituição Federal, exsurge a desvalia constitucional da norma ordinária disciplinadora da matéria. A referencia contida no par. 4. do artigo 195 da Constituição Federal ao inciso I do artigo 154 nela insculpido, impõe a observância de veículo próprio – a lei complementar. Inconstitucionalidade do inciso I do artigo 3. da Lei n. 7.787/89, no que abrangido o que pago a administradores e autônomos. Declaração de inconstitucionalidade limitada pela controvérsia dos autos, no que não envolvidos pagamentos a avulsos". (RE 166772/RS, Rel. Min. MARCO AURÉLIO, Pleno, j. 12.05.1994, DJ 16.12.1994, p. 34896). Os julgados a seguir referidos também possuem o mesmo traço identificado acima: RE 150764/PE, Rel. Min. Sepúlveda Pertence, Rel. p/ acórdão Min. Min. MARCO AURÉLIO, Pleno, j. 16.12.1992, DJU 02.04.1993, p. 5623; ADI-MC nº 2.010-2, Pleno, Rel. Min. Celso de Mello, j. 30.09.1999, DJU 12.04.2002; ADI nº 1.600-8, Pleno, Rel. Mln. Sidney Sanches, Red. p/ acórdão Min. Nelson Jobim, j. 26.11.2001, DJU 20.06.2003, p. 1.883.

das limitações ao poder de tributar já que geradoras de limites à atividade tributária (criação, majoração, arrecadação e fiscalização dos tributos).[279]

A jurisprudência do Supremo Tribunal Federal já assentou que em nome da arrecadação de impostos não pode o Estado criar sanções políticas.[280] Isso porque a atividade tributária realizada pelo Estado possui limites. Esses limites podem não constar expressamente na legislação, mas são hauridos do Sistema Tributário Constitucional com a aplicação do princípio do Estado de Direito.

Com efeito, a atuação do Estado de Direito sempre esteve concentrada contra os movimentos arbitrários e medidas desproporcionais que porventura pudessem se voltar contra o cidadão. Dessa forma, os julgados do Supremo Tribunal Federal são capazes de demonstrar que o Estado de Direito desempenha função eficacial de defesa, evitando o arbítrio na seara tributária.

4.2.3.2.2. Função eficacial protetora

Há eficácia externa subjetiva pode, ainda, projetar-se de forma positiva na tributação, vale dizer, a função eficacial protetora resultante da aplicação do Princípio do Estado de Direito pode vir a resguardar os direitos fundamentais do contribuinte. Em verdade, essa proteção deve promover os direitos fundamentais na exata medida propugnada pelos cânones do Estado de Direito até aqui já destacados.

A função eficacial protetora é visualizada na jurisprudência do Supremo Tribunal Federal na proteção ao mínimo existencial, vedando tributação confiscatória,[281] assim como excluindo, de antemão, medidas inapropriadas segundo o Sistema Tributário Nacional.

4.3. ESTADO DE DIREITO ENQUANTO SOBREPRINCÍPIO

Há, na Constituição, ideais bastante amplos que podem consistir na conjugação de dois ou mais ideais de igual valia que, conjugados, são expressos numa única norma, a qual recebe, na doutrina, o nome de sobreprincípio.[282]

---

[279] ÁVILA, Humberto. *Sistema Constitucional Tributário*. São Paulo: Saraiva, 2004, p. 51.

[280] As súmulas nº 70, 323 E 547 DO STF cristalizam o entendimento da Corte contrário a utilização de sanções políticas. Pela atualidade da decisão, vale conferir a decisão proferida no RE 402.769/RS, Rel. Min. CELSO DE MELLO, j. 10.03.2005, DJ 06.04.2005

[281] RE 18976/SP, Rel. Min. BARROS BARRETO, 1ª Turma, j. 02.10.1952, ADJ 26.11.1952, p. 14.653.

[282] AVILA, Humberto. *Sistema Constitucional Tributário*. p. 40; COUTO E SILVA, Almiro do. *Princípios da legalidade da Administração Pública e da segurança jurídica no Estado de Direito contemporâneo. in:* Revista de Direito Público n. 84, p. 46. CANOTILHO, José Joaquim Gomes. *Direito Constitucional e Teoria da*

De efeito, a norma constitucional estudada neste ensaio possui dimensão normativa de sobreprincípio, na medida em que interage sobremaneira com outras normas, em especial com outros princípios constitucionais como verificados no capítulo 3. Na primeira parte da pesquisa ficou claro que o Estado de Direito tem o propósito de promover alguns objetivos consagrados pela Constituição Federal (capítulos 1 e 2) e que individualmente considerados se constituem em normas autônomas. A diferença é que por idealizar um estado de coisas mais amplo e abrangente, incorpora cada ideal menor contido nos princípios que lhe compõem para formar o todo. Vale dizer, os valores contidos nos subprincípios integram o sobreprincípio, colaborando na construção do significado desta norma.

4.3.1. Função eficacial rearticuladora

Resulta que, dentre as funções do sobreprincípio, além daquela emanada do seu núcleo fundamental e que nenhuma outra norma pode substituir, é possível identificar a função de articulação entre os princípios que lhe constituem. Aduz Humberto Ávila que: "Exatamente por isso, o princípio mais amplo exerce influência na interpretação e aplicação do princípio mais restrito. Daí denominar-se o princípio, cujo ideal é mais amplo, de sobreprincípio e o princípio, cujo ideal unidirecional é mais restrito, de subprincípio".[283]

No entanto, o sobreprincípio do Estado de Direito não se constitui simplesmente na soma de outros valores insertos nas normas antes explicitadas. Como e enquanto sobreprincípio, exerce função rearticuladora, sistematizadora e interpretativa frente às demais normas do ordenamento, conferindo coerência,[284] unidade e certeza ao discurso jurídico. De efeito, Robert Alexy define que a pretensão à correção, estabelecida por determinadas condições limitadoras, revela-se em argumento racionalmente justificável.[285] Em outras palavras, Alexy pretende sustentar que, levando-se em conta os limites e condições impostos pela lei e pelo Direito, a busca

---

Constituição. 7 ed. Coimbra: Almedina, 2003, p. 255. Embora Canotilho não refira expressamente a palavra sobreprincípio, é possível extrair a função articuladora do seu pensamento.

[283] AVILA, Humberto. *Sistema Constitucional Tributário.* p. 40.

[284] Peczenick rivaliza com Aarnio a definição de coerência: "I agree. And I wonder whether Aulis Aarnio is not too radical when concluding 'that the legal truth is much smoother matter than corresponce. It is coherence. I would rather say: Legal truth is corresponce, legal justification is coherence. Legal justification does not rest in evidence foundations. PECZENICK, Aleksander. *Second Thoughts on Coherence and Juristic Knowledge.* Texto da internet, acessado em 08.09.2005 no *site*: http://peczenick.ivr2003.net.

[285] ALEXY, Robert. *Theory of Legal Argumentation. The Theory of Rational Discourse as Theory of Legal Justification.* Trad. Ruth Adler e Neil MacCormick. Oxford: Claredon Press, 1989, p. 16.

pela correção exigida pelo sobreprincípio do Estado de Direito torna o discurso racionalmente justificável.[286]

Assim, o sobreprincípio do Estado de Direito opera com eficácia articuladora na argumentação jurídica, já que desempenha essencial função de "racionalização" da estrutura estatal.[287] O imbricamento de normas que o princípio articula tende a atender os postulados da unidade e coerência substancial pregados pela Constituição Federal.[288]

Como se observará a seguir, o princípio exercerá função articuladora de suporte aos princípios formais (limitações formais ao poder de tributar), assim como exercerá função articuladora de suporte, quanto de justificação recíproca dos princípios materiais (limitações materiais e limitações de segunda ordem ao poder de tributar).[289]

A função articuladora de suporte é indicada pela própria Constituição que atribui funções mais amplas ao sobreprincípio do Estado de Direito (princípio fundamental da República Federativa do Brasil) e, de outro lado, incumbe funções mais específicas a outras normas. Todavia, essa relação não é unidirecional, vale dizer, não há articulação apenas do Estado de Direito sobre os demais princípios (dedução). Há influxo dos subprincípios no Estado de Direito (indução), o que por certo será demonstrado na segunda parte do trabalho.

---

[286] Traçando um paralelo entre a Constituição brasileira e a Lei Fundamental alemã, pode-se pugnar pela aplicabilidade da afirmação de Alexy ao nosso ordenamento jurídico. Segundo o autor: "This claim matches the precept in Article 20, paragraph 3 of the Constitution (*Grundgesetz*) under wich every act of adjudication is subjected to 'legislation and the rule of law". ALEXY, Robert. *Theory of Legal Argumentation. The Theory of Rational Discourse as Theory of Legal Justification*. Trad. Ruth Adler e Neil MacCormick. Oxford: Claredon Press, 1989, p. 16.

[287] CANOTILHO, José Joaquim Gomes. *Direito Constitucional e Teoria da Constituição*. 7 ed. Coimbra: Almedina, 2003, p. 255.

[288] RE nº 107.869/SP, Rel. Min. CÉLIO BORJA, j. 23.08.1989, DJU 21.08.1992; ADI-MC nº 2.010/DF, Rel. Min. Celso de Mello, j. 30.09.1999, DJU 12.04.2002.

[289] ÁVILA, Humberto. *Sistema Constitucional Tributário*. São Paulo: Saraiva, 2004, p. 62-3.

Parte II

Estado de Direito
como limitação ao poder de tributar

5. Estado de Direito no Sistema Constitucional Tributário

A partir das conclusões elaboradas na primeira parte do trabalho, que se preocuparam em reconstruir o sentido do Estado de Direito ao longo da história constitucional brasileira, bem como propor um significado através da decomposição da cláusula constitucional em seus fundamentos e subprincípios, propõe-se desenvolver, na segunda parte, a ideia de norma limitadora ao poder de tributar. Reside aqui o encadeamento da primeira parte do trabalho com a segunda que está por iniciar. Ao chegar às conclusões preliminares sobre o princípio do Estado de Direito e sua eficácia normativa autônoma, verifica-se absoluta identidade com as limitações ao poder de tributar. É, como sustenta Aliomar Baleeiro:

> A defesa do sistema tributário e do próprio regime político do país processa-se por um conjunto de limitações ao poder ativo de tributar. Delas, o mais importante por suas implicações políticas e jurídicas, é o da legalidade dos tributos. Em regra geral, essas limitações se endereçam ao poder ativo de tributar.[290]

Esta é inclusive a posição encontrada na jurisprudência do Supremo Tribunal Federal. Os julgados referem que o poder conferido ao Estado para tributar está jungido aos limites impostos pelos modelos jurídicos positivados no texto da Constituição Federal. Pela riqueza de detalhes, vale transcrever excerto do voto do Min. Celso de Mello:

> O exercício do poder tributário, pelo Estado, submete-se, por inteiro, aos modelos jurídicos positivados no texto constitucional que, de modo explícito ou implícito, institui em favor dos contribuintes decisivas limitações a competência estatal para impor e exigir, coativamente, as diversas espécies tributarias existentes. Os princípios constitucionais tributários, assim, sobre representarem importante conquista político-jurídica dos contribuintes, constituem expressão fundamental dos direitos individuais outorgados aos particulares pelo ordenamento estatal. Desde que existem para impor limitações ao poder de tributar do Estado, esses postulados tem por destinatário exclusivo o poder estatal, que se submete a imperatividade de suas restrições. – o princípio da irretroatividade da lei tributaria deve ser visto e interpretado, desse modo, como garantia constitucional instituída em favor dos sujeitos passivos da atividade estatal no campo da tributação. Trata-se, na realidade, a semelhança dos demais

---
[290] BALEEIRO, Aliomar. *Limitações Constitucionais ao Poder de Tributar*. 7 ed. Rio de Janeiro: Forense, 1998, p. 2.

postulados inscritos no art. 150 da carta política, de princípio que – por traduzir limitação ao poder de tributar – e tão-somente oponível pelo contribuinte a ação do estado. – em princípio, nada impede o poder público de reconhecer, em texto formal de lei, a ocorrência de situações lesivas a esfera jurídica dos contribuintes e de adotar, no plano do direito positivo, as providencias necessárias a cessação dos efeitos onerosos que, derivados, exemplificativamente, da manipulação, da substituição ou da alteração de índices, hajam tornado mais gravosa a exação tributaria imposta pelo Estado. A competência tributaria da pessoa estatal investida do poder de instituir espécies de natureza fiscal abrange, na latitude dessa prerrogativa jurídica, a possibilidade de fazer editar normas legais que, beneficiando o contribuinte, disponham sobre a suspensão ou, até mesmo sobre a própria exclusão do crédito tributário.[291]

Como visto, desde as primeiras manifestações constitucionais, o Estado de Direito surge como limitação jurídica ao Estado. Essa constatação não é nova, tendo sido construída ao longo dos anos como demonstrado no desenvolvimento do trabalho por meio do criterioso exame das proposições doutrinárias, bem assim das decisões do Supremo Tribunal Federal. Parte-se, como referido, da noção de Estado de Direito como limitação jurídica ao poder estatal a fim de preservar direitos fundamentais no campo do Direito Tributário. Isso porque, por essência, o Direito Tributário foi constituído no sentido de restringir o arbítrio na competência tributária, bem como proteger inicialmente os direitos de primeira geração, vale dizer, propriedade, liberdade e segurança jurídica.

Chegada a hora, pois, de identificar o alcance do Estado de Direito como limitação ao poder estatal e especificar como e quando tal norma interage no sistema constitucional tributário. A partir dos próximos capítulos, o Estado de Direito será analisado em cotejo com normas consagradas como limitações ao poder de tributar. Buscar-se-á demonstrar a relação que cada norma mantém com o Estado de Direito e qual o seu papel na aplicação ao caso concreto.

Assim, não se pretende esgotar temas demasiadamente amplos que mereceriam cada um por si só uma dissertação de mestrado. Esse trabalho não versa sobre a legalidade tributária, tampouco anterioridade, irretroatividade e assim por diante. Em verdade, busca-se identificar a importância do Estado de Direito no Sistema Constitucional Tributário, demonstrando ao mesmo tempo a sua eficácia normativa autônoma (capítulo 4) e eficá-

---

[291] "Ação direta de inconstitucionalidade – lei n. 8.200/91 (arts. 3. E 4.) – correção monetária das demonstrações financeiras das pessoas jurídicas – reflexo sobre a carga tributária sofrida pelas empresas em exercícios anteriores – a questão das limitações constitucionais ao poder de tributar (titularidade, alcance, natureza e extensão) – "periculum in mora" não configurado, especialmente em face das medidas de contracautela instituídas pela lei n. 8.437/92 – suspensão liminar da eficácia das normas impugnadas indeferida por despacho do relator. Decisão referendada pelo plenário do Supremo Tribunal Federal. – controvérsia jurídica em torno do tema delineada nas informações prestadas pela presidência da republica". (ADI-MC 712/DF, Rel. Min. CELSO DE MELLO, j. 07.10.1992, DJU 19.02.1993, p. 2032)

cia normativa combinada com as demais normas que se propõe comparar (eficácia articuladora).

A doutrina, há muito tempo, classifica as limitações impostas pelo Direito ao poder estatal, fixando em cada espécie os lindes do seu exercício, assim como as diferentes formas pelas quais o poder é limitado.[292] De antemão, é possível agrupar os efeitos do princípio do Estado de Direito em dois grandes grupos de limitações a saber: limitações formais, materiais. Como adiante se demonstrará é possível identificar o Estado de Direito ora estabelecendo procedimentos ou formas como condição do exercício do poder de tributar, ora sindicando o próprio conteúdo do ato estatal. Vislumbra-se ainda o Estado de Direito atuando sobre outras normas, regulando o método de aplicação de outras normas. A seguir, cada um desses grupos serão melhor definidos para boa compreensão dos próximos capítulos.

5.1. LIMITAÇÃO DE ORDEM FORMAL E LIMITAÇÃO DE ORDEM MATERIAL

A identificação de elementos de ordem formal, bem com de ordem material foi percebida por Canotilho. Sustenta que de acordo com o Estado de Direito ambos os elementos devem ser conjugados para a "profunda imbricação entre forma e conteúdo no exercício de actividades do poder público ou de entidades dotadas de poderes públicos".[293] O reconhecimento de tal distinção (material e formal) não deve e não pode significar em desacerto com relação aos propósitos, devendo tanto limitações formais, quanto materiais apontarem para mesma direção.[294]

As limitações ao poder de tributar atuam muitas vezes na imposição de condições ao exercício de competência, definindo procedimentos ou, ainda, ditando a forma como pode ser exercido o poder tributário.[295] Essas referidas limitações podem tanto impor restrições com relação à forma correta para ser celebrado determinado ato ou procedimento, assim como podem também criar limites temporais para o exercício de direitos, conforme será tratado no capítulo subsequente.

---

[292] O autor italiano refere em sua obra que "quando um órgão superior atribui a um órgão inferior um poder normativo, não lhe atribui um poder ilimitado. Ao atribuir esse poder, estabelece também os limites dentre os quais pode ser exercido. Assim como o exercício do poder de negociação ou o do poder jurisdicional são limitados pelo Poder Legislativo, o exercício do Poder Legislativo é limitado pelo poder constitucional". BOBBIO, Norberto. *Teoria do ordenamento jurídico*. 5 ed. trad. Maria Celeste Santos. Brasília: Editora UnB, 1994, p. 52.

[293] CANOTILHO, José Joaquim Gomes. *Direito Constitucional e Teoria da Constituição*. 7 ed. Coimbra: Almedina, 2003, p. 254.

[294] Idem.

[295] ÁVILA, Humberto. *Sistema Constitucional Tributário*. São Paulo: Saraiva, 2004, p. 74.

A distinção recolhida da doutrina tem aceitação na jurisprudência do Supremo Tribunal Federal que reconhece limitações materiais e limitações formais.[296] Com efeito, a classificação foi largamente debatida e ventilada no julgamento das ações diretas de inconstitucionalidade apresentadas contra a reforma da previdência. Exemplificativamente, no voto da Min. Ellen Gracie, constam algumas limitações que a Ministra tratou de atribuir ao caso concreto chamando-as de limitações materiais.[297]

As limitações materiais ou substanciais, por sua vez, dizem respeito ao conteúdo do ato, interferem na sua essência. Como se relacionam com

---

[296] No julgamento da Medida Cautelar que visava atribuir efeito ativo à ação declaratória de constitucionalidade que buscava declarar a constitucionalidade da contribuição previdenciária de servidores públicos, o Supremo ressaltou que a instituição de tributos deve necessariamente respeitar limitações formais e materiais que regem o exercício da competência. ADC-MC 8/DF, Pleno, Rel. Min. CELSO DE MELLO, j. 13.10.1999, DJU 04.04.2003,

[297] "1. Inconstitucionalidade. Seguridade social. Servidor público. Vencimentos. Proventos de aposentadoria e pensões. Sujeição à incidência de contribuição previdenciária. Ofensa a direito adquirido no ato de aposentadoria. Não ocorrência. Contribuição social. Exigência patrimonial de natureza tributária. Inexistência de norma de imunidade tributária absoluta. Emenda Constitucional nº 41/2003 (art. 4º, caput). Regra não retroativa. Incidência sobre fatos geradores ocorridos depois do início de sua vigência. Precedentes da Corte. Inteligência dos arts. 5º, XXXVI, 146, III, 149, 150, I e III, 194, 195, caput, II e § 6º, da CF, e art. 4º, caput, da EC nº 41/2003. No ordenamento jurídico vigente, não há norma, expressa nem sistemática, que atribua à condição jurídico-subjetiva da aposentadoria de servidor público o efeito de lhe gerar direito subjetivo como poder de subtrair ad aeternum a percepção dos respectivos proventos e pensões à incidência de lei tributária que, anterior ou ulterior, os submeta à incidência de contribuição previdencial. Noutras palavras, não há, em nosso ordenamento, nenhuma norma jurídica válida que, como efeito específico do fato jurídico da aposentadoria, lhe imunize os proventos e as pensões, de modo absoluto, à tributação de ordem constitucional, qualquer que seja a modalidade do tributo eleito, donde não haver, a respeito, direito adquirido com o aposentamento. 2. Inconstitucionalidade. Ação direta. Seguridade social. Servidor público. Vencimentos. Proventos de aposentadoria e pensões. Sujeição à incidência de contribuição previdenciária, por força de Emenda Constitucional. Ofensa a outros direitos e garantias individuais. Não ocorrência. Contribuição social. Exigência patrimonial de natureza tributária. Inexistência de norma de imunidade tributária absoluta. Regra não retroativa. Instrumento de atuação do Estado na área da previdência social. Obediência aos princípios da solidariedade e do equilíbrio financeiro e atuarial, bem como aos objetivos constitucionais de universalidade, equidade na forma de participação no custeio e diversidade da base de financiamento. Ação julgada improcedente em relação ao art. 4º, caput, da EC nº 41/2003. Votos vencidos. Aplicação dos arts. 149, caput, 150, I e III, 194, 195, caput, II e § 6º, e 201, caput, da CF. Não é inconstitucional o art. 4º, caput, da Emenda Constitucional nº 41, de 19 de dezembro de 2003, que instituiu contribuição previdenciária sobre os proventos de aposentadoria e as pensões dos servidores públicos da União, dos Estados, do Distrito Federal e dos Municípios, incluídas suas autarquias e fundações. 3. Inconstitucionalidade. Ação direta. Emenda Constitucional (EC nº 41/2003, art. 4º, § único, I e II). Servidor público. Vencimentos. Proventos de aposentadoria e pensões. Sujeição à incidência de contribuição previdenciária. Bases de cálculo diferenciadas. Arbitrariedade. Tratamento discriminatório entre servidores e pensionistas da União, de um lado, e servidores e pensionistas dos Estados, do Distrito Federal e dos Municípios, de outro. Ofensa ao princípio constitucional da isonomia tributária, que é particularização do princípio fundamental da igualdade. Ação julgada procedente para declarar inconstitucionais as expressões "cinquenta por cento do" e "sessenta por cento do", constante do art. 4º, § único, I e II, da EC nº 41/2003. Aplicação dos arts. 145, § 1º, e 150, II, cc. art. 5º, caput e § 1º, e 60, § 4º, IV, da CF, com restabelecimento do caráter geral da regra do art. 40, § 18. São inconstitucionais as expressões "cinquenta por cento do" e "sessenta por cento do", constantes do § único, incisos I e II, do art. 4º da Emenda Constitucional nº 41, de 19 de dezembro de 2003, e tal pronúncia restabelece o caráter geral da regra do art. 40, § 18, da Constituição da República, com a redação dada por essa mesma Emenda". (ADI 3128/DF, Rel. Min. ELLEN GRACIE, Rel. p/ Acórdão: Min. CEZAR PELUSO, j. 18.08.2004, DJU 18.02.2005, p. 4.)

as normas que estabelecem a competência, mantém uma relação de adequação do exercício do poder de tributar com o conteúdo do texto constitucional e os bens jurídicos por ele tutelados.[298]

5.2. LIMITAÇÃO DE SEGUNDA ORDEM

Existe, ainda, classificação entre limitações de primeira ordem e limitações de segunda ordem, conforme leciona Humberto Ávila. As limitações de primeira ordem são aquelas instituídas por regras ou princípios que prescrevem uma conduta a ser seguida ou observada. Situam-se essas limitações no nível de aplicação do Direito, incidindo diretamente sobre o caso concreto.[299]

De outra banda, as limitações de segunda ordem são geradas por metanormas que atuam na forma de aplicação das limitações de primeiro grau. Tais limitações dificilmente são encontradas de forma isolada na jurisprudência, já que agem sempre sobre outras normas que tutelam os interesses dos contribuintes.

Assim, considerando que o princípio do Estado de Direito pode agir sobre a aplicação de outras normas com o fim específico de rearticular os elementos normativos, necessário analisá-lo também sob esse prisma, examinando a forma como atua quando erigido ao status de limitação de segundo grau.

---

[298] ÁVILA, Humberto. *Sistema Constitucional Tributário*. São Paulo: Saraiva, 2004, p. 78.
[299] Idem.

6. Estado de Direito e limitações de ordem formal

6.1. ESTADO DE DIREITO E DEVIDO PROCESSO LEGAL

A garantia do devido processo legal tem reconhecida aplicação no âmbito do Direito Processual, assegurando aos litigantes um processo adequado e justo.[300] No âmbito do Direito Administrativo, a referida garantia tem idêntica importância, assegurando práticas e atos obedientes ao procedimento previamente estabelecido. Tem o propósito de garantir que a Administração, "não poderá proceder contra alguém passando diretamente à decisão que repute cabível, pois terá, desde logo, o dever jurídico de atender ao contido nos mencionados versículos constitucionais".[301]

O Direito Tributário não fica a descoberto da proteção do devido processo legal, quando se sustenta que o processo administrativo tributário sofre a incidência da referida garantia.[302] Não somente o procedimento administrativo necessita do devido processo legal, como todos os atos da administração devem necessariamente atender aos procedimentos previamente instaurados para formação do ato. Como adverte Humberto Ávila, o conteúdo normativo do devido processo legal impõe certas exigências na cobrança de tributos "especialmente no que se refere à autoridade competente, às informações a serem exigidas, à fundamentação e aos limites".[303]

---

[300] Por todos, conferir Calmon de Passos que associa o devido processo legal à liberdade do homem, dizendo: "O fundamento do Princípio do Devido Processo Legal, e assim dos outros, que, num processo sistemático dão condições de se constituir no Estado um eficaz conduto para se buscarem justas soluções para os diversos conflitos, está ancorado numa idéia muito mais ampla, que é a liberdade do homem". CALMON DE PASSOS, José Joaquim. *Advocacia – O direito de recorrer a justiça. In:* Revista de Processo nº 10, 1978, p. 33.
[301] MELLO, Celso Antonio Bandeira de. *Curso de Direito Administrativo.* 19 ed. São Paulo: Malheiros, 2005, p. 103.
[302] Tanto a Lei nº 9874/95 que regula os procedimentos administrativos da Administração Federal, quanto o Decreto nº 70.235/72 que impõe ritos e requerimentos a serem adequados ao Direito.
[303] ÁVILA, Humberto. *Sistema Constitucional Tributário.* São Paulo: Saraiva, 2004, p. 116.

O Supremo Tribunal Federal, em recente julgamento, assentou que a garantia do "fair trial" é ínsita ao Estado Democrático de Direito,[304] permitindo distingui-lo do Estado Policial. A Corte define o mínimo normativo do devido processo legal substantivo, expondo que "a essência do *substantive due process of law* reside na necessidade de proteger os direitos e as liberdades das pessoas contra qualquer modalidade de legislação que se revele opressiva ou destituída do necessário coeficiente de razoabildidade".[305] O Min. Celso de Mello, na trilha do excerto antes referido, identifica na cláusula constitucional do devido processo uma feição substantiva que age como limite à discricionariedade legislativa. Diz o Ministro que:

> Essa cláusula tutelar, ao inibir os efeitos prejudiciais decorrentes do abuso de poder legislativo, enfatiza a noção de que a prerrogativa de legislar outorgada ao Estado constitui atribuição jurídica essencialmente limitada, ainda que o momento de abstrata instauração normativa possa repousar em juízo meramente político ou discricionário do legislador." (RTJ 176/578-580, Rel. Min. Celso de Mello, Pleno). De efeito, a jurisprudência do Supremo Tribunal Federal, como historia Celso de Mello, sempre foi firme em reconhecer limites ao exercício da atividade administrativa, conforme refere no voto proferido no RE nº : "A juris-

---

[304] "EXTRADIÇÃO E NECESSIDADE DE OBSERVÂNCIA DOS PARÂMETROS DO DEVIDO PROCESSO LEGAL, DO ESTADO DE DIREITO E DO RESPEITO AOS DIREITOS HUMANOS. CONSTITUIÇÃO DO BRASIL, ARTS. 5º, § 1º E 60, § 4º. TRÁFICO DE ENTORPECENTES. ASSOCIAÇÃO DELITUOSA E CONFABULAÇÃO. TIPIFICAÇÕES CORRESPONDENTES NO DIREITO BRASILEIRO. NEGATIVA DE AUTORIA. COMPETÊNCIA DO PAÍS REQUERENTE. COMPETÊNCIA DA JUSTIÇA BRASILEIRA PARA O JULGAMENTO DO CRIME DE ASSOCIAÇÃO DELITUOSA. IMPROCEDÊNCIA: DELITO PRATICADO NO PAÍS REQUERENTE. FALTA DE AUTENTICAÇÃO DE DOCUMENTOS. IRRELEVÂNCIA: DOCUMENTOS ENCAMINHADOS POR VIA DIPLOMÁTICA. PEDIDO DE EXTRADIÇÃO DEVIDAMENTE INSTRUÍDO. Obrigação do Supremo Tribunal Federal de manter e observar os parâmetros do devido processo legal, do estado de direito e dos direitos humanos. 2. Informações veiculadas na mídia sobre a suspensão de nomeação de ministros da Corte Suprema de Justiça da Bolívia e possível interferência do Poder Executivo no Poder Judiciário daquele País. 3. Necessidade de se assegurar direitos fundamentais básicos ao extraditando. 4. Direitos e garantias fundamentais devem ter eficácia imediata (cf. art. 5º, § 1º); a vinculação direta dos órgãos estatais a esses direitos deve obrigar o estado a guardar-lhes estrita observância. 5. Direitos fundamentais são elementos integrantes da identidade e da continuidade da constituição (art. 60, § 4º). 6. Direitos de caráter penal, processual e processual-penal cumprem papel fundamental na concretização do moderno estado democrático de direito. 7. A proteção judicial efetiva permite distinguir o estado de direito do estado policial e a boa aplicação dessas garantias configura elemento essencial de realização do princípio da dignidade humana na ordem jurídica. 8. Necessidade de que seja assegurada, nos pleitos extradicionais, a aplicação do princípio do devido processo legal, que exige o fair trial não apenas entre aqueles que fazem parte da relação processual, mas de todo o aparato jurisdicional. (...)"(Ext 986/BO, Rel. Min. EROS GRAU, Pleno, j. 15.08.2007, DJE 05.10.2007, p. 21)

[305] ADI-MC 1922/DF, Rel. Min. MOREIRA ALVES, Pleno, j. 06.10.1999, DJ 24.11.2000, p. 89. O viés substantivo das normas eminentemente procedimentais é defendido por Laurence Tribe quando refere que: "Much of the Constituion does indeed appear to address matters of procedure. Sometimes the subject is adjudicative process – the process due to individuals who become defendants in criminal or civil litigation or targets of administrative actions. Elsewhere, the Constitution focuses on *representative* process – including the process that governs the election of Congress, of the President, or of state representative bodies. That the subject in all these cases is procedure, however, is not to say that the meaning and purpose of the Constitution's prescriptions on each such subject are themselves merely procedural. There is no reason to suppose that 'constitutive' rules – rules defining the basic structure of political and legal relations – can or should be essentially neutral on matters of substantive values". TRIBE, Laurence H. *Constitutional Choices*. Cambridge: Harvard University Press, 1985, p. 11-2.

prudência dos Tribunais, por sua vez, especialmente a do Supremo Tribunal Federal, tem reafirmado a essencialidade desse princípio, nele reconhecendo uma insuprimível garantia, que, instituída em favor de qualquer pessoa ou entidade, rege e condiciona o exercício, pelo Poder Público, de sua atividade, ainda que em sede materialmente administrativa, sob pena de nulidade da própria medida restritiva de direitos, revestida, ou não, de caráter disciplinar (RDA 97/110 – RDA 114/142 – RDA 118/99 – RTJ 163/790, Rel. Min. CARLOS VELLOSO – AI 306.626/MT, Rel. Min. CELSO DE MELLO, "in" Informativo/STF nº 253/2002 – RE 140.195/SC, Rol. Min. ILMAR GALVÃO – RE 191.480/SC, Rel. Min. MARCO AURÉLIO – RE 199.800/SP, Rel. Min. CARLOS VELLOSO, v.g.).[306]

A interpretação do Supremo Tribunal Federal sobre o alcance da proteção conferida pelo Estado de Direito conjugado com o princípio do devido processo legal sofreu sensível evolução ao longo dos anos. A análise da exigência de depósito prévio para apresentação de recurso em procedimento administrativo é emblemática para demonstrar a mudança de posicionamento da Corte, bem assim o avanço no sentido de atribuir maior peso e importância ao referido princípio.

A Suprema Corte, durante muito tempo, firmou posição no sentido de que a exigência de pagamento de quantia significativa do débito discutido na via administrativa para que o recorrente pudesse levar a sua irresignação às instâncias administrativas superiores não feria a proteção ao devido processo prevista na Constituição.[307]

Verificou-se alteração no entendimento do Supremo a partir do julgamento da Medida Cautelar incidente na Ação Direta de Inconstitucionalidade que pretendia suspender a eficácia de dispositivo da Medida Provisória que alterava o Decreto nº 70.235, exigindo depósito prévio para recurso no procedimento administrativo tributário federal. O Pleno do Supremo Tribunal Federal suspendeu a eficácia do dispositivo atacado sob o fundamento que estaria sendo violado o princípio do devido processo

---

[306] RE nº 389383 / SP, Rel. Min. MARCO AURÉLIO, Pleno, j. 28.03.2007, DJU 29.06.2007, p. 31, fl. 44 do acórdão. No mesmo sentido, o trecho do voto do Min. Gilmar Mendes: "3. Direito de defesa ampliado com a Constituição de 1988. Âmbito de proteção que contempla todos os processos, judiciais ou administrativos, e não se resume a um simples direito de manifestação no processo. 4. Direito constitucional comparado. Pretensão à tutela jurídica que envolve não só o direito de manifestação e de informação, mas também o direito de ver seus argumentos contemplados pelo órgão julgador. 5. Os princípios do contraditório e da ampla defesa, assegurados pela Constituição, aplicam-se a todos os procedimentos administrativos. 6. O exercício pleno do contraditório não se limita à garantia de alegação oportuna e eficaz a respeito de fatos, mas implica a possibilidade de ser ouvido também em matéria jurídica. (...) 10. Mandado de Segurança deferido para determinar observância do princípio do contraditório e da ampla defesa (CF, art. 5º, LV)." (RTJ 191/922, Rel. p/ o acórdão Min. GILMAR MENDES)

[307] "Multa por degradação do meio ambiente. Exercida defesa previa à homologação do auto de infração, não padece de vício de inconstitucionalidade a legislação municipal que exige o depósito prévio do valor da multa como condição ao uso de recurso administrativo, pois não se insere, na Carta de 1988, garantia do duplo grau de jurisdição administrativa. Precedentes: ADI 1049, sessão de 18-5-95, RE 210.246, 12-11-97. Contrariedade não configurada, do disposto nos incisos XXXV, LIV e LV do art. 5º da Constituição. Recurso extraordinário de que, por esse motivo não se conhece". (RE 169077/MG, Rel. Min. OCTAVIO GALLOTTI, j. 05.12.1997, 1ª Turma, DJ, 27.03.1998, p. 18).

legal no seu sentido material.³⁰⁸ Memorável a passagem do voto do Min. Marco Aurélio que equipara a exigência do depósito a uma verdadeira coação política, tão contestada pela doutrina,³⁰⁹ incompatível com a ordem jurídica vigente, como refere:

> distingo na exigibilidade desse depósito, para que o contribuinte possa recorrer, uma verdadeira coação política, visando ao recebimento do tributo. Esse depósito, em última análise, implica recebimento parcial do tributo, já que fica à disposição da administração pública e não à disposição de um terceiro". Finaliza, dizendo que: "o Estado não pode dar com uma das mãos e tirar com a outra. A exigibilidade do depósito importa em dar com uma das mãos e tirar com a outra, e repito, quase sempre impede a própria continuidade da atividade.

O novo posicionamento se consolidou com o julgamento dos Recursos Extraordinários nº 390.513/SP e 389.383 pelo Pleno do Supremo Tribunal Federal dos quais foi relator o Min. Marco Aurélio.³¹⁰ A Corte revisou seu entendimento e passou a compreender que tal exigência contrasta com os cânones do Estado de Direito como se pode perceber no voto do Min. Joaquim Barbosa:

> A construção da democracia e de um Estado Democrático de Direito exige da Administração Pública, antes de mais nada, respeito ao princípio da legalidade, quer em juízo, quer nos procedimentos internos. Impossibilitar ou inviabilizar o recurso na via administrativa equivale a impedir que a própria Administração Pública revise um ato administrativo porventura ilícito. A realização do procedimento administrativo como concretização do princípio democrático e do princípio da legalidade fica tolhida, dada a natural dificuldade – para não dizer autocontenção – da Administração em revisar os próprios atos.³¹¹

---

³⁰⁸ ADI-MC 1922/DF, Rel. Min. MOREIRA ALVES, Pleno, j. 06.10.1999, DJ 24.11.2000, p. 89.

³⁰⁹ Hugo de Brito Machado, há muito, contesta a utilização de sanções políticas com propósitos exclusivamente arrecadatórios, *in verbis*: "São exemplos mais comuns de sanções políticas a apreensão de mercadorias em face de pequena irregularidade no documento fiscal que as acompanha, o denominada regime especial de fiscalização, a recusa de autorização para imprimir notas fiscais, a inscrição em cadastro de inadimplentes com as restrições daí decorrentes, a recusa de certidão negativa de débito quando não existe lançamento consumado contra o contribuinte, entre muitos outros. As sanções políticas são flagrantemente inconstitucionais, entre outras razões, porque: a) implicam indevida restrição ao direito de exercer atividade econômica, independentemente de autorização de órgãos públicos, assegurado pelo art. 170, parágrafo único, da vigente Constituição; e b) configuram cobrança sem o devido processo legal, com grave violação do direito de defesa do contribuinte, porque a autoridade que a este impõe a restrição não é a autoridade competente para apreciar se a exigência do tributo é ou não legal". MACHADO, Hugo de Brito. *Curso de Direito Tributário*. 22 ed. São Paulo: Malheiros, 2002, p. 451.

³¹⁰ Passará a ser analisado tão somente o acórdão proferido no RE n° 389383 / SP, Rel. Min. MARCO AURÉLIO, Pleno, j. 28.03.2007, DJU 29.06.2007, p. 31, já que o único disponibilizado na íntegra pelo Supremo Tribunal Federal no *site* www.stf.gov.br.

³¹¹ O voto do Min. Joaquim Barbosa encerra com a conclusão de que a garantia ao acesso às instâncias superiores atende aos ditames do Estado de Direito, *in verbis*: "Em conclusão, Senhora Presidente, entendo que a ampliação do acesso ao procedimento administrativo reforça, para usar termo de Jürgen Habermas, um "patriotismo constitucional" que desobstrui os canais representativos – um dos quais, a Administração – e, assim, fomenta a construção de um republicanismo fundado em civismo político balizador do Estado de Direito". RE n° 389383 / SP, Rel. Min. MARCO AURÉLIO, Pleno, j. 28.03.2007, DJU 29.06.2007, p. 31, fl. 19 do acórdão.

A proteção do Estado de Direito, através do princípio do devido processo legal, também é verificada nas manifestações do Supremo Tribunal que vedam sanções políticas com finalidade exclusivamente arrecadatória. Analisa-se, no caso, o Recurso Extraordinário que alegava violação às referidas normas por parte da Administração Tributária do Estado de Santa Catarina. No caso, o fisco catarinense exigia da empresa-contribuinte inadimplente a impressão de notas fiscais avulsas, vedando a confecção de talonário fiscal.[312] A Corte entendeu que a medida adotada por lei estadual feria a inteireza do sistema constitucional tributário que veda a adoção de tal sanção, quando a via correta para apuração do débito deveria ser o executivo fiscal.[313]

A vedação de sanções políticas na seara do Direito Tributário com o propósito apenas de realizar crédito tributário encontrou vedação do Supremo Tribunal Federal em decisão monocrática do Min. Celso de Mello que seguiu rigorosamente os precedentes recentes da Corte Suprema:[314]

> Sanções políticas no direito tributário. Inadmissibilidade da utilização, pelo poder público, de meios gravosos e indiretos de coerção estatal destinados a compelir o contribuinte inadimplente a pagar o tributo (SÚMULAS 70, 323 E 547 DO STF). Restrições estatais, que, fundadas em exigências que transgridem os postulados da razoabilidade e da proporcionalidade em sentido estrito, culminam por inviabilizar, sem justo fundamento, o exercício, pelo sujeito passivo da obrigação tributária, de atividade econômica ou profissional lícita. Limitações arbitrárias que não podem ser impostas pelo estado ao contribuinte em débito, sob pena de ofensa ao *substantive due process of law*. Impossibilidade constitucional de o Estado legislar de modo abusivo ou imoderado (RTJ 160/140-141 – RTJ 173/807-808 – RTJ 178/22-24). O poder de tributar – que encontra limitações essenciais no próprio texto constitucional, instituídas em favor do contribuinte – "não pode chegar à desmedida do poder de destruir" (MIN. OROSIMBO NONATO, RDA 34/132). A prerrogativa estatal de tributar traduz poder cujo exercício não pode comprometer a liberdade de trabalho, de comércio e de indústria do contribuinte. A significação tutelar, em nosso sistema jurídico, do "estatuto constitucional do contribuinte'". Doutrina. Precedentes. Recurso extraordinário conhecido e provido.

Idêntico posicionamento foi adotado no julgamento da Medida Cautelar na Ação Direta de Constitucionalidade que pretendia vedar o financiamento de campanhas eleitorais com contribuições de entidades sindicais.

---

[312] RE 413782/SC, Rel. Min. MARCO AURÉLIO, Pleno, j. 17.03.2005, DJU 03.06.2005, p. 4.

[313] Essa síntese pode ser conferida no excerto do voto do Min. Marco Aurélio: "Em Direito, o meio justifica o fim, mas não este, aquele. Recorra a Fazenda aos meios adequados à liquidação dos débitos que os contribuintes tenham, abandonando a prática de fazer justiça pelas próprias mãos, como acaba por ocorrer, levando a empresa ao caos, quando inviabilizada a confecção de blocos de notas fiscais". Na seguinte passagem do voto do Min. Celso de Mello há idêntica constatação: "O fato irrecusável, nesta matéria, como já evidenciado pela própria jurisprudência desta Suprema Corte, é que o Estado não pode valer-se de meios indiretos de coerção, convertendo-os em instrumentos de acertamento da relação tributária, para, em função deles – e mediante interdição ou grave restrição ao exercício da atividade empresarial, econômica ou profissional – constranger o contribuinte a adimplir obrigações fiscais eventualmente em atraso". RE 413782/SC, Rel. Min. MARCO AURÉLIO, Pleno, j. 17.03.2005, DJU 03.06.2005, p. 4, fls. 6 e 25 do acórdão.

[314] RE 402.769/RS, Rel. Min. CELSO DE MELLO, j. 10.03.2005, DJ 06.04.2005.

Assentou o Min. Sepúlveda Pertence que a "oponibilidade ao legislador do princípio constitucional da igualdade, que, somado à consagração explícita do princípio do devido processo legal, se traduz na exigência da razoabilidade das disposições legais e na proscrição da lei arbitrária", reconhecendo a inconstitucionalidade da norma infirmada.[315]

Como verificado, o Estado de Direito atua conjugado com o princípio do devido processo legal, pois, em primeiro lugar, a fiscalização tributária deve agir conforme o Direito e somente assim atenderá os cânones se estiver fundada em dispositivo legal. Em segundo lugar, deve observar o fim estabelecido pela norma, além de comprovar ser necessária e adequada a sua realização.[316]

Em síntese, a atuação do princípio do Estado de Direito como limitação formal impõe ao Estado não somente a obediência aos procedimentos previstos em lei. A atuação conjugada com o devido processo legal veda exigências ainda que positivadas, quando tais exigências se revelem arbitrárias. Consideram-se exigências arbitrárias aquelas destinadas a coação política ou com fins meramente arrecadatórios como ressalta a jurisprudência do Supremo Tribunal Federal.[317]

6.2. ESTADO DE DIREITO E LEGALIDADE

A exigência de cumprimento dos limites legais sempre foi considerada o aspecto mais proeminente do Estado de Direito, por vezes, associando, de forma equivocada, o princípio do Estado de Direito com o dever de apenas observar a legislação vigente.[318] Ronald Dworkin, por exemplo, apresenta duas concepções do Estado de Direito, sendo uma delas, a mais conservadora e ortodoxa, a chamada concepção "centrada no texto legal",

---

[315] ADI-MC 1076/DF, Rel. Min. SEPÚLVEDA PERTENCE, Pleno, j. 15.06.1994, DJU 07.12.2000, p.3.
[316] ÁVILA, Humberto. *Sistema Constitucional Tributário*. São Paulo: Saraiva, 2004, p. 117.
[317] Sobre a tema, vale transcrever excerto do voto do Min. César Peluso dada a pertinência: "O objetivo prático da norma parece ter sido o de forçar antecipação do recebimento dos créditos tributários, com base noutro pressuposto ou presunção, a de que a atuação administrativa do contribuinte é, via de regra, protelatória, como lembra ALBERTO XAVIER, ao comentar parecer que inspirou a restauração do sistema de depósitos recursais. Entendeu-se aí que a exigência "possibilitaria, de um lado, a agilização na realização dos valores em disputa, por inibir as irresignações meramente protelatórias, e de outro lado, fixaria considerável segurança quanto aos ingressos destes recursos nos cofres públicos (...). Em suma, a medida afasta manobras protelatórias em favor do ingresso de recursos nos cofres públicos". A tal papel não se presta, é óbvio, a instituição de requisito de admissibilidade recursal que, de sua natureza, deveria guardar relação com aspectos intrínsecos ou extrínsecos dessa classe de remédio jurídico ou, quem sabe, do próprio objeto da controvérsia, e não, servir a finalidades puramente arrecadatórias". RE nº 389383 / SP, Rel. Min. MARCO AURÉLIO, Pleno, j. 28.03.2007, DJU 29.06.2007, p. 31, fl. 33 do acórdão.
[318] CANOTILHO, José Joaquim Gomes. *Direito Constitucional e Teoria da Constituição*. 7 ed. Coimbra: Almedina, 2003, p. 256.

dizendo que "o poder do Estado nunca deve se exercido contra os cidadãos individuais, a não ser em conformidade com regras explicitamente especificadas num conjunto de normas públicas à disposição de todos".[319]

A percepção não é diversa no Direito Tributário, onde sustentam alguns que o princípio da legalidade é o mais importante para efeito de limitação ao poder de tributar.[320] Dentre outros, pode-se fazer referência a Aliomar Baleeiro que aponta a legalidade tributária como "o mais universal desses princípios",[321] assim como Geraldo Ataliba que propunha um princípio da rigidez tributária, destacando dentre outros aspectos que "sob o aspecto jurídico, continua mantida a rigidez porque, ainda nesta hipótese, está o legislador sujeito a expressa e completa ordenação, a qual não lhe deixa liberdade jurídica de ação que ultrapasse os limites da simples descrição legislativa".[322]

Em verdade, é inegável que a Sistema Tributário Brasileiro fez opção pela rigidez da ordem tributária, estabelecendo critérios e impondo limites expressos no próprio texto da Constituição.[323] A rigidez é uma característica que não se pode atribuir apenas a Constituição Federal de 1988, já que desde o texto de 1934 adota-se no Brasil um Sistema Constitucional rígido e pouco permeável.[324] Agrega-se, pois, o elemento da tradição para a perfeita compreensão do fenômeno.[325]

---

[319] DWORKIN, Ronald. *Uma questão de princípio*. Trad. Luis Carlos Borges. São Paulo: Martins Fontes, 2000, p. 6.

[320] ROTHMANN, Gerd. W. *O princípio da legalidade tributária. In:* Revista de Direito Mercantil, industrial, econômico e financeiro n 8, 1972, p. 70. Defende Gerd Rothmann que "colige-se que o princípio fundamental do Direito Tributário é o da legalidade dos tributos, que assim pode ser formulado: não haverá tributo sem lei que o institua. Em vista da analógica deste princípio com aquele que rege o Direito Penal, costuma-se dizer, parafraseando o aforismo de Feuerbach: *nullum tributum sine lege.*".

[321] BALEEIRO, Aliomar. *Direito Tributário Brasileiro*. 11 ed. Rio de Janeiro: Forense, 2003, p. 90.

[322] ATALIBA, Geraldo. *Sistema Constitucional Tributário Brasileiro*. São Paulo: RT, 1968, p. 30.

[323] Laurent Fonbaustier faz interessante reflexão critica sobre princípio de textura aberta no sistema tributário francês e traça importantes limites a discriminação em matéria tributária, o que considera uma ameaça à isonomia. Sustenta que a liberdade do legislador é limitada e algumas discriminações são absolutamente vedadas, *in verbis*: "La liberté du legislateur doit toujours être comprise en relation avec l'experience du respect des principes constitutionnels. Quelle que soit sa latitude d'action, l'egalité dans la loi lui imposera toujours des restrctions 'non négociables'. Les discrimination opérées ne devront en effet jamais contrevenir aux dispositions de l'article 1er précité de la constitution. Elles ne sauraient donc, explicitement ou implicitement, favoriser par l'impôt des catégories de personnes à raison de leur race, de leur origine, de leurs religions ou croyances". FONBAUSTIER, Laurent. *Réflexions critiques sur um príncipe à texture ouverte: l'égalité devant l'impôt. In:* Archives du philosophie du droit n. 46, p. 90, 2006.

[324] A constatação é feita por Geraldo Ataliba: "Da contemplação do sistema formado por esse diploma constitucional [Constituição de 1934], vê-se que, pela primeira vez, em todo o mundo, estrutura-se um sistema constitucional tributário rígido e inflexível que ao legislador ordinário não deixa margem alguma de discrição ou liberdade". ATALIBA, Geraldo. *Sistema Constitucional Tributário Brasileiro*. São Paulo: RT, 1968, p. 61.

[325] GADAMER, Hans-Georg. *Verdade e método I.. Traços fundamentais de uma hermenêutica filosófica*. 6 ed. trad. Flávio Paulo Meurer. Petrópolis: Vozes, 1997, p. 270-3. BORGES, José Souto Maior. *Hermenêutica histórica no Direito Tributário. in* Revista Tributária e de Finanças Públicas n. 31, p. 120.

Ocorre que, como dito antes, a presente investigação não tem o propósito de analisar as limitações ao poder de tributar separadamente. Considerando que a proposta deste ensaio é analisar o princípio do Estado de Direito e suas respectivas eficácias, cada limitação será enfocada na relação que mantém com a cláusula do Estado de Direito.

A premissa é a de que o princípio do Estado de Direito possui uma eficácia autônoma que agrega valor e conteúdo à regra constitucional da legalidade tributária. Com efeito, não resta dúvida alguma que o legislador para instituir ou aumentar qualquer exação precisará instaurar processo legislativo. Essa conclusão seria suficientemente extraída por meio da simples leitura do artigo 150, I, da Constituição Federal.

A problemática reside naqueles casos em que a regra do artigo 150, I, da Constituição Federal é insuficiente para resolver o problema, demandando a aplicação de outras normas para solucionar a controvérsia. É na resolução de discussões desse quilate que se impõe a aplicação do Princípio do Estado de Direito carregado do conteúdo semântico examinado nos capítulos antecedentes (fundamentos e subprincípios).

O enfoque se divide em dois aspectos, a saber: reserva de lei e legalidade da administração tributária. Num primeiro momento, discute-se a exigência de lei prévia para exigir e cobrar tributos, cotejando com o problema de ausência de lei prévia completa e escorreita, demandando o enfrentamento da questão envolvendo a tese do legislador negativo. Num segundo instante, analisa-se a ausência de previsão legal sobre determinado aspecto da tributação. Não se trata de ausência de lei, mas sim de lacuna na norma. O problema envolve a questão da analogia em sede tributária.

Dentro da visão acima referida da norma da legalidade tributária, há aquela eficácia que parte da doutrina prefere chamar de reserva de lei que condiciona "as intervenções onerosas na esfera jurídica do indivíduo à existência de lei formal, isto é, emanada do poder legislativo".[326] Esse viés, pressupõe, uma pré-compreensão dos fundamentos e subprincípios do Estado de Direito que impõem a um só tempo participação popular (consenso) decorrente da cidadania, observância da constitucional separação de poderes e competência legislativa. Como refere Hugo de Brito Machado, "o tributo deve ser consentido, vale dizer, aprovado pelo povo, seus representantes nos parlamentos".[327]

A questão foi levada ao Supremo Tribunal Federal através de Recurso Extraordinário manejado pela União Federal contra acórdão que ampliou

---

[326] ROTHMANN, Gerd. W. *O princípio da legalidade tributária*. In: Revista de Direito Mercantil, industrial, econômico e financeiro n 8, 1972, p. 71.

[327] MACHADO, Hugo de Brito. *Os princípios jurídicos da tributação na Constituição de 1988*. 4 ed. São Paulo: Dialética, 2001, p. 17. DIFINI, Luiz Felipe Silveira. *Manual de Direito Tributário*. 3 ed. São Paulo: Saraiva, 2006, p. 73

as hipóteses de isenção previstas em Decreto-Lei. A Corte deu provimento ao recurso, dizendo que a ampliação das hipóteses de isenção consistiria em atuação do Poder Judiciário como legislador positivo, criando situações isencionais não previstas pelo legislador.[328] A vedação à edição de regulamentos e ou decretos do Poder Executivo que extrapolam a exigência de lei prévia é também assegurada pelo Supremo Tribunal Federal. Refere o Supremo que "sem lei estadual que a estabelece, é ilegítima a cobrança do imposto de circulação de mercadorias sobre o fornecimento de alimentação e bebidas em restaurantes ou estabelecimentos similar".[329]

Por fim, há o problema envolvendo tributação mediante lei lacunosa.[330] Num primeiro momento, poder-se-ia sustentar que a edição de lei prévia teria atendido o dever de legalidade tributária imposto pelo ordenamento jurídico. Contudo, o Supremo Tribunal Federal, reiteradamente, rechaça o uso da analogia em sede de Direito Tributário.[331] De efeito, a jurisprudência do Supremo e a doutrina majoritária sustentam que o uso da analogia é vedado para a instituição ou majoração de tributos.[332]

Em julgamento sobre a taxatividade da lista de serviços do Imposto sobre Serviço de Qualquer Natureza (ISSQN), o Supremo Tribunal Federa, por diversas vezes, posicionou-se pela vedação de ampliação analógica.[333]

Em síntese, pode-se concluir, provisoriamente, que o princípio do Estado de Direito emana eficácia própria na discussão envolvendo a interpretação e alcance da legalidade tributária, devendo ser considerado pelo intérprete o dever de limitação jurídica do Estado através dos preceitos de cidadania e separação de poderes, corolários do Estado de Direito. A lega-

---

[328] RE 188951/SP, Rel. Min. MAURICIO CORRÊA, 2º Turma, j. 16.05.1995, DJU 16.05.1995, p. 29.585.

[329] RE 78871/SP, Rel. Min. ANTONIO NEDER, 1ª Turma, j. 19.04.1977, DJU 06.05.1977, RTJ v. 81-3, p. 787.

[330] John Ward identifica quatro problemas no Reino Unido: (1) a ambiguidade semântica, (2) indeterminação semântica; (3) generalidade e indeterminação e (4) conflito entre a terminologia da lei e a intenção do legislador. No entendimento do autor: "Si può affermare che l'attività di interpretazione delle norme del Regno Unito riflete um insieme di presunzioni relative all'intenzione del Parlamento (in generale, nel significato descritto più sopra). La prima presunzione, che è anche la più forte, è quella che assegna importanza predominante al 'significato ordinario' della lettera della legge. Questa presunzione esprime l'idea (discussa più sopra) secondo cui si deve cercare di chiarire il significato delle parole effettivamente inteso dal legislator; collegata a cio è la presunzione, che deriva da 'senso comune', secondo la qual il legislatore utilizza il linguaggio in modo attento ed ortodosso. WARD, John. *L'interpretazione delle norme tributarie e gli effetti sugli uffici e sui contribuenti nel Regno Unito. In:* Rivista di diritto finanziario e scienza delle finanze, v. 54, p. 77, 1995.

[331] RE 182314/SP, Rel. Min. FRANCISCO REZEK, 2ª Turma, j. 21.02.1995, DJU 18.08.1995, p. 24980. RE 80386/SP, Rel. Min. ALIOMAR BALEEIRO, 1ª Turma, j. 04.03.1975, DJU 04.04.1975.

[332] TORRES, Ricardo Lobo. *Normas de interpretação e integração do Direito Tributário.* 3 ed. Rio de Janeiro: Renovar, 2000, p. 119. WARD, John. *L'interpretazione delle norme tributarie e gli effetti sugli uffici e sui contribuenti nel Regno Unito. In:* Revista di diritto finanziario e scienza delle finanze, v. 54, p. 73-105, 1995.

[333] RE 114354/RJ, Rel. Min. CARLOS MADEIRA, 2ª Turma, j. 06.11.1987, DJU 04.12.1987, p. 27644. É bem verdade que o Supremo Tribunal Federal já se valeu da analogia para ampliar a lista de serviços do ISS: RE 87931, Rel. Min. XAVIER DE ALBUQUERQUE, 1ª Turma, j. 20.02.1979, DJU 23.08.1979, p. 2102.

lidade sob o influxo do princípio do Estado de Direito exige a observância da reserva legal e atendimento dos parâmetros fixados em lei (função eficacial bloqueadora). Em outras palavras, não pode ser exigido tributo sem que a lei previamente tenha sido editada em todos os seus pormenores, sendo vedada a aplicação subsidiária de outras normas veiculadas em decretos, portarias, instruções normativas, etc.

6.3. ESTADO DE DIREITO E IRRETROATIVIDADE

O Estado de Direito sempre preservou determinados bens jurídicos tais como a liberdade, a propriedade e, principalmente, a segurança, como visto ao longo da história resgatada na primeira parte deste ensaio. A garantia de previsibilidade e certeza sempre foi preocupação desde a versão liberal do Estado de Direito e se manifestou através de regras vedando a retroação de leis novas.[334] O estudo da Corte Constitucional Alemã proporcionou igual conclusão a Luis Afonso Heck que refere: "Do Princípio do Estado de Direito mesmo deixam-se desenvolver preceitos jurídicos, como, v.g. a proibição de leis retroativas onerosas, o preceito da proporcionalidade, a solução da relação tensa entre certeza jurídica e Justiça no caso concreto e o preceito da mais completa proteção jurídica possível".[335] Sustenta, o mesmo autor, que os valores da certeza, previsibilidade, estabilidade e calculabilidade do Direito geram desejável confiança do cidadão nos atos da administração pública, bem assim na legislação produzida pelo Estado.[336]

---

[334] Leandro Paulsen aduz que: "com a submissão do poder político à lei e, posteriormente, à Constituição, de modo a garantir o seu exercício sem arbítrio, em conformidade com a vontade popular, como instrumento e em benefício da sociedade, tem-se a extensão desta idéia de segurança também às relações com o Estado, traduzida na idéia de Estado de Direito, nas suas diversas concepções, ou na noção de supremacia do Direito". PAULSEN, Leandro. *Segurança jurídica, certeza do Direito e Tributação*. Porto Alegre: Livraria do Advogado, 2006, p. 33.

[335] HECK, Luís Afonso. *O Tribunal Constitucional Federal e o Desenvolvimento dos Princípios Constitucionais*. Porto Alegre: SaFe, 1995, p. 176. Ao julgar reclamação que contestava a constitucionalidade da Lei de Indenização Federal que fixava prazo para os cidadãos que foram desapropriados no regime nazista obter indenização, o Tribunal Constitucional Federal preservou os valores segurança e certeza. Decidiu que "de acordo com a jurisprudência consolidada do Tribunal Constitucional Federal, leis onerosas, que compreendem retroativamente fatos [já] concluídos, são em regra 'incompatíveis com o mandamento do princípio do Estado de direito ao qual pertence, como elemento essencial, a segurança jurídica, que, de sua parte, significa para o cidadão proteção da confiança". (BVerfGE 30, 367 de 23.03.1971). SCHWABE, Jürgen. *Cinqüenta Anos de Jurisprudência do Tribunal Constitucional Federal Alemão*. Trad. Beatriz Hennig *et alli*. Montevidéu: Fundacion Konrad Adenauer, 2005, p. 872.

[336] A exigência de certeza jurídica que impõe o ordenamento jurídico somente é atendida, segundo Aulis Aarnio, se: "(a) puede evitarse la arbitrariedad y (b) el resultado coincide con el código valorativo, es decir, es correcto en el sentido substancial de la palabra. Evitar arbitrariedad significa aproximadamente lo mismo que previsibilidad. Más, aún, la previsibilidad puede ser definida por médio de la racionalidad. Todo procedimiento que satisface los críterios del discurso racional da como resultado decisiones previsibles". AARNIO, Aulis. *Lo racional como razonable*. Trad. Ernesto Garcia Mendez. Madri: Centro de Estúdios Constitucionales, 1991, p. 84.

Ao exercer limitação ao poder de tributar, o Estado de Direito age também como garantidor de certeza, estabilidade, previsibilidade e calculabilidade, proibindo a incidência de lei tributária nova em fatos já ocorridos.[337] Segundo o Supremo Tribunal Federal, tais garantias constituem o estatuto jurídico dos contribuintes, pois "refletem poderoso fator de contenção do poder tributário do Estado e atuam, precisamente em função de motivos políticos, históricos, econômicos e jurídicos que lhes são subjacentes, como expressão maior das garantias subjetivas instituídas em favor dos indivíduos".[338] Em prestígio a tais valores, o Supremo Tribunal Federal considerou inconstitucional a aplicação da substituição tributária com relação a fatos geradores ocorridos a partir de março de 1989. No julgamento do Recurso Extraordinário, a Ministra Ellen Gracie ressaltou que não se discutia a constitucionalidade do instituto da substituição tributária, inclusive já referendada pelo Pleno do Supremo Tribunal Federal (RE nº 213.396). Todavia, não se poderia afastar a inconstitucionalidade da aplicação da sistemática com relação a fatos geradores ocorridos antes da publicação do Convênio nº 10/89. Refere a Ministra que: "O princípio da irretroatividade inscrito na Constituição de 1988, proíbe a imposição tributária retroativa a fim de preservar fatos geradores já realizados contra gravames legislativos supervenientes. A norma tem por escopo a segurança jurídica e a previsibilidade, evitando que a parte contribuinte seja surpreendida pelo advento de regra estabelecida após o nascimento da obrigação tributária".[339]

Essa proteção decorre de norma inscrita na Constituição: "Art. 150. Sem prejuízo de outras garantias asseguradas ao contribuinte, é vedado à União, aos Estados, ao Distrito Federal e aos Municípios: (...) III – cobrar tributos: a) em relação a fatos geradores ocorridos antes do início da vigência da lei que os houver instituído ou aumentado;". Como expressa Luciano Amaro, o dispositivo não se dirige apenas ao aplicador do Direito, sendo endereçado também ao legislador que estará proibido de criar norma tendente a tributar fato pretérito.[340]

---

[337] Luciano Amaro comenta a impropriedade na utilização do termo "fato gerador" pela Constituição, já que somente pode se considerar "gerador" o fato que subsume-se a lei prévia. Assim, se a lei não existia a época do fato, esse não poderia ser considerado "gerador". AMARO, Luciano. *Direito Tributário Brasileiro*. 8 ed. São Paulo: Saraiva, 2002, p. 118.

[338] ADI-MC 712/DF, Rel. Min. CELSO DE MELLO, Pleno, j. 07.10.1992, DJ 19.02.1993, p. 2.032.

[339] "RECURSO EXTRAORDINÁRIO. ICMS. SUBSTITUIÇÃO TRIBUTÁRIA. DERIVADOS DE PETRÓLEO. CONSTITUICIONALIDAE. 1. O Plenário desta Corte, ao julgar o RE 213.396 (DJ de 01/12/2000), assentou a constitucionalidade do sistema de substituição tributária "para frente", mesmo antes da promulgação da EC nº 03/93. 2. Alegação de que a aplicação do sistema de substituição tributária no mês de março de 1989 ofenderia o princípio da irretroatividade. Procedência. Embora a instituição deste sistema não represente a criação de um novo tributo, há substancial alteração no sujeito passivo da obrigação tributária. 3. Recurso extraordinário conhecido e provido em parte". (RE 266602/MG, Rel. Min. ELLEN GRACIE, Pleno, j. 14.09.2006, DJ 02.02.2007, p. 75)

[340] AMARO, Luciano. *Direito Tributário Brasileiro*. 8 ed. São Paulo: Saraiva, 2002, p. 118.

A ideia de que a lei nova não deve incidir sobre fatos ocorridos no passado não é monopólio do Direito Tributário.[341] Pelo contrário, constitui-se em garantia forjada ao longo dos anos e, no direito brasileiro, presente já na Lei de Introdução do Código Civil (Decreto-Lei nº 4.657/42) que prescreve a eficácia da lei nova somente a partir da sua publicação ou após a *vacatio legis* (arts. 1º, *caput* e 6º).[342] Sobre a eficácia retroativa das leis, pronunciou-se o Supremo Tribunal Federal, deixando claro que a regra é a irretroatividade da lei, sendo o efeito retroativo exceção que jamais se presume e deve gozar de expressa previsão legal.[343]

Ao examinar a norma da irretroatividade tributária, Leandro Paulsen identificou-a:

> (...) como instrumento para conceder ao contribuinte um maior nível de certeza quanto ao direito aplicável aos atos que praticar ou à situação que ostentar em determinado momento, a previsão constitucional de irretroatividade da lei tributária ocupa papel fundamental, implicando uma carga normativa com a qual restam incompatíveis certas retroatividades outrora admitidas no próprio Direito brasileiro e que, até hoje, encontram sustentação no Direito estrangeiro.[344]

As considerações até aqui expendidas são sabidas e repetidas nos trabalhos específicos sobre o tema, formando um coro uníssono da doutrina e jurisprudência. O dissenso surge quando se insere à problemática alguns elementos que tornam controvertida a aplicação da irretroatividade tributária. Nesses casos, atua o Estado de Direito como elemento articulador e orientador da aplicação das normas de direito tributário (funções eficaciais articuladora e interpretativa).

Há casos em que o fato gerador pode ter ocorrido, mas a consequência jurídica ainda não ter sido implementada, como sucede na hipótese de compensação tributária. O crédito tributário pode ter sido gerado sob a égide da lei antiga, mas por razões contábeis a compensação não tenha se perfectibilizado antes da entrada em vigor da lei nova que restringe tal direito. Sendo assim, qual o fato que deve ser considerado para efeitos de aplicação do direito: "o surgimento do crédito" ou "o encontro de con-

---

[341] Hugo de Brito Machado sustenta que a irretroatividade é princípio geral do Direito, não lhe reservando sequer um ponto próprio nos seus trabalhos, v. g. MACHADO, Hugo de Brito. *Curso de Direito Tributário*. 22 ed. São Paulo: Malheiros, 2002, p. 43 e MACHADO, Hugo de Brito. *Os Princípios Jurídicos da Tributação na Constituição de 1988*. 4 ed. São Paulo: Dialética, p. 88.

[342] "Art. 1º. Salvo disposição contrária, a lei começa a vigorar em todo o país quarenta e cinco dias depois de oficialmente publicada". "Art. 6º. A lei em vigor terá efeito imediato e geral, respeitados o ato jurídico perfeito, o direito adquirido e a coisa julgada".

[343] Ag 251533-6/SP, Rel. Min. CELSO DE MELLO, j. 25.10.1999, DJU 23.11.1999, p. 32/33.

[344] PAULSEN, Leandro. *Segurança jurídica, certeza do Direito e Tributação*. Porto Alegre: Livraria do Advogado, 2006, p. 122.

tas"?³⁴⁵ O exame isolado da norma inserta no artigo 150, III, *a*, da Constituição Federal é incapaz de solucionar a controvérsia.

A jurisprudência do Supremo Tribunal Federal havia se consolidado no sentido de não reconhecer ofensa à irretroatividade quando da incidência de lei nova no momento da compensação do crédito, mesmo que o direito à compensação tivesse sido constituído sob a égide de lei anterior.³⁴⁶

Mais recentemente, a Suprema Corte sinaliza possibilidade de reversão do entendimento, reconhecendo vulneração ao princípio da irretroatividade incidência da lei nova na compensação de prejuízos fiscais. O pleno do Supremo Tribunal Federal ainda não concluiu o julgamento dos *leading cases* (RE nº 244.293 e RE nº 344.994) que tratam da incidência de lei posterior regulando a forma de compensação de prejuízos fiscais já reconhecidos nas escritas contábeis. Contudo, em decisões monocráticas, os Ministros vêm concedendo efeito suspensivo aos pedidos cautelares interpostos, já antevendo decisão favorável aos contribuintes como anuncia o voto do Min. Carlos Ayres Brito:

> TRIBUTÁRIO. IMPOSTO DE RENDA E CONTRIBUIÇÃO SOCIAL SOBRE O LUCRO. BASE NEGATIVA. COMPENSAÇÃO DE PREJUÍZOS FISCAIS. LEI Nº 8.981/95. ARTIGOS 42 e 58. RECURSO EXTRAORDINÁRIO. EFEITO SUSPENSIVO. Na esteira de precedentes desta Suprema Corte, é de ser confirmada decisão monocrática que atribui eficácia suspensiva a recurso extraordinário, em face da plausibilidade jurídica da tese sustentada pela recorrente (irretroatividade da lei tributária). Por outro lado, a matéria de fundo está sob o crivo do Plenário, com voto parcialmente favorável ao contribuinte (RE 344.994). Decisão referendada pela Turma. (AC-MC-QO 1369/SP, Rel. Min. CARLOS BRITTO, 1ª Turma, j. 24.10.2006, DJU 17.11.2006, p. 50).

Há, ainda, que se cogitar o comportamento da irretroatividade em face de fatos geradores que são compostos pela soma de vários fatos isolados. O exemplo clássico diz respeito ao imposto sobre a renda. O montante correto do imposto devido somente é possível aferir após transcorrido o exercício social (ano-base) e apurado o total dos fatos geradores ocorridos no período. Assim, o imposto devido não pode ser considerado isoladamente face ao mês de janeiro, junho ou dezembro, por exemplo. Valendo-se da metáfora de Sacha Calmon, é um filme que começa em janeiro e

---

³⁴⁵ Exemplo utilizado por Humberto Ávila para explicar de forma didática os efeitos da irretroatividade em fatos geradores composto de vários fatos. ÁVILA, Humberto. *Sistema Constitucional Tributário*. São Paulo: Saraiva, 2004, p. 148-9.

³⁴⁶ "TRIBUTÁRIO. CONTRIBUIÇÕES PREVIDENCIÁRIAS. AUTÔNOMOS E ADMINISTRADORES. PAGAMENTO INDEVIDO. CRÉDITO UTILIZÁVEL PARA EXTINÇÃO, POR COMPENSAÇÃO, DE DÉBITOS DA MESMA NATUREZA, ATÉ O LIMITE DE 30%, QUANDO CONSTITUÍDOS APÓS A EDIÇÃO DA LEI Nº 9.129/95. ALEGADA OFENSA AOS PRINCÍPIOS DO DIREITO ADQUIRIDO E DA IRRETROATIVIDADE DA LEI TRIBUTÁRIA. Se o crédito se constituiu após o advento do referido diploma legal, é fora de dúvida que a sua extinção, mediante compensação, ou por outro qualquer meio, há de processar-se pelo regime nele estabelecido e não pelo da lei anterior, posto aplicável, no caso, o princípio segundo o qual não há direito adquirido a regime jurídico. Recurso não conhecido". (RE 254459/SC, Rel. Min. ILMAR GALVÃO, 1ª Turma, j. 23.05.2000, DJU 10.08.2000, p. 12).

somente se encerra em dezembro.³⁴⁷ É preciso apurar todos os fatos geradores ocorridos no ano-base e deduzir o total das despesas admitidas em lei. No alerta de Luciano Amaro:

> A lei, para respeitar a irretroatividade, há de ser anterior à série "a+b-c", vale dizer, a lei deve preceder todo o conjunto de fatos isolados que compõem o fato gerador do tributo. Para respeitar-se o princípio da irretroatividade, não basta que a lei seja prévia em relação ao último desses fatos, ou ao término do período durante o qual os fatos isoladamente ocorridos vão sendo registrados.³⁴⁸

Cita-se Luciano Amaro por se tratar de um dos pioneiros a discutir a abrangência da garantia da irretroatividade no caso do imposto de renda e a adequada interpretação da súmula 584 do Supremo Tribunal Federal em tese publicada e aprovada na XI Jornada Latino-Americana de Direito Tributária realizada em 1983.

O Supremo Tribunal Federal, ao apreciar controvérsia similar, mas envolvendo a Contribuição Social sobre o Lucro Líquido – CSLL – reconheceu a impropriedade da aplicação de lei nova no meio do exercício social, reconhecendo infringência à regra contida no artigo 150, III, *a*, da Constituição Federal.³⁴⁹

Todavia, a controvérsia envolvendo o imposto sobre a renda tem sido solucionada pela Corte Suprema com a aplicação da Súmula 584 do Supremo Tribunal Federal que diz: "Ao Imposto de Renda calculado sobre os rendimentos do ano-base, aplica-se a lei vigente no exercício financeiro em que deve ser apresentada a declaração". No julgamento do Recurso Extraordinário n° 197.709-6/MG, o Min. Ilmar Galvão esclarece o entendimento da Corte sobre o tema:

> Na verdade, se de um lado, não há confundir fato gerador do imposto de renda com o fato gerador de contribuição social, de outro, a teoria do fato gerador "complexivo" que certas correntes doutrinárias, no passado, tiveram por aplicável ao imposto de renda, por absoluta falta de base legal, jamais foi considerada pela jurisprudência, notadamente a do Supremo Tribunal Federal, onde se assentou o entendimento de que não ofende o princípio da anterioridade, nem o da irretroatividade, a exigência de imposto de renda sobre o lucro apurado

---

³⁴⁷ Utilizando-se de clara didática, Sacha Calmon compara as regras do imposto de renda com as regras de uma partida de um esporte qualquer. "Interessa aos jogadores de um time qualquer, de um esporte qualquer, jogar sem saber as regras? E só tomar conhecimento delas após o jogo no vestiário? Privilegiado é o árbitro. Pode valorar *a posteriori* o vencedor e os vencidos. Ora, tal era a situação do IR no Brasil antes da Constituição de 1988. Vale dizer, o IR não só não respeitava o princípio da anterioridade como tornava o imposto retroativo, contra um princípio geral do Direito universalmente aceito e praticado". COÊLHO, Sacha Calmon Navarro. *Comentários à Constituição de 1988*. 9 ed. Rio de Janeiro: Forense, 2005, p. 278.

³⁴⁸ AMARO, Luciano. *Direito Tributário Brasileiro*. 8 ed. São Paulo: Saraiva, 2002, p. 119.

³⁴⁹ RE 146733/SP, Rel. Min. MOREIRA ALVES, Pleno, j. 29.06.1992, DJU 06.11.1992, p. 20.110. No mesmo sentido: RE 138284/CE, Rel. Min. CARLOS VELLOSO, Pleno, j. 01.07.1992, DJU 28.08.1992, p. 13.456.

no balanço levantado no encerramento do exercício anterior, com base de lei editada no mesmo período.[350]

Em que pese o respeito aos argumentos apresentados para fundamentar a posição solidificada na súmula 584,[351] nenhum é suficiente para contrastar com o princípio do Estado de Direito e seus subprincípios. Aproveita-se a comparação utilizada por Sacha Calmon. De que interessa aos jogadores de uma partida de futebol saber após encerrado o jogo ou mesmo minutos antes do apito final que as regras foram alteradas e aplicadas na partida já encerrada? É correto o árbitro mudar as regras do jogo depois de já realizados todos os lances? Buscando evitar a ocorrência de situações inconciliáveis com a ordem vigente, como no exemplo referido, é que atua o princípio do Estado de Direito. As decisões do Supremo Tribunal Federal até podem se compatibilizar com a interpretação isolada da regra do artigo 150, III, *a*, da Constituição Federal. Todavia, o Estado de Direito impõe que o contribuinte possa programar a sua vida e gerir os seus negócios com segurança do dia 1º de janeiro até 31 de dezembro, caso contrário estar-se-ia diante de exemplo da equipe de futebol que ao chegar ao vestiário descobre que os gols que realizou foram anulados pelas regras que entraram em vigor cinco minutos antes do término da partida.

Como destacado, a questão envolvida transcende a análise clássica da data do fato gerador para se aferir a irretroatividade da lei no caso concreto. Por vezes, dada a complexidade dos negócios jurídicos estabelecidos no mercado moderno, o "fato gerador" pode se caracterizar numa multiplicidade de "fatos geradores" (fato gerador complexivo). Eis a importância e aplicação do princípio do Estado de Direito como limitação formal tendente a vedar incidência retroativa das normas pelos fundamentos já explicitados, vale dizer, preservação dos bens jurídicos sagrados ao Estado de Direito (certeza, previsibilidade, calculabilidade e principalmente segurança).

6.4. ESTADO DE DIREITO E ANTERIORIDADE

Como elaborado no tópico referente a influência do Estado de Direito sobre a regra da irretroatividade (item 6.3), o princípio age como forma de vedar práticas lesivas aos bens jurídicos por ele protegidos, a saber: segurança, certeza, previsibilidade e calculabilidade.

---

[350] RE 197790/MG, Rel. Min. ILMAR GALVÃO, Pleno, j. 19.02.1997, DJU 21.09.1997, p. 60.600. Seguindo a mesma orientação: RE 194612/SC, Rel. Min. SYDNEY SANCHES, 1ª Turma, j. 24.03.1998, DJU 08.05.1998, p. 15.

[351] DIFINI, Luiz Felipe Silveira. *Manual de Direito Tributário*. 3 ed. São Paulo: Saraiva, 2006, p. 79. Defende o autor não mais prevalecer a referida súmula do Supremo Tribunal Federal.

A particularidade da regra da anterioridade impõe que os entes da Federação somente poderão instituir tributos um exercício antes aquele que pretendem exigir a exação. Considerando que o exercício financeiro tem início no primeiro dia de janeiro e se encerra invariavelmente no dia 31 de dezembro, qualquer tributo a ser exigido ou aumentado no ano seguinte deve ter a lei publicada até o encerramento do exercício anterior, vale dizer, até 31 de dezembro.

A Constituição incorporou a regra no artigo 150, III, *b*, dispondo que: "Sem prejuízos de outras garantias asseguradas ao contribuinte, é vedado à União, aos Estado, ao Distrito Federal e aos Municípios: (...) III – cobrar tributos: (...) b) no mesmo exercício financeiro em que haja sido publicada a lei que os instituiu ou aumentou;".

A ligação da anterioridade com a norma do Estado de Direito se faz pela visível ligação com o princípio da segurança jurídica. Se dentre os componentes do Estado de Direito está a segurança jurídica e se a anterioridade sofre a influência do mesmo princípio, estabelecida está a relação. O influxo da segurança jurídica é enfatizada por Roque Carrazza:

> O que estamos tentando significar é que o princípio da anterioridade é o *corolário lógico* do princípio da segurança jurídica. Visa evitar surpresas para o contribuinte, com a instituição ou a majoração de tributos, no curso do exercício financeiro. De fato, o princípio da anterioridade veicula a idéia de que deve ser suprimida a tributação de surpresa (que afronta a segurança jurídica dos contribuinte). Ele não permite que, da noite par ao dia, alguém seja colhido por uma nova exigência fiscal, é ele, ainda, que exige que o contribuinte se depare com regras tributárias claras, estáveis e seguras. E, mais do que isso: que tenha o conhecimento antecipado dos tributos que lhe serão exigidos ao longo do exercício financeiro, justamente para que possa planejar a sua vida econômica.[352]

Por óbvio que a interpretação literal do artigo 150, III, *b*, da Constituição Federal entenderia atendida a norma se o tributo fosse instituído por lei em 31 de dezembro, sendo exigido no dia seguinte. O Supremo Tribunal Federal chegou a examinar se a publicação da lei no Diário Oficial sem que tivesse circulado no exercício anterior atenderia a regra da anterioridade. No caso, firmou-se entendimento que interessa apenas a publicação, desinteressando se circulação e ciência do contribuinte tenha ocorrido somente no exercício seguinte.[353]

A discussão evidentemente é inócua se focada com olhos no princípio do Estado de Direito por todos os aspectos já exaltados da norma inscrita na Constituição Federal. Obviamente que a discussão não diz respeito ao

---

[352] CARRAZZA, Roque Antonio. *Curso de Direito Constitucional Tributário*. 18 ed. São Paulo: Malheiros, 2002, p. 170.

[353] O RE RE-AgR 203486/RS, Rel. Min. MAURÍCIO CORRÊA, 2ª Turma, j. 01.10.1996, DJU 19.12.1996, p. 51783 é o *leading case* da controvérsia entre publicação e circulação, sendo sucessivos os precedentes no mesmo sentido: AI-AgR 282522/MG, Rel. Min. MOREIRA ALVES, 1ª Turma, j. 26.06.2001, DJU 31.08.2001, p. 38.

sentido que as expressões "publicada" e "exercício anterior" conferem à regra da anterioridade. A questão central está em saber se o contribuinte foi ou não surpreendido por tributo novo ou mais oneroso.

Atualmente, face à inserção da regra da anterioridade nonagesimal através da Emenda Constitucional n° 42/2003 que incluiu a alínea c ao inciso III do artigo 150 da Constituição Federal a confusão antes relatada estaria superada. Pela nova regra constitucional não basta que seja observada a publicação no exercício anterior, devendo existir um lapso temporal de noventa dias entre a instituição ou majoração do tributo e sua cobrança.[354] A limitação imposta pela Emenda Constitucional n° 42 é cumulativa à anterioridade já inscrita na Carta Maior, não se confundindo com a regra que impõe apenas a observância da anterioridade nonagesimal prevista no artigo 195, § 6° da Constituição Federal.[355]

---

[354] As regras da anterioridade e da anterioridade nonagesimal possuem exceções previstas expressamente no texto da Constituição. Contudo, como o presente trabalho não se destina ao estudo da norma da anterioridade, apenas se faz referência ao § 1° do artigo 150 da Constituição Federal.

[355] O Supremo Tribunal Federal já se pronunciou pela aplicação da regra às taxas, consoante se verifica no julgamento da ADI 3694/AP, Rel. Min. SEPÚLVEDA PERTENCE, Pleno, j. 20.09.2006, DJU 06.11.2006, p. 30. DIFINI, Luiz Felipe Silveira. *Manual de Direito Tributário*. 3 ed. São Paulo: Saraiva, 2006, p. 77.

7. Estado De Direito e limitações de ordem material

7.1. ESTADO DE DIREITO E REGRAS DE COMPETÊNCIA

A Constituição Federal, ao enunciar que a República Federativa do Brasil é um Estado democrático de Direito, assim como ao fixar de forma pormenorizada as regras de competência, fez uma opção clara por determinado modelo jurídico.[356] Poderia o País ter escolhido um modelo aberto, fixando apenas princípios em nível constitucional, deixando ao legislador ordinário a tarefa de estabelecer as regras de competência como ocorre na Alemanha, por exemplo. No entanto, a história do Direito Constitucional Brasileiro demonstra que a adoção da forma enunciada no artigo 1º da Constituição Federal e disposta no título VI, pertinente à tributação e orçamento, foi uma escolha natural, fruto da evolução constitucional tributária brasileira.[357]

Em resumo, o Estado de Direito adotado pela Constituição impõe uma série de compromissos no ordenamento jurídico pátrio e, em especial, no Direito Tributário, como mencionado no ponto referente ao conteúdo e eficácia autônoma do princípio (capítulo 4).

Dentre eles, interessa aqui comentar sobre a fixação escorreita da competência tributária. Com efeito, a Constituição elege os fatos sujeitos a tributação sem deixar margens ao legislador ordinário para escolher outros que melhor conviessem.[358] Nas palavras de Humberto Ávila: "é lícito

---

[356] Paulo de Barros Carvalho refere que o processo de construção normativa não fica ao alvitre do intérprete, *in verbis:* "Com efeito, as ordenações jurídico-normativas costumam estabelecer caminhos próprios para a realização do percurso construtivo, neles fixando os valores que lhes pareçam convenientes para integrar as múltiplas unidades produzidas. Nesse sentido, a Constituição brasileira é até abundante, fazendo constar uma série de estimativas sem as quais as regras elaboradas pelo intérprete não encontrarão o devido respaldo de fundamento constitucional. CARVALHO, Paulo de Barros. *Proposta de modelo interpretativo para o direito tributário. In:* Revista de Direito Tributário n 70, p. 49.

[357] RIBEIRO, Ricardo Lodi. *Legalidade tributária, tipicidade aberta, conceitos indeterminados e cláusulas gerais tributárias. In:* Revista de Direito Administrativo nº 229, p. 323, jul./set., 2002.

[358] O Tribunal Constitucional Federal Alemão apreciou controvérsia envolvendo a compensação tributária de imposto recolhido por nacional alemão no exterior. No caso, o Tribunal Financeiro de Düs-

afirmar que a Constituição pressupõe conceitos que não podem ser desprezados pelo legislador ordinário".³⁵⁹

Assim, tendo a Constituição feito eleições prévias em matéria tributária, seja na captura de conceitos de outras searas do Direito (teoria da reserva material suposta) ou na fixação de limites e distribuição de competências aos entes da Federação (teoria da reserva material pressuposta), não pode o legislador ordinário se arvorar em terreno não autorizado pelo texto da Carta Magna.³⁶⁰

Nesse sentido, a jurisprudência do Supremo Tribunal Federal obrou com zelo na proteção da inteireza do texto da Constituição, fixando limites e estabelecendo critérios para se estabelecer uma relação de primazia entre argumentos manejados na seara constitucional tributária.

Sobre o tema, pode-se dizer que os teóricos do Direito se preocuparam sobremaneira em estabelecer critérios e formas de classificação dos argumentos, ao efeito de conferir racionalidade ao discurso jurídico. São exemplos de propostas classificatórias os modelos elaborados por Chäim Perelman,³⁶¹ Stephen Toulmin³⁶² e Robert Alexy.³⁶³ Em comum, todos esses autores identificaram a necessidade de se categorizar as razões presentes no discurso jurídico, de modo a obter um rigorismo científico na elaboração da argumentação.

---

seldorf considerou inconstitucional lei que aplicava o conceito vago de "razões macro-econômicas". O Tribunal Constitucional Federal decidiu que o conceito "razões macro-econômicas" era compatível com a Lei Fundamental Alemã, nos seguintes termos: "Do princípio do Estado de Direito (art. 20 III GG) decorre o princípio da reserva de lei. Ele serve à garantia constitucionalmente prevista da liberdade e igualdade dos cidadãos. A necessidade de uma base de autorização legal deve, igualmente, assegurar que o legislador tome as decisões fundamentais essenciais que afetem o campo da liberdade e da igualdade dos cidadãos". Prossegue a Corte: "É reconhecido que no Estado democrático de direito deve ser exigido também junto a tais autorizações um certo grau de concreção legal já com vistas à devida delimitação, por meio da reserva de lei, entre a área de ação do legislador e da Administração, e no interesse da realização do princípio da justiça tributária (cf. BVerfGE 23, 62[73]). Mesmo que no direito tributário encargos e benefícios não raro caminhem juntos, as exigências direcionadas ao grau da concreção de tais autorizações são, não obstante, menores do que aquelas direcionadas às autorizações de intervenção, uma vez que a relevância de direito fundamental destas é em geral muito maior. (BVerfGE 48, 210 de 19.04.1978). SCHWABE, Jürgen. *Cinqüenta Anos de Jurisprudência do Tribunal Constitucional Federal Alemão*. Trad. Beatriz Hennig *et alli*. Montevidéu: Fundacion Konrad Adenauer, 2005

³⁵⁹ ÁVILA, Humberto. *Sistema Constitucional Tributário*. São Paulo: Saraiva, 2004, p. 201. Cf. ÁVILA, Humberto. Contribuição Social sobre o faturamento. Cofins. Base de cálculo. Distinção entre receita e faturamento. Jurisprudência do Supremo Tribunal Federal. In: *Revista Dialética de Direito Tributário* nº 107, p. 96.

³⁶⁰ Construção doutrinária de Humberto Ávila que identifica uma Teoria da reserva constitucional material divisada entre aquelas estabelecidas de forma direta pelo texto da Constituição e aquelas postas indiretamente. ÁVILA, Humberto. *Sistema Constitucional Tributário*. São Paulo: Saraiva, 2004, p. 201-3

³⁶¹ PERELMAN, Chäim. *Traité de l'argumentation: la nouvelle rhetorique*. p. 259-463.

³⁶² TOULMIN, Stephen. *The uses of argument*. p. 125 e ss.

³⁶³ ALEXY, Robert. *Theory of legal argumentation*. P. 235/243 e ALEXY, Robert. *Teoria del discurso y derechos humanos*. Trad. Luis Villar Borda. Bogotá: Universitá Externado de Colômbia, 2000, p. 54/57.

A pesquisa de decisões do Supremo Tribunal Federal sobre o tema demonstra que alguns argumentos possuem carga argumentativa maior que outros em razão da opção assumida pela Constituição Federal. A função argumentativa do princípio do Estado de Direito traz consequências na argumentação jurídica e assume maior relevância em se tratando de discussões tributárias. Humberto Ávila já se manifestara, ao referir que "as classificações elaboradas pela ciência do direito, enquanto voltadas à explicação coerente do ordenamento jurídico, submetem-se a limites dele decorrentes".[364] De fato, a Constituição Federal é capaz de fornecer critérios classificatórios dos argumentos, distinguindo-os uns dos outros.

Como até aqui sustentado, o Estado de Direito desempenha papel fundamental na argumentação jurídica e não poderia deixar de desempenhar nobre função numa proposta classificatória dos argumentos. Com efeito, propõe-se ao Estado de Direito exercer papel de critério categorizador dos argumentos.[365]

A Constituição Federal tem o Estado de Direito como princípio fundamental do ordenamento jurídico (art. 1°, *caput*), deixando expresso que a República Federativa do Brasil se constitui num Estado Democrático de Direito. Esta norma revela que o Estado Brasileiro submete-se aos desígnios do Direito e tem o ordenamento jurídico como limite. Estabelecendo um joeiramento prévio, a Corte Constitucional Alemã tem excluído justificativas não-defensáveis sob o aspecto da Ética e do Bem comum, consoante informação prestada por Klaus Tipke:

> Para tanto, considerando o alto nível de justiça num Estado de Direito, não é suficiente qualquer motivo objetivo, mas deve ocorrer uma ponderação de valores entre o princípio que serve de critério de comparação e o princípio que fundamenta a norma, a qual não observa o critério de comparação e, consequentemente, determina o tratamento desigual. Entre as justificativas que o Tribunal Constitucional Alemão admitiu como objetivas estão aquelas não-defensáveis sob o aspecto da Ética e do Bem Comum.[366]

Assim, a primeira grande divisão entre os argumentos empregados no discurso deve ser traçada entre aqueles com referência ao ordenamento jurídico e aqueles sem referência. Esta distinção pode ser verificada na

---

[364] ÁVILA, Humberto. *Argumentação jurídica e a imunidade do livro eletrônico*. In: Temas de Interpretação do Direito Tributário. Org. Ricardo Lobo Torres, p. 114. Paulo de Barros Carvalho, de seu turno, destaca que: "Sabemos que as classificações atendem às necessidades do trabalho expositivo, não se submetendo a valores veritativos. Uma classificação bem construída, isto é, formada segundo os cânones da Lógica, será mais ou menos útil, consoante o desenvolvimento que o autor imprimir a suas indagações". CARVALHO, Paulo de Barros. *Direito Tributário*, p. 78.

[365] Esta proposição, a bem da verdade, já fora sustentada por HUMBERTO ÁVILA no parecer sobre as limitações impostas à publicidade do tabaco. AVILA, Humberto. *Conflito entre o dever de proteção à saúde e o dever de proteção à liberdade de comunicação e informação no caso da propaganda comercial do tabaco. Exame de constitucionalidade da Lei nº 9.249/96*. in: Revista de Direito Administrativo nº 240, p. 352.

[366] TIPKE, Klaus e YAMASHITA, Douglas. *Justiça Fiscal e princípio da capacidade contributiva*. São Paulo: Malheiros, 2002, p. 24.

jurisprudência do Supremo Tribunal Federal, como expressamente aduz o Min. Celso de Mello:

> Razões de Estado, ainda que vinculadas a motivos de elevado interesse social, não podem legitimar o desrespeito e a afronta a princípios e valores sobre os quais tem assento o nosso sistema de direito constitucional positivo. Esta Corte, ao exercer, de modo soberano, a tutela jurisdicional das liberdades públicas, tem o dever indeclinável de velar pela intangibilidade de nossa Lei Fundamental, que, ao dispor sobre as relações jurídico-tributárias entre o Estado e os indivíduos, institucionalizou um sistema coerente de proteção, a que se revelam subjacentes importantes princípios de caráter político, econômico e social.[367]

Em outras palavras, a assertiva do ilustre Min. Celso de Mello divisa as "razões de estado" dos "princípios e valores" com assento no direito constitucional, privilegiando estes em detrimento daqueles.[368] Em outro acórdão paradigmático do Supremo Tribunal Federal, novamente as razões de Estado são afastadas, preservando-se a supremacia da Constituição Federal. No julgado é destacado, ainda, que a relação entre o Poder, seus agentes e a Constituição deve ser permeada pelo respeito:

> RAZÕES DE ESTADO NÃO PODEM SER INVOCADAS PARA LEGITIMAR O DESRESPEITO À SUPREMACIA DA CONSTITUIÇÃO DA REPÚBLICA. – A invocação das razões de Estado – além de deslegitimar-se como fundamento idôneo de justificação de medidas legislativas – representa, por efeito das gravíssimas conseqüências provocadas por seu eventual acolhimento, uma ameaça inadmissível às liberdades públicas, à supremacia da ordem constitucional e aos valores democráticos que a informam, culminando por introduzir, no sistema de direito positivo, um preocupante fator de ruptura e de desestabilização político-jurídica. Nada compensa a ruptura da ordem constitucional. Nada recompõe os gravíssimos efeitos que derivam do gesto de infidelidade ao texto da Lei Fundamental. A defesa da Constituição não se expõe, nem deve submeter-se, a qualquer juízo de oportunidade ou de conveniência, muito menos a avaliações discricionárias fundadas em razões de pragmatismo governamental. A relação do Poder e de seus agentes, com a Constituição, há de ser, necessariamente, uma relação de respeito. Se, em determinado momento histórico, circunstâncias de fato ou de direito reclamarem a alteração da Constituição, em ordem a conferir-lhe um sentido de maior contemporaneidade, para ajustá-la, desse modo, às novas exigências ditadas por necessidades políticas, sociais ou econômicas, impor-se-á a prévia modificação do texto da Lei Fundamental, com estrita observância das limitações e do processo de reforma estabelecidos na própria Carta Política.[369]

---

[367] RE n° 150.764-1/PE, fl. 1.557.

[368] Comentando a experiência alemã, Hartmut Maurer refuta a preponderância de argumentos políticos sobre jurídicos na tomada de decisões por parte da Corte Constitucional: "Claro que litígios jurídico-constitucionais têm, em geral, um fundo político com a conseqüência que as próprias sentenças judicial-constitucionais são um processo, acontecimento, objeto ou outra coisa de significado político e, muitas vezes, causam conseqüências políticas extensas. Mas isso nada modifica visto que o próprio tribunal constitucional não tem de decidir segundo considerações de conformidade com a finalidade políticas, mas exclusivamente segundo critérios jurídico-constitucionais". MAURER, Hartmut. *A revisão jurídico-constitucional das leis pelo Tribunal Constitucional Federal. In: Fundamentos do Estado de Direito.* org. Humberto Ávila. São Paulo: Malheiros, 2005, p. 183.

[369] ADI-MC n° 2.010-2, Pleno, Rel. Min. Celso de Mello, j. 30.09.1999, DJU 12.04.2002.

Estabelecendo a mesma distinção, o Min. Marco Aurélio profere a seguinte definição:

> Por maior que seja o pragmatismo, por maior que seja o sentido de justiça, de equidade a de prevalecer a visão técnica, tão peculiar ao controle de constitucionalidade, preservando-se a intangibilidade do próprio sistema. A questão referente à saúde econômica e financeira das empresas resolve-se em campo diverso do controle concentrado de constitucionalidade, sob pena de não se ter parâmetros para o exercício deste último, prevalecendo, com variação incompatível com a segurança jurídica, com a Supremacia da Constituição Federal, o critério da conveniência, o critério reinante e, destarte, circunstancial.[370]

A nomenclatura utilizada por Humberto Ávila para distinguir tais argumentos consiste em: institucionais e não institucionais.[371] Os argumentos institucionais decorrem do Estado de Direito e com ele guardam pertinência. A maior ou menor vinculação com o ordenamento jurídico determinará o peso de cada argumento. O importante, por ora, é registrar o liame que deve necessariamente existir entre os argumentos e o ordenamento jurídico para que estes sejam considerados institucionais. Este vínculo constitui-se numa necessidade de atendimento às exigências que a teoria do discurso demanda. Pressupõe-se o estabelecimento de nexos com elementos institucionais, como leciona Robert Alexy.[372]

De outro lado, os argumentos não institucionais nada mais possuem em seu interior do que uma aspiração à justiça, guardando uma relação oblíqua com o ordenamento jurídico. Dito isto, despiciendo explicar a força da sua carga argumentativa que se revela menos importante frente aos ditos institucionais, como já destacado nos arestos citados no decorrer deste ensaio. Dentre os argumentos institucionais podem ser citados os meramente práticos, os argumentos econômicos, sociológicos, dentre outros não derivados do Estado de Direito.

Sobre argumentos de índole econômica escreveu Klaus Tipke:

> Até agora, entretanto, não está comprovado que a justiça fiscal perturba necessariamente a eficiência econômica. Até agora os economistas não puderam se entender sobre os efeitos econômicos dos impostos. Isso tem a ver com o fato de que as ciências econômicas não pertencem às ciências exatas (Paul Samuelson), pois o comportamento humano, não é calculável. Por isso, especialmente num Estado de Direito, deve permanecer a primazia da justiça fiscal sobre a economia.[373]

---

[370] ADI nº 1.600-8, Pleno, Rel. Min. Sidney Sanches, Red. p/ acórdão Min. Nelson Jobim, j. 26.11.2001, DJU 20.06.2003, p. 1.883.

[371] ÁVILA, Humberto Bergmann. *Argumentação jurídica e a imunidade do livro eletrônico*. In: Temas de Interpretação do Direito Tributário. Org. Ricardo Lobo Torres, p. 117. BORGES, José Souto Maior.. *Ciência Feliz*, p. 135.

[372] ALEXY, Robert. *Teoria del discurso y derechos humanos*. Trad. Luis Villar Borda. Bogotá: Universitá Externado de Colômbia, 2000, p. 52/54.

[373] TIPKE, Klaus e YAMASHITA, Douglas. *Justiça Fiscal e princípio da capacidade contributiva*. São Paulo: Malheiros, 2002, p. 45.

O Supremo Tribunal Federal inclusive já sustentou que os argumentos de índole econômica não podem ser utilizados para dirimir controvérsias no controle de constitucionalidade, consoante voto-vista do Min. Moreira Alves: "Deixo de lado a questão de não haver, aproximadamente há cinco anos, reajuste de vencimentos, até porque argumentos de natureza meramente econômica não podem ser usados, por via de regra, para julgamento de ação direta de inconstitucionalidade".[374]

Com essas considerações é possível sustentar o desacerto do Supremo Tribunal Federal ao julgar improcedente a ADIn que questionava a exclusão das sociedades de profissões liberais do Sistema Integrado de Pagamento de Impostos e Contribuições. Em que pese os votos dos Ministros Carlos Velloso, Marco Aurélio e Sepulveda Pertence assentarem-se no sentido de reconhecer tratamento discriminatório e, portanto posicionaram-se pela procedência da ADIn, o voto do Min. Maurício Corrêa, fundado apenas em razões econômicas e sociais sagrou-se vencedor. No caso, o Ministro Relator entendeu que as sociedades de profissionais liberais não necessitam de benefícios porque não estão sujeitas aos desígnios do competitivo mercado.[375]

Padece do mesmo equívoco o acórdão proferido nos autos da ADI nº 1851 que questionava a inconstitucionalidade do Convênio 13/97 e demais decretos que impossibilitavam a restituição do valor pago a maior quando, na substituição tributária, fosse verificado que o produto ou serviço prestado foram comercializados por valor inferior a pauta estabelecida por presunção do fisco. No voto vencedor do Min. Ilmar Galvão fica evidente que os argumentos empregados são históricos e práticos, vale dizer, primam pela evolução legislativa e por critérios de administração tributária.[376] Contrastando com a tese vencedora, o voto do Min. Carlos Velloso:

---

[374] ADI – MC nº 2.010-2, Pleno, Rel. Min. Celso de Mello, j. 30.09.1999, DJ 12.04.2002, página 242 do acórdão. Em sentido contrário, o Min. Sydney Sanches defende a utilização de razões políticas em entrevista concedida ao jornal Valor Econômico de 2 de junho de 2006, p. A18: "Valor: De que forma a política influencia nas decisões do Supremo? Sanches: Estamos falando de processo criminal [o Min. Se referia ao processo de corrupção movido contra o ex-Presidente Fernando Collor]. Nele não se pode ter motivação política para chegar à condenação de alguém. Ali se está julgando alguém acusado de um crime. Mas claro que no Supremo os maiores assuntos têm conotação política. Por exemplo, saber se a solução 'x' ou 'y' aumenta a dívida pública, se o país fica ingovernável por isso ou não. Essa é a conotação política que há em uma Corte. Ela não pode ser indiferente ao país. Não se pode pensar que a solução jurídica é essa e o mundo que resolva essa questão. Isso é uma falta de visão do juiz como estadista. Nesse sentido, é uma Corte política. Mas não é de política partidária, de governo. O Supremo deveria ser composto por onze estadistas. Quem deveria indicar? Um estadista. Não se pode colocar o Direito acima do Estado. E isso é uma posição política. Claro que não se pode condenar alguém porque para o país é melhor que ele seja condenado. Mas quando a questão não é de liberdade individual, quando envolve o erário público, o Tesouro, o valor da moeda, a soberania, a cidadania, a nacionalidade, o Supremo tem que ter uma visão de estadista".

[375] ADI nº 1.649-1, Pleno, Rel. Min. Maurício Correa, j. 05.12.2002, DJU 14.03.2003.

[376] ADI nº 1.851-4/AL, Pleno, Rel. Min. Ilmar Galvão, j. 08.05.2002, DJU 22.11.2002.

Recomendam os estudiosos da hermenêutica constitucional que os direitos e garantias inscritos na Constituição devem ser interpretados de modo a emprestar-se a esses direitos e garantias a máxima eficácia. De resto, aliás, a máxima eficácia é recomendada para todas as normas constitucionais, principalmente para as normas materialmente constitucionais e aqui temos uma norma materialmente constitucional.[377]

Prosseguindo na análise das categorias de argumentos, pode-se haurir do sistema constitucional tributário nova divisão entre os argumentos institucionais. Isso decorre da eficácia de postulado da legalidade, norma inscrita no artigo 150, I, combinado com o artigo 5°, I, todos da Constituição Federal.[378] Humberto Ávila, ao tratar do postulado da juridicidade, sustenta que esta norma prescreve um dever de obediência do aplicador ao conteúdo mínimo ou ponto de partida eleito pelo legislador. Nas palavras do autor: "A vinculação à lei (art. 5° e art. 150, I) exige do aplicador determinada postura na aplicação da lei tributária. Sua atividade deve poder ser reconduzida à lei e ao Direito".[379]

Dessa forma, é possível se estabelecer nova divisão entre os argumentos institucionais, distinguindo entre aquelas razões que guardam pertinência com o Sistema Constitucional Tributário e, em especial, com o caso concreto, daquelas que não possuem este atributo. Serão aqui chamados de argumentos imanentes ou transcendentes ao sistema constitucional tributário.[380] Esta classificação é decorrência da jurisprudência do Supremo Tribunal Federal que se ocupou com a defesa do conteúdo mínimo da Constituição, como se verifica do aresto ementado pelo Min. Marco Aurélio:

INTERPRETAÇÃO – CARGA CONSTRUTIVA – EXTENSAO. Se é certo que toda interpretação traz em si carga construtiva, não menos correta exsurge a vinculação a ordem jurídico-constitucional. O fenômeno ocorre a partir das normas em vigor, variando de acordo com a formação profissional e humanística do interprete. No exercício gratificante da arte de interpretar, descabe "inserir na regra de direito o próprio juízo – por mais sensato que seja – sobre a finalidade que "conviria" fosse por ela perseguida" – Celso Antonio Bandeira de Mello – em parecer inédito. Sendo o Direito uma ciência, o meio justifica o fim, mas não este

---

[377] ADI n° 1.851-4/AL, Pleno, Rel. Min. Ilmar Galvão, j. 08.05.2002, DJU 22.11.2002. Voto proferido pelo Min. Carlos Velloso, p. 179. Vale transcrever pitoresco debate oral travado pelos Ministros Sepúlveda Pertence e Carlos Velloso que bem sintetizam o embate de argumentos que se pretende demonstrar e remontam às velhas *disputatios:* "O senhor Ministro Sepúlveda Pertence: (...) A Emenda Constitucional n° 3/93, de que resultou o § 7° do artigo 150, veio para dar ao fisco um mecanismo eficaz para determinado tipo de circulação econômica e fez a ressalva. Agora, se esta ressalva é interpretada de modo a inviabilizar o instrumento fiscal que se autorizou, a meu ver, o que se está é negando efetividade no sentido principal. O senhor Ministro Carlos Velloso: *Data Vênia,* isso é uma responsabilidade da fiscalização, vale dizer, do fisco. O senhor Ministro Sepúlveda Pertence: Excelência, mas se a fiscalização pudesse ser feita com perfeição, não haveria razão para o instituto da substituição tributária. O senhor Ministro Carlos Velloso: Esse argumento não faz justiça à cultura de V. Ex.". p. 181/182.

[378] ÁVILA, Humberto. *Sistema Constitucional Tributário.* São Paulo: Saraiva, 2004, p. 430.

[379] Idem.

[380] ÁVILA, Humberto Bergmann. *Argumentação jurídica e a imunidade do livro eletrônico. In:* Temas de Interpretação do Direito Tributário. Org. Ricardo Lobo Torres, p. 117. BORGE, José Souto Maior. *Ciência Feliz,* p. 135.

aquele. CONSTITUIÇÃO – ALCANCE POLÍTICO – SENTIDO DOS VOCABULOS – INTERPRETAÇÃO. O conteúdo político de uma Constituição não é conducente ao desprezo do sentido vernacular das palavras, muito menos ao do técnico, considerados institutos consagrados pelo Direito. Toda ciência pressupõe a adoção de escorreita linguagem, possuindo os institutos, as expressões e os vocábulos que a revelam conceito estabelecido com a passagem do tempo, quer por força de estudos acadêmicos quer, no caso do Direito, pela atuação dos Pretórios.[381]

Dentre os argumentos transcendentes, situam-se os argumentos de ordem política. Sem esquecer que a política se constitui no âmbito adequado para a realização do bem comum e que, portanto, a "arte de governar a Pólis" representa um dos esteios de constituição dos Estados, argumentos fundados em razões políticas podem orientar o discurso, mas jamais se sobrepor aos argumentos institucionais, como inclusive já decidiu o Supremo Tribunal Federal:

> O Supremo Tribunal Federal, por mais de uma vez, teve o ensejo de repelir argumentos de ordem política (RTJ 164/1145-1146, Rel. Min. Celso de Mello), por entender que a invocação das razões de Estado – além de deslegitimar-se como fundamento idôneo de justificação de medidas legislativas – representa, por efeito das gravíssimas conseqüências provocadas por seu eventual acolhimento, uma ameaça inadmissível às liberdades públicas, à supremacia da ordem constitucional e aos valores democráticos que a informam, culminando por introduzir, no sistema de direito positivo, um importante fator de ruptura e desestabilização político-jurídica.[382]

Há, ainda, aqueles que remontam à história, seja para encontrar a vontade do legislador, seja para recobrar os trabalhos que antecederam a edição do ato normativo. Este tipo de trabalho é bastante valorizado pela Suprema Corte Norte-Americana que com certa frequência, socorre-se destes argumentos para prestar o seu ofício jurisdicional. O Supremo Tribunal Federal já se manifestou sobre o valor dos argumentos genéticos, consoante bem lançado acórdão da lavra do Min. Celso de Mello:

> DEBATES PARLAMENTARES E INTERPRETAÇÃO DA CONSTITUIÇÃO. – O argumento histórico, no processo de interpretação constitucional, não se reveste de caráter absoluto. Qualifica-se, no entanto, como expressivo elemento de útil indagação das circunstâncias que motivaram a elaboração de determinada norma inscrita na Constituição, permitindo o conhecimento das razões que levaram o constituinte a acolher ou a rejeitar as propostas que lhe foram submetidas. Doutrina. – O registro histórico dos debates parlamentares, em torno da proposta que resultou na Emenda Constitucional nº 20/98 (PEC nº 33/95), revela-se extremamente importante na constatação de que a única base constitucional – que poderia viabilizar a cobrança, relativamente aos inativos e aos pensionistas da União, da contribuição de seguridade social – foi conscientemente excluída do texto, por iniciativa dos próprios Líderes dos Partidos Políticos que dão sustentação parlamentar ao Governo, na Câmara

---

[381] RE nº 166.772-9/RS, Pleno, DJ 16.12.1994.
[382] ADI – MC nº 2.010-2, Pleno, Rel. Min. Celso de Mello, j. 30.09.1999, DJ 12.04.2002, página 173 do acórdão. No mesmo sentido: Ag 234163/MA (AgRg)– Rel. Min. CELSO DE MELLO – RE 250590/RS (AgRg) Rel. Min. CELSO DE MELLO

dos Deputados (Comunicado Parlamentar publicado no Diário da Câmara dos Deputados, p. 04110, edição de 12/2/98). O destaque supressivo, patrocinado por esses Líderes partidários, excluiu, do Substitutivo aprovado pelo Senado Federal (PEC nº 33/95), a cláusula destinada a introduzir, no texto da Constituição, a necessária previsão de cobrança, aos pensionistas e aos servidores inativos, da contribuição de seguridade social.[383]

Em linhas gerais, a classificação dos argumentos proposta, segundo esta orientação doutrinária e jurisprudencial, oferece condições de resolver uma gama considerável de conflitos.

A valorização de um argumento em detrimento de outro se dará sempre no sentido do mais vinculado aos princípios do Estado de Direito, Legalidade e Separação de Poderes para o mais distante, de modo a privilegiar aqueles argumentos mais intrinsecamente ligados ao ordenamento jurídico.[384]

Luciano Amaro sustenta que "o que se veda à lei tributária é a modificação de conceitos que tenham sido utilizados por lei superior para a definição da competência tributária, se da modificação puder resultar ampliação da competência".[385]

Em conclusão, pode-se dizer que o Estado de Direito, através de seus subprincípios, bem assim através da sua eficácia autônoma argumentativa impõem uma primazia dos argumentos mais vinculados a eles do que daqueles argumentos que mantém ligações mais distantes ou sequer entretém qualquer relação com o sistema constitucional tributário. A primazia por tais argumentos, como acentua Humberto Ávila, se baseia naquilo que "é objetivável no ordenamento jurídico frente àquilo que deixou de sê-lo". Prossegue dizendo que: "é preciso dar prevalência, dentre as várias hipóteses conceituais, àquela que mais é suportada pelos princípios fundamentais do subsistema de Direito Tributário.[386]

7.2. ESTADO DE DIREITO E PROTEÇÃO AOS DIREITOS FUNDAMENTAIS DE PRIMEIRA GERAÇÃO

As primeiras constituições brasileiras, como examinado no ponto 1.1, de forte influência liberal, privilegiaram os bens jurídicos liberdade, pro-

---

[383] ADI – MC n° 2.010-2, Pleno, Rel. Min. Celso de Mello, j. 30.09.1999, DJ 12.04.2002.

[384] RAZ, Joseph. *On the authority and Interpretation of Constitutions: Some Preliminaries*. In: Constitutionalism. Philosophical foundations. Org. Larry Alexander. Cambridge: University Press, p. 156. Afirma que uma teoria normativa não pode ser afetada por meras contingências, contudo, também, não se pode simplesmente fechar os olhos à realidade da vida.

[385] AMARO, Luciano. *Direito Tributário Brasileiro*. 8 ed. São Paulo: Saraiva, 2002, p. 101.

[386] ÁVILA, Humberto. *Sistema Constitucional Tributário*. São Paulo: Saraiva, 2004, p. 205. A interpretação da norma tributária no Reino Unido segue o mesmo caminho preconizado como refere John Ward, em que pese as diferenças entre os modelos jurídicos Britânico e Brasileiro. WARD, John. *L'interpretazione delle norme tributarie e gli effetti sugli uffici e sui contribuenti nel Regno Unito*. In: Rivista di diritto finanziario e scienza delle finanze, v. 54, p. 77, 1995.

priedade e segurança.[387] Os chamados direitos de primeira geração perenizaram-se nas Constituições seguintes, gozando inclusive de proteção tributária.

Com efeito, o princípio do Estado de Direito primeiramente concebido para proteger os valores antes referidos, outorga no sistema constitucional vigente proteção à liberdade (art. 150, V) à propriedade (art. 5º, XXII) e ao livre exercício de atividade econômica (art. 170, *caput* e inciso II).

Não se pode negar que a jurisprudência do Supremo Tribunal Federal nega a intangilibidade dos direitos fundamentais. Todavia não se pode olvidar que o entendimento assentado na Suprema Corte é que existe um núcleo essencial. Esse núcleo constitui a essência de tais garantias que sob hipótese alguma pode ser violado.

Ao tratar das limitações formais impostas pelo Estado de Direito através da conjugação com o "devido processo legal", verificou-se que a norma constitucional determina que "ninguém será privado da liberdade ou de seus bens sem o devido processo legal" (art. 5º, LIV, da CF). Tratava-se, como dito, que se constituía em limitação formal, exigindo do Estado na ação fiscalizatória da adoção de práticas que respeitassem as "regras do jogo", sob pena de violação ao princípio do Estado de Direito.

Neste momento, ao analisar o princípio na sua função limitadora substancial, percebe-se que além da imposição ao Estado de respeito aos procedimentos legais e regras previamente estabelecidas, há que se observar um mínimo essencial das garantias da liberdade, propriedade e livre exercício de atividade econômica (função eficacial protetora).

Fala-se, portanto, em limitação substancial que protege diretamente a liberdade, vedando tributos que proíbam a livre circulação de pessoas com seus bens no território nacional como assegura o artigo 5º, XV, da Constituição Federal. A proteção está contida no artigo 150, inciso V, que estatui: "Sem prejuízo de outras garantias asseguradas ao contribuinte, é vedado à União, aos Estados, ao Distrito Federal e aos Municípios: (...) V – estabelecer limitações ao tráfego de pessoas ou bens por meio de tributos interestaduais ou intermunicipais, ressalvada a cobrança de pedágio

---

[387] Pérez Luño chama atenção para o fato de já no Estado de Direito Liberal havia exigência de conteúdos, clara manifestação material que se revelava na "a) La necessidad de uma organización y regulación de la actividad estatal guiada por principios racionales, que deben traducirse en un orden político justo. El Estado de Derecho es concebido como un Estado racional (*Vernunftrechtstaat*) bajo la terminologia de Estado de razón *Staat der Vernunft* en expresión de Welcker, o de Estado de la racionalidad *Verstandesstaat* en la de Von Mohl; b) El rechazo de qualquier tipo de trasnpersonalismo en la definición de los objetivos del poder. El Estado no es una institución puesta al servicio de fines transcendentes de carácter divino, ni de los intereses de indivíduos que lo integran; c) Limitación de las tareas del Estado a la garantia de la libertad, la seguridad y la propriedad de sus ciudadano a través de la ley, concebida como norma general emanada de los representantes de la voluntad popular". LUÑO, Antonio E. Pérez. *Derechos humanos, Estado de Derecho y Constitución*. 5 ed. Madri: Tecnos, 1995, p. 220.

pela utilização de vias conservadas pelo poder público".[388] Com exceção da cobrança de pedágio, expressamente referida no inciso antes referido, qualquer outra limitação ao tráfego carregará a pecha de inconstitucional como já decidiu o Supremo Tribunal Federal no julgamento de taxa de estatística cobrada pelo Estado da Paraíba quando da saída de mercadorias a outros Estados a título de fiscalização e coleta de dados estatísticos. Entendeu o Min. Nelson Hungria que:

> (...) sem dúvida alguma, a taxa de estatística cobrável sobre a saída de mercadorias do território paraibano com destino a outros Estados, é um tributo limitativo do tráfego interestadual, vedado pelo referido preceito, que somente faz ressalvas no que concerne taxas destinadas a indenização das despesas de construção, conservação e melhoramento das estradas.[389]

A proteção à propriedade, com inegável origem liberal, recebeu atenção do texto constitucional no artigo 5º, XXII, da Constituição Federal e no âmbito tributário, ficou ao abrigo da proibição de confisco (art. 150, IV, da CF), vale dizer, a Constituição vedou expressamente a instituição de tributos que onerem de forma tão gravosa o contribuinte que possa lhe tolher o direito à propriedade.[390] Como referido acima, a proteção não é absoluta, podendo a garantia da propriedade sofrer relativização. Todavia, a restrição ao direito de propriedade não pode ser tão grave a ponto de atingir o chamado núcleo essencial, sob pena de comprometer a eficácia mínima do direito fundamental.[391]

Sobre o tema, manifestou-se o Supremo Tribunal Federal no sentido de proteger o mínimo vital do referido direito fundamental. No julgamento, considerou-se inconstitucional a instituição de contribuição previdenciária para servidores públicos inativos. Com precisão, o Min. Celso de Mello definiu a proibição de confisco em cotejo com a proteção à propriedade:

> A proibição constitucional do confisco em matéria tributária nada mais representa senão a interdição, pela Carta Política, de qualquer pretensão governamental que possa conduzir, no campo da fiscalidade, à injusta apropriação estatal, no todo ou em parte, do patrimônio ou dos rendimentos dos contribuintes, comprometendo-lhes, pela insuportabilidade da carga

---

[388] Recorda Luciano Amaro que: "Esse preceito atende a uma preocupação que, segundo o relato de Pontes de Miranda, vem do primeiro orçamento brasileiro, na Regência de D. Pedro, que procurou imunizar o comércio entre as províncias; no Império, contudo, criou-se o imposto interprovincial; na República, apesar da vedação constitucional, algumas práticas contornaram o obstáculo". AMARO, Luciano. *Direito Tributário Brasileiro*. 8 ed. São Paulo: Saraiva, 2002, p. 143. Conferir: MACHADO, Hugo de Brito. *Os Princípios Jurídicos da Tributação na Constituição de 1988*. 4 ed. São Paulo: Dialética, p. 108.
[389] "Taxa de estatística; sua inconstitucionalidade, quando se apresenta como limitativa do trafego interestadual". RMS 4951/PB, Rel. Min. NELSON HUNGRIA, Pleno, j. 24.01.1958, DJ 29.05.1958, p. 7.329
[390] DIFINI, Luiz Felipe Silveira. *Proibição de Tributos com efeito de confisco*. Porto Alegre: Livraria do Advogado, 2007, p. 112-4.
[391] ÁVILA, Humberto. *Sistema Constitucional Tributário*. São Paulo: Saraiva, 2004, p. 321.

tributária, o exercício do direito a uma existência digna, ou a prática de atividade profissional lícita ou, ainda, a regular satisfação de suas necessidades vitais (educação, saúde e habitação, por exemplo). A identificação do efeito confiscatório deve ser feita em função da totalidade da carga tributária, mediante verificação da capacidade de que dispõe o contribuinte – considerado o montante de sua riqueza (renda e capital) – para suportar e sofrer a incidência de todos os tributos que ele deverá pagar, dentro de determinado período, à mesma pessoa política que os houver instituído (a União Federal, no caso), condicionando-se, ainda, a aferição do grau de insuportabilidade econômico-financeira, à observância, pelo legislador, de padrões de razoabilidade destinados a neutralizar excessos de ordem fiscal eventualmente praticados pelo Poder Público. Resulta configurado o caráter confiscatório de determinado tributo, sempre que o efeito cumulativo – resultante das múltiplas incidências tributárias estabelecidas pela mesma entidade estatal – afetar, substancialmente, de maneira irrazoável, o patrimônio e/ou os rendimentos do contribuinte. – O Poder Público, especialmente em sede de tributação (as contribuições de seguridade social revestem-se de caráter tributário), não pode agir imoderadamente, pois a atividade estatal acha-se essencialmente condicionada pelo princípio da razoabilidade.[392]

Noutro precedente, o Supremo Tribunal Federal considerou lesiva e, portanto, confiscatória multa cominada em 300%. A multa estava prevista no artigo 3º da Lei nº 8.846/94 que dispõe sobre emissão de documentos fiscais e arbitramento de receita mínima. Segundo relato do Min. Celso de Mello:

> A norma legal em questão comina a aplicação de multa pecuniária de 300% incidente sobre o valor do bem objeto da operação ou do serviço prestado, nas hipóteses em que o contribuinte – pessoa física ou jurídica – não tenha comprovado a emissão ou simplesmente não tenha emitido nota fiscal, recibo ou documento equivalente.

Superando a discussão acerca da extensão da proibição de confisco, que segundo alguns limitar-se-ia apenas aos tributos e não alcançaria as multas, o Supremo reconheceu o caráter confiscatório mesmo em abstrato, assim se pronunciando sobre o tema:

> A proibição constitucional do confisco em matéria tributária – ainda que se trate de multa fiscal resultante do inadimplemento, pelo contribuinte, de suas obrigações tributárias – nada mais representa senão a interdição, pela Carta Política, de qualquer pretensão governamental que possa conduzir, no campo da fiscalidade, à injusta apropriação estatal, no todo ou em parte, do patrimônio ou dos rendimentos dos contribuintes, comprometendo-lhes, pela insuportabilidade da carga tributária, o exercício do direito a uma existência digna, ou a prática de atividade profissional lícita ou, ainda, a regular satisfação de suas necessidades vitais básicas. – O Poder Público, especialmente em sede de tributação (mesmo tratando-se da definição do "quantum" pertinente ao valor das multas fiscais), não pode agir imoderadamente, pois a atividade governamental acha-se essencialmente condicionada pelo princípio da razoabilidade que se qualifica como verdadeiro parâmetro de aferição da constitucionalidade material dos atos estatais.[393]

---

[392] ADI-MC 2010/DF, Rel. Min. CELSO DE MELLO, Pleno, j. 30.09.1999, DJU 12.04.2000, p. 51.
[393] ADI-MC 1075/DF, Rel. Min. CELSO DE MELLO, Pleno, j. 17.06.1998, DJU 24.11.2006, p. 59.

Por fim, cumpre analisar a proteção ao livre exercício de atividade econômica assegurada pela Constituição no artigo 170, *caput* e incisos II e III. A norma protege a livre iniciativa, bem assim a propriedade privada e sua função social. O parágrafo único do referido artigo assegura o livre exercício de atividade econômica, independente de autorização do Poder Pública, em consonância com a norma inscrita no inciso II do artigo 5º da Constituição Federal.

Na linha da proteção que o Estado de Direito exerce sobre a propriedade que conjugada com a vedação de confisco confere verdadeira limitação ao poder de tributar, a livre iniciativa e o livre exercício de atividade econômica recebem a mesma tutela. As manifestações do Supremo Tribunal Federal vedando tributação confiscatória que possa tolher o exercício da atividade (tributação proibitiva) ou cercear ou dificultar o desempenho do ofício (tributação excessiva)[394] assim demonstram. A classificação é extraída de trecho do voto do Min. Barros Barreto que ainda sob a égide da Constituição de 1946 definia que o Poder de Tributar "é o poder de conservar, de manter, conciliando assim as necessidades do Estado com os direitos assegurados ao indivíduo", valendo recobrar a passagem já transcrita neste trabalho e que reconhece ser dispensável a previsão expressa da cláusula de não confisco (conquanto não existente à época) para que se assegurasse tal proteção:

> A meu ver, porém, faz-se dispensável qualquer referência expressa nesse sentido, pois os próprios dispositivos fundamentais, que asseguram as liberdades individuais, entre os quais se incluiu o exercício de qualquer profissão, comércio e indústria, constituem uma implícita limitação ao poder de tributar do Estado, no concernente à criação de impostos exagerados, vedando, por conseqüência, que a administração, por meio de tributos excessivos, possa tolher, cercear ou dificultar o pleno exercício dos direitos básicos conferidos ao cidadão.[395]

Em síntese, pode-se dizer que o princípio do Estado de Direito age no âmbito da proteção dos direitos fundamentais de primeira geração (liberdade, propriedade e livre exercício de atividade econômica) com o propósito de harmonizar o poder de tributar com o núcleo essencial dos referidos direitos fundamentais, garantindo-lhes sua mínima eficácia.

---

[394] ÁVILA, Humberto. *Sistema Constitucional Tributário*. São Paulo: Saraiva, 2004, p. 321. Humberto Ávila faz uma pesquisa completa na jurisprudência do Supremo Tribunal Federal sobre a aplicação da proibição de confisco, valendo transcrever, os julgados examinados na obra e por nós pesquisado na íntegra: RE 18331, Rel. Min. OROSIMBO NONATO, 2ª Turma, j. 21.09.1951, DJ 08.11.1951, p. 10.865; RE 47937, Rel. Min. CANDIDO MOTTA, 1ª Turma, j. 19.11.1962, DJU 06.12.1962, p. 3.744; RE 78291/SP, Rel. Min. ALIOMAR BALEEIRO, 1ª Turma, j. 04.06.1974, DJU 10.03.1978 RE 82510/SP, Rel. Min. LEITAO DE ABREU, 2ª Turma, j. 11.05.1976, DJU 06.08.1976, RTJ 78, p. 610; RE 92165/MG, Rel. Min. DECIO MIRANDA, 2ª Turma, j. 14.03.1980, DJU 11.04.1980, p. 2.240 e RE 98393/RJ, Rel. Min. DECIO MIRANDA, 2ª Turma, j. 28.06.1984, DJU 17.08.1984, p. 12.911.

[395] RE 18976/SP, Rel. Min. BARROS BARRETO, 1ª Turma, j. 02.10.1952, ADJ 26.11.1952, p. 14.653.

7.3. ESTADO DE DIREITO E PROTEÇÃO AOS DIREITOS FUNDAMENTAIS DE SEGUNDA GERAÇÃO

A fase do Estado Social de Direito trouxe o chamado "poder-dever" de conformação da ordem social, a fim de garantir ao cidadão justiça social (ver item 1.2). Essa tendência deságua no direito tributário, trazendo a polêmica interpretação econômica do Direito Tributário com franca expansão da importância da capacidade econômica do contribuinte como medida da tributação. Tal modelo interpretativo propunha desconsiderar a forma jurídica atribuída ao ato e focava-se na consideração econômica do fato gerador, bem como nos fins perseguidos de acordo com o ponto de vista econômico.[396]

Ocorre que a expressão do Estado de Direito na proteção dos direitos fundamentais de segunda geração impõe, ao mesmo tempo, cuidado com os direitos fundamentais já consagrados na fase liberal (liberdade, propriedade e livre exercício da atividade econômica) juntamente com a capacidade contributiva perseguida como medida de justiça social.[397] A tensão aparente é, na verdade, exteriorização do fundamento do Estado de Direito de conciliação dos valores sociais do trabalho e da livre iniciativa (art. 1º, IV, da Constituição Federal). Esse dever de harmonização[398] fica claro na jurisprudência do Supremo Tribunal Federal: "Atualmente o poder de tributar (é o poder de tributar) é o poder de tributar de conservar, de manter, conciliando assim as necessidades do Estado com os direitos assegurados ao indivíduo"[399] (sic).

---

[396] RIBEIRO, Ricardo Lodi. *A interpretação da lei tributária na era da jurisprudência dos valores*. In: *Temas de interpretação do Direito Tributário*. Rio de Janeiro: Renovar, 2003, p. 340.

[397] DIFINI, Luiz Felipe Silveira. *Proibição de Tributos com efeito de confisco*. Porto Alegre: Livraria do Advogado, 2007, p. 117. Defende, o autor, que a realização do valor justiça é aspiração do Sistema Tributário, *in verbis*: "Nossa posição sobre o tema já se definiu quando sustentamos que o princípio da não-confiscatoriedade tributária pertence, dentre as normas jurídicas, à espécie das normas de colisão. Se de norma de colisão se trata, cuja aplicação consiste em solucionar hipóteses de colisão entre princípios (entre direito de propriedade e Estado Social, por exemplo), não pode ser apenas um aspecto, elemento ou subprincípio de um dos princípios em colisão (direito de propriedade). Ao solucionar tais colisões entre princípios, fará atuar, como parâmetros, realização do valor justiça do sistema tributário, nos casos de sua aplicação, que são colisões de princípios em sentido estrito (mandamentos *prima facie*), dentro do respectivo sistema jurídico".

[398] Humberto Ávila refere que a concordância prática decorre do entrelaçamento de princípios no momento da aplicação. Diz que: "Como o Estado deve garantir ou preservar o ideal de coisas que cada um dos princípios estabelece, o entrelaçamento concreto entre os princípios exige do Poder Público o encontro de alternativas capazes de compatibilizar todos os princípios. O fundamento constitucional do postulado da concordância prática é precisamente o estabelecimento simultâneo de uma multiplicidade de princípios complementares: diante do caso concreto, o Poder Público, devendo preservar todos, deverá encontrar soluções harmonizadoras". ÁVILA, Humberto. *Sistema Constitucional Tributário*. São Paulo: Saraiva, 2004, p. 393.

[399] RE 18976/SP, Rel. Min. BARROS BARRETO, 1ª Turma, j. 02.10.1952, ADJ 26.11.1952, p. 14.653. DIFINI, Luiz Felipe Silveira. *Proibição de Tributos com efeito de confisco*. Porto Alegre: Livraria do Advogado, 2007, p. 117.

A avaliação da capacidade contributiva, como medida da tributação, sob a influência do princípio do Estado de Direito, com toda a sua conotação social haurida da Constituição de 1934 e mantida ao longo dos anos, impõe a preservação de um mínimo existencial.[400] Como refere Klaus Tipke, "O Estado Tributário não pode retirar do contribuinte aquilo que, como Estado Social, tem de lhe devolver".[401] Prossegue o professor alemão dizendo que o princípio da unidade do ordenamento jurídico um patamar ao mínimo existencial, não podendo ser inferior aos direitos assegurados pela seguridade social.[402] Na mesma linha, sustenta Luiz Felipe Difini:

> Mas há um limite além do qual as necessidades orçamentárias para atingir os fins do Estado Social não podem restringir os direitos de propriedade, livre iniciativa ou disposição pelo particular da renda gerada. Estes princípios e o princípio do Estado Social frequentemente entram em colisão. A solução de tais colisões se dará pela aplicação da norma de colisão que consiste no princípio do não-confisco.[403]

Eis o ponto de inserção do princípio do Estado de Direito enquanto limitação material fundada nos direitos fundamentais de segunda geração. As garantias sociais asseguradas pelo cidadão pelo chamado Estado Social devem servir de parâmetro para a limitação da tributação, de modo que somente poderá ser atingido do contribuinte aquilo que não prejudicar a preservação da eficácia mínima dos direitos sociais. Nessa linha, Roque Carrazza afirma: "Os impostos, quando ajustados à capacidade contributiva, permitem que os cidadãos cumpram, perante a comunidade, seus deveres de solidariedade política, econômica e social".[404] Não por outro motivo é que são asseguradas deduções de despesas "sociais" do imposto de renda devido. Nas palavras de Roque Carrazza, a tributação deve atender a um dever de razoabilidade garantindo:

> (...) os recursos econômicos indispensáveis à satisfação das necessidades básicas das pessoas (mínimo vital), garantidas pela Constituição, especialmente em seus arts. 6º e 7º (alimentação, vestuário, lazer, cultura, saúde, educação, transporte etc.), não podem ser alcançados pelos impostos. Tais recursos devem ser salvaguardados pela cuidadosa criação

---

[400] A nota social é fruto da fase do Estado Social conforme corrobora Klaus Tipke ao referir sobre a realidade alemã: "Os economistas alemães reconhecem, porém, que a Constituição determina a proteção do mínimo existencial. O mínimo existencial é visto como parte da dignidade humana e do princípio do Estado social". TIPKE, Klaus e YAMASHITA, Douglas. *Justiça Fiscal e princípio da capacidade contributiva*. São Paulo: Malheiros, 2002, p. 30. STEICHEN, Alain. *La justice fiscale entre la justice commutative et la justice distributive*. In: Archives du Philosofie de Droit n 46, p. 266, 2000. Consoante o autor francês: "Il existe trois indicateurs susceptibles d'être pris en considération au titre d'indicateur de la capacite contributive: le revenue, lê capital et la dépense".

[401] TIPKE, Klaus e YAMASHITA, Douglas. *Justiça Fiscal e princípio da capacidade contributiva*. São Paulo: Malheiros, 2002, p. 31.

[402] Idem, p. 34.

[403] DIFINI, Luiz Felipe Silveira. *Proibição de Tributos com efeito de confisco*. Porto Alegre: Livraria do Advogado, 2007, p. 144.

[404] CARRAZZA, Roque Antonio. *Curso de Direito Constitucional Tributário*. 18 ed. São Paulo: Malheiros, 2002, p. 75.

de situações de não-incidência ou mediante oportunas deduções, legislativamente autorizadas.[405]

7.4. ESTADO DE DIREITO E PROTEÇÃO AOS DIREITOS FUNDAMENTAIS DE TERCEIRA GERAÇÃO

A dignidade da pessoa humana, como já explicitado (item 2.1), constitui fundamento do Estado de Direito e como tal exerce influência na construção do significado do princípio, haja vista que a Constituição assim dispõe no artigo 1°, III.

Como referido por Ingo Sarlet, as gerações ou "dimensões" dos direitos fundamentais são cumulativas e não sucessivas, o que significa dizer que a proteção e o significado que os direitos fundamentais são acrescidos ao longo do tempo e na medida das evoluções ocorridas.[406] Percebe-se essa ideia com clareza na evolução da proteção material do princípio do Estado de Direito desde as primeiras gerações. Partindo de uma concepção como direitos de defesa para chegar na ideia de dever de prestação, a dignidade humana "reclama que este [Estado] guie as suas ações tanto no sentido de preservar a dignidade existente, quanto objetivando a promoção da dignidade" na lição de Ingo Sarlet.[407] A concepção da dignidade da pessoa humana como anteparo às agressões estatais é compartilhada por Jorge Miranda e Rui Medeiros:

> Em segundo lugar, a dignidade da pessoa humana impõe condições materiais da vida capazes de assegurar liberdade e segurança às pessoas. Daí, as garantias especiais dos salários (artigo 59°, nº 3), a proteção dos cidadãos em todas as situações de falta ou diminuição de meios de subsistência ou de capacidade para o trabalho (artigo 63°, nº 3), o direito a habitação que preserve a intimidade pessoal e a privacidade familiar (artigo 65°, nº 1), a regulação dos impostos e dos benefícios fiscais de harmonia com os encargos familiares [artigo 67°, nº 2, alínea f)], (...).[408]

No âmbito do Direito Tributário, a dignidade da pessoa humana, como sustenta Humberto Ávila, conduz a "preservação do direito à vida e à dignidade e da garantia dos direitos fundamentais de liberdade alicerçam não apenas uma pretensão de defesa contra restrições injustificadas do Estado nesses bens jurídicos, mas exigem do Estado medidas efetivas

---

[405] CARRAZZA, Roque Antonio. *Curso de Direito Constitucional Tributário*. 18 ed. São Paulo: Malheiros, 2002, p. 87.
[406] SARLET, Ingo Wolfgang. *A eficácia dos direitos fundamentais*. 4 ed. Porto Alegre: Livraria do Advogado, 2004, p. 53.
[407] SARLET, Ingo Wolfgang. *Dignidade da pessoa humana e Direitos Fundamentais*. Porto Alegre: Livraria do Advogado, 2001, p. 47.
[408] MIRANDA, Jorge e MEDEIROS, Rui. *Constituição Portuguesa anotada*. T. I. Coimbra: Coimbra Ed., 2005, p. 54.

para a proteção desses bens. O aspecto tributário dessa tarefa é a proibição de tributar o mínimo existencial do sujeito passivo".[409]

Essa proteção ao mínimo existencial encontra suporte na jurisprudência do Supremo Tribunal Federal, como por exemplo, sustenta o Min. Celso de Mello ao apreciar a constitucionalidade da instituição de contribuição de seguridade social para os servidores públicos federais através da Lei n° 9.783/99:

> A proibição constitucional do confisco em matéria tributária nada mais representa senão a interdição, pela Carta Política, de qualquer pretensão governamental que possa conduzir, no campo da fiscalidade, à injusta apropriação estatal, no todo ou em parte, do patrimônio ou dos rendimentos dos contribuintes, comprometendo-lhes, pela insuportabilidade da carga tributária, o exercício do direito a uma existência digna, ou a prática de atividade profissional lícita ou, ainda, a regular satisfação de suas necessidades vitais (educação, saúde e habitação, por exemplo).[410]

O conteúdo normativo extraído da jurisprudência do Supremo Tribunal Federal evidencia a existência digna como limite para a instituição de tributos ou a sua majoração. Em outras palavras, pode-se dizer que a dignidade da pessoa humana, compreendida como garantia do Estado Brasileiro à existência digna e à valorização do ser humano em si mesmo, constitui-se em limite à tributação e aliada ao princípio do Estado de Direito veda práticas atentatórias ao estado ideal de coisas preservado pelas normas.[411] Identifica-se, pois, função eficacial de defesa ao vedar práticas atentatórias à dignidade humana. Assim como se pode vislumbrar a ação da função eficacial protetora, assegurando ações positivas tendentes a promover a dignidade humana.

---

[409] ÁVILA, Humberto. *Sistema Constitucional Tributário*. São Paulo: Saraiva, 2004, p. 393.

[410] ADI – MC n° 2.010/DF, Pleno, Rel. Min. Celso de Mello, j. 30/09/1999, DJU 12.04.2002, p. 51.

[411] Idêntica orientação é verificada em Portugal, onde a norma igualmente tem assento constitucional. Como alerta JORGE MIRANDA "a dignidade da pessoa humana impõe condições materiais de vida capazes de assegurar liberdade e segurança às pessoas. Daí, as garantias especiais dos salários (...) a regulação dos impostos e dos benefícios fiscais de harmonia com os encargos familiares [artigo 67.°, n° 2, alínea f]"MIRANDA, Jorge e MEDEIROS, Rui. *Constituição Portuguesa Anotada*. t. I.. Coimbra: Coimbra Editora, 2005, p. 54.

8. Estado de Direito e limitações de segunda ordem

Como já referido, as limitações ao poder de tributar podem ser divididas em limitações de primeira ordem e limitações de segunda ordem. Aquelas são normas que incidem diretamente para solução do caso concreto, enquanto essas resolvem o conflito de forma oblíqua, vale dizer, são normas que atuam sobre outras normas.

Alguns autores tendem a chamar as normas que atuam como limitações de segundo grau de metanormas, outros preferem definir como sobreprincípios. Há, ainda, quem sustente que se trata de regras de segundo grau, assim como alguns autores utilizam a expressão postulados. Em que pese o rigorismo científico que a ciência jurídica impõe, a verdade é que a definição do nome a ser atribuído a essas limitações pode ser relegada ao segundo plano. O centro do debate está na identificação do papel que tais normas desempenham na aplicação do direito e como efetivamente se dá tal aplicação. Não há dúvida, como demonstrado ao longo dessa pesquisa, que as controvérsias mais relevantes e pungentes do Direito Tributário não se resolvem com a mera subsunção de uma única norma no caso concreto. Contingente expressivo de casos demanda a investigação e aplicação de mais de uma norma, exigindo do intérprete uma visão holística do fenômeno jurídico. A jurisprudência do Supremo Tribunal Federal em matéria tributária é fértil na comprovação de tal assertiva. Um número expressivo de acórdãos oferece a solução do caso concreto valendo-se, via de regra, de um enfeixe de normas constitucionais, sempre articuladas dentro de uma coerência imposta pela ordem jurídica.

É justamente nesse âmbito que o Estado de Direito encontra campo profícuo para sua concretização. O princípio do Estado de Direito pode agir sobre a aplicação de outras normas com o fim específico de rearticular os elementos normativos, atuando como verdadeira limitação de segundo grau. Isso porque o estado ideal de coisas que o Estado de Direito visa preservar é tão amplo quanto o conjunto de princípios que constituem as limitações ao poder de tributar.

Como demonstrado no escorso histórico empreendido para identificação do conteúdo mínimo do Estado de Direito no ordenamento jurídico brasileiro, os ideais que tal norma visou e visa proteger confunde-se com as próprias limitações ao poder de tributar, revelando a sua principal tarefa. Vale dizer, a cláusula constitucional do Estado de Direito desempenha a função de norma articuladora das limitações ao poder de tributar com o fito de manter a higidez do estado ideal de coisas que o Estado de Direito sustenta. Além disso, a construção da ideia de limitação do poder estatal defendida pelo princípio do Estado de Direito impõe ao Estado um ônus argumentativo, visando proteger direitos fundamentais, assim como evitar arbitrariedades. Dessa forma, a invasão do Estado na esfera dos direitos individuais dos cidadãos pressupõe uma adequada e coerente articulação das normas incidentes no caso concreto.

Logo, o papel desempenhado pelo princípio do Estado de Direito, que não pode ser substituído por outra norma, é efetivamente o de articulador, promovendo o encadeamento de princípios constitucionais mais específicos.[412] Trata-se de função rearticuladora, sistematizadora e interpretativa frente às demais normas do ordenamento, conferindo coerência,[413] unidade e certeza ao discurso jurídico.[414]

Com efeito, a ideia de coerência pode ser vista sob duas óticas, uma formal, outra substancial. Do ponto de vista formal, pode-se considerar coerente o discurso que apresenta consistência e completude, isto é, será consistente se não apresentar contradição interna, assim como será dotado de completude se a relação de cada elemento normativo com o sistema for íntegra e coesa. De outro lado, a coerência pode ser enfocada por um viés substancial, onde será mais coerente o discurso que contiver maior dependência recíproca entre as suas proposições e quanto maior forem seus elementos comuns.[415]

A coerência não é o único atributo estabelecido pelo Estado de Direito. De igual sorte, a argumentação jurídica tendente a solucionar conflitos jurídicos deve aspirar à correção. Na obra sobre Argumentação Jurídica, Alexy pretende sustentar que, levando-se em conta os limites e condições impostos pela lei e pelo Direito, a busca pela correção exigida pelo sobreprincípio do Estado de Direito torna o discurso racionalmente justificável.[416]

---

[412] Sobre o tema refere Humberto Ávila que: "Exatamente por isso, o princípio mais amplo exerce influência na interpretação e aplicação do princípio mais restrito. Daí denominar-se o princípio, cujo ideal é mais amplo, de sobreprincípio e o princípio, cujo ideal unidirecional é mais restrito, de subprincípio". AVILA, Humberto. *Sistema Constitucional Tributário*. p. 40.

[413] PECZENICK, Aleksander. *Second Thoughts on Coherence and Juristic Knowledge*. Texto da internet, acessado em 08.09.2005 no *site*: http://peczenick.ivr2003.net.

[414] A questão envolvendo os atributos do Estado de Direito foi tratada no ponto 4.1, onde foram apresentadas as ideias de unidade, coerência e certeza, esta última também tratada no ponto 3.2.

[415] ÁVILA, Humberto. *Sistema Constitucional Tributário*. São Paulo: Saraiva, 2004, p. 31.

[416] Traçando um paralelo entre a Constituição Brasileira e a Lei Fundamental alemã, pode-se pugnar pela aplicabilidade da afirmação de Alexy ao nosso ordenamento jurídico. Segundo o autor: "This

Dessa forma, conjugando os elementos "coerência" e "correção", como critérios qualificadores de um discurso jurídico consonante com o sobreprincípio do Estado de Direito, pode-se vislumbrar a função de rearticuladora aqui defendida, atuando como verdadeira "racionalização" da estrutura estatal.[417] O imbricamento de normas que o princípio articula tende a promover os postulados da unidade e coerência substancial pregados pela Constituição Federal.[418]

As relações que se passa a estabelecer do Estado de Direito com outras normas constitucionais tem o propósito de identificar o papel rearticulador que o sobreprincípio desempenha. Não se pretende esgotar ou exaurir cada uma das normas a seguir enfocadas, tampouco dissertar sobre as funções que desempenham. A proposta é apenas demonstrar a relação que o Estado de Direito estabelece com cada uma delas para que se possa extrair a sua eficácia autônoma.

8.1. ESTADO DE DIREITO E PROIBIÇÃO DE EXCESSO

A proibição de excesso, segundo a jurisprudência do Supremo Tribunal Federal, está associada a ideia de preservação de núcleo essencial dos bens jurídicos tutelados pela Constituição Federal. Parte-se da premissa que todos os princípios podem ser promovidos em diferentes níveis e intensidades, quando em colisão com outros princípios constitucionais. No entanto, a restrição de um princípio em detrimento de outro não pode ser tão severa a ponto de negar aquilo que é considerado essencial à subsistência da norma.[419] Num enfoque direcionado ao Direito Tributário, pode-se dizer que a proibição de excesso confere limite ao exercício da competência tributária. Não obstante seja garantido pela Constituição ao Estado exercer a competência de instituir ou majorar tributos, tal exercício não pode consubstanciar em vulneração de um direito fundamental.

A proibição de excesso, portanto, estabelece um limite ou contorno ao núcleo essencial do princípio que está sendo restringido pelo exercício da competência tributária. Se, no caso concreto, se verificar que há restrição excessiva a um direito fundamental, a proibição de excesso, rearticu-

---

claim matches the precept in Article 20, paragraph 3 of the Constitution (*Grundgesetz*) under wich every act of adjudication is subjected to 'legislation and the rule of law". ALEXY, Robert. *Theory of Legal Argumentation. The Theory of Rational Discourse as Theory of Legal Justification*. Trad. Ruth Adler e Neil MacCormick. Oxford: Claredon Press, 1989, p. 16.

[417] CANOTILHO, José Joaquim Gomes. *Direito Constitucional e Teoria da Constituição*. 7 ed. Coimbra: Almedina, 2003, p. 255.

[418] RE nº 107.869/SP, Rel. Min. CÉLIO BORJA, j. 23.08.1989, DJU 21.08.1992; ADI-MC nº 2.010/DF, Rel. Min. Celso de Mello, j. 30.09.1999, DJU 12.04.2002.

[419] ÁVILA, Humberto. *Sistema Constitucional Tributário*. São Paulo: Saraiva, 2004, p. 389.

lada com o sobreprincípio do Estado de Direito, atuará como anteparo à agressão injusta ao contribuinte.

A proibição de excesso mantém vínculo estreito com a norma do Estado de Direito, sendo considerado pelo Direito Alemão como corolário natural deste.[420] No direito pátrio, a conclusão não é diversa. Como sustentado ao longo da exposição, o conteúdo mínimo do Estado de Direito conclama o intérprete a abolir arbitrariedade com o propósito de proteger valores constitucionais que a história consagrou. Assim, propriedade, liberdade, segurança, dignidade, valores sociais recebem a proteção do Estado de Direito que, conjugado com a proibição de excesso, atribuem função eficacial protetora à norma.

Vale trazer à colação o caso examinado pelo Supremo Tribunal Federal onde foi avaliado se a exigência do pagamento antecipado de ICM poderia ser considerada restrição grave ao livre exercício da profissão. A Turma acabou reconhecendo que a exigência de pagamento antecipado constituía em sanção política vedada pela Constituição à época, bloqueando "de modo profundo a atividade profissional lícita do contribuinte".[421]

Como visto, o Estado de Direito, compreendido em seu sentido semântico pleno, rearticula a aplicação das normas em jogo, buscando a coerência e correção que o ordenamento jurídico reclama.

8.2. ESTADO DE DIREITO E CONCORDÂNCIA PRÁTICA.

A Constituição Federal assenta um plexo de valores (preâmbulo), elenca princípios fundamentais (Título I) e prescreve objetivos a serem perseguidos pelo Estado Brasileiro (art. 3º). A parte introdutória e os demais títulos do texto constitucional constituem um todo uno e indivisível, coerente e harmônico.

Os conflitos entre normas constitucionais são meramente aparentes, competindo ao intérprete buscar restabelecer a harmonia das normas invocadas no conflito concreto. Essa premissa decorre do princípio da unidade da Constituição. Segundo a doutrina constitucionalista:

> (...) essa regra de interpretação, as normas constitucionais devem ser vistas não como normas isoladas, mas como preceitos interado num sistema unitário de regras e princípios, que

---

[420] HECK, Luís Afonso. *O Tribunal Constitucional Federal e o Desenvolvimento dos Princípios Constitucionais*. Porto Alegre: SaFe, 1995, p. 185.

[421] "Mandado de segurança. A exigência do pagamento antecipado do ICM, para a entrega de talonários referentes a esse imposto, importa violação de lei federal (CTN), onde se estabelece como fato gerador do aludido imposto a saída da mercadoria do estabelecimento comercial, industrial ou produtor. Quando assim não fosse, implicaria a citada exigência sanção política, vedada pela constituição federal, artigo 153, par 23. Aplicação da súmula n. 547. Recurso conhecido e provido, em parte". (RE nº 76455/MG, Rel. Min. LEITÃO DE ABREU, 2ª Turma, j. 01.04.1975, DJ 23.05.1975)

é instituído na e pela própria Constituição. Em conseqüência, a Constituição só pode ser compreendida e interpretada corretamente se nós a entendermos como unidade, do que resulta, por outro lado que em nenhuma hipótese devemos separar uma norma do conjunto em que ela se integra, até porque – relembre-se o círculo hermenêutico – o sentido da parte e o sentido do todo são interdependentes.[422]

O Supremo Tribunal Federal já reconheceu a aplicabilidade do princípio da unidade da Constituição Federal quando apreciou a ADI n° 815-3/DF, onde se discutia a inconstitucionalidade de normas constitucionais. Nas palavras do Min. Moreira Alves:

> (...)delas resulta a estrita observância do princípio da unidade da Constituição. Assim na atual Carta Magna "compete ao Supremo Tribunal Federal, precipuamente, a guarda da Constituição" (artigo 102, caput), o que implica dizer que essa jurisdição que lhe é atribuída para impedir que desrespeite a Constituição como um todo, (...).[423]

Assim, a interpretação das normas constitucionais não pode ser feita de forma fatiada, em parcelas. O texto deve ser entendido na sua integralidade, evitando que a leitura isolada propicie decisões em conflito com o espírito da Constituição Federal.

A tese do legislador racional remete para a ideia de que não existem normas "sobrando no texto da Constituição".[424] Cumpre ao intérprete concatená-las de forma coerente e ordenada, visando à maximização de suas eficácias normativas.

Nesse aspecto é que ganha importância o princípio (postulado) da concordância prática, também conhecido como princípio da harmonização. Por meio dessa norma que regula a aplicação de outras normas (daí a utilização da expressão postulado) deve-se procurar justamente compatibilizar os bens jurídicos que aparentemente demonstram-se em confronto. Como afirmado por Konrad Hesse:

> (...) bens jurídicos protegidos jurídico-constitucionalmente devem, na resolução do problema, ser coordenados um ao outro de tal modo que cada um deles ganhe realidade. Onde nascem colizões [sic] não deve, em "ponderação de bens" precipitada ou até "ponderação de valor'" abstrata, um ser realizado à custa do outro. Antes, o princípio da unidade da Constituição põe a tarefa de uma otimização: a ambos os bens devem ser traçados limites, para que ambos possam chegar a eficácia ótima.[425]

Esse, enfim, é o desiderato do postulado da concordância prática, vale dizer, harmonizar os bens jurídicos a fim de atingir a máxima valo-

---

[422] MENDES, Gilmar Ferreira, COELHO, Inocêncio Mártires e BRANCO, Paulo Gustavo Gonet. *Curso de Direito Constitucional*. 2 ed. São Paulo: Saraiva, 2008, p. 114.
[423] ADI n° 815-3, Pleno, Rel. Min. Moreira Alves, j. 23.08.1996, DJU 10.05.1996.
[424] MENDES, Gilmar Ferreira, COELHO, Inocêncio Mártires e BRANCO, Paulo Gustavo Gonet. *Curso de Direito Constitucional*. 2 ed. São Paulo: Saraiva, 2008, p. 113.
[425] HESSE, Konrad. *Elementos de Direito Constitucional da República Federal da Alemanha*. Trad. Luís Afonso Heck. Porto Alegre: SaFe, 1998, p. 66.

rização de ambos, sem que seja necessário negar vigência a qualquer dos bens envolvidos. O constitucionalista Inocêncio Coelho aduz que:

(...) o princípio da harmonização ou da concordância prática consiste essencialmente, numa recomendação para que o aplicador das normas constitucionais, em se deparando com situações de concorrência entre bens constitucionalmente protegidos, adote a solução que otimize a realização de todos eles, mas ao mesmo tempo não acarrete a negação de nenhum.[426]

Não se trata de exclusão de um em detrimento de outro, mas sim encontrar um ponto de equilíbrio que consiga harmonizar os interesses em jogo. Nesse ponto, Konrad Hesse sustenta que "os traçamentos [sic] dos limites devem, por conseguinte, no respectivo caso concreto ser proporcionais; eles não devem ir mais além do que é necessário para produzir a concordância de ambos os bens jurídicos".[427]

O Supremo Tribunal Federal reconhece e aplica o postulado da concordância prática utilizando-os em diversas oportunidades, quando necessário a harmonização de bens jurídicos em conflito aparente.[428] Merece destaque o acórdão da lavra do Min. Carlos Madeira que, em resumo, apreciou a arguição de inconstitucionalidade da lei municipal que exigia a presença de farmacêutico nas farmácias e drogarias do município. Estavam em jogo os bens jurídicos: "livre iniciativa" e o "controle em atenção à saúde dos usuários de medicamentos". O Min. Carlos Madeira afirma que: "no caso, a lei que prevê a assistência do técnico nas drogarias visa a concordância prática entre a liberdade do exercício do comércio de medicamentos e o seu controle, em benefício dos que usam tais medicamentos".[429]

O exercício da competência tributária deve levar em consideração a justa ponderação ora preconizada com o intento de compatibilizar os interesses em conflito. Tal apreciação foi levada a efeito pelo Supremo Tribunal Federal, tendo constado no voto do Min. Orozimbo Nonato que:

---

[426] MENDES, Gilmar Ferreira, COELHO, Inocêncio Mártires e BRANCO, Paulo Gustavo Gonet. *Curso de Direito Constitucional*. 2 ed. São Paulo: Saraiva, 2008, p. 114. No mesmo sentido: "O ordenamento constitucional estabelece simultaneamente vários princípios que podem entrelaçar-se no momento de sua aplicação. Como o Estado deve garantir ou preservar o ideal de coisas que cada um dos princípios estabelece, o entrelaçamento concreto entre os princípios exige do Poder Público o encontro de alternativas capazes de compatibilizar todos os princípios. O fundamento constitucional do postulado da concordância prática é precisamente o estabelecimento simultâneo de uma multiplicidade de princípios complementares: diante do caso concreto, o Poder Público, devendo preservar todos, deverá encontrar soluções harmonizadoras". ÁVILA, Humberto Bergmann. *Sistema Constitucional Tributário*. São Paulo: Saraiva, 2004, p. 393.

[427] HESSE, Konrad. *Elementos de Direito Constitucional da República Federal da Alemanha*. Trad. Luís Afonso Heck. Porto Alegre: SaFe, 1998, p. 67.

[428] RE 18.331/SP, Rel. Min. Orozimbo Nonato, DJ 21.09.1951; RE nº 18.976, Rel. Min. Barros Barreto, ADJ 26.11.1952.

[429] Rp nº 1507/DF, Rel. Min. Carlos Madeira, Pleno, DJ 09.12.1988, p. 32.676.

O poder de taxar não pode chegar a desmedida do poder de destruir, substituído o conhecido axioma de Marshall pelo – de que "the Power to tax is the Power to keep alive"'. Cita, ainda, o juiz, erudita conferência proferida do Prof. Bilac Pinto tirada a lume da Rev. For. Vol. 82, p. 547, que vale por eloqüente preconicio da doutrina elaborada na Côrte Suprema dos Estados Unidos de que o poder de taxar somente pode ser exercido dentro dos limites que o tornem compatível com a liberdade de trabalho, de comércio e de indústria e com o direito de propriedade.[430]

O Supremo Tribunal Federal vale-se do postulado da concordância prática ou harmonização para ponderação dos bens jurídicos envolvidos e ressalta que é preciso estabelecer diante do caso concreto tal ponderação no intuito de prestigiar os valores em jogo, sem esvaziar seus núcleos essenciais.[431]

8.3. ESTADO DE DIREITO E PROPORCIONALIDADE

A doutrina comumente atribui à cláusula do Estado de Direito o fundamento jurídico da proporcionalidade. Vozes abalizadas sustentam que a norma do *due process of Law*, igualmente, dá suporte para sua configuração. De qualquer forma, não há dúvida que a proporcionalidade tem sua raiz cravada no artigo 1º da Constituição Federal. Como já referido, a pesquisa não se ocupa em examinar de forma aprofundada as normas que com o Estado de Direito mantém relação, mas sim enfocar de que forma esse relacionamento se dá.

A aplicação da proporcionalidade ocorre quando se verifica um conflito de princípios e, para solução do caso concreto, será necessário estabelecer qual deles deverá preponderar. Trata-se de verdadeira ponderação de bens jurídicos tutelados pela ordem constitucional, de um lado, e os fins eleitos pela Constituição Federal.[432] Conforme identificado por Humberto Ávila:

> O dever de ponderação refere-se às possibilidades fáticas de concretização dos princípios. A eficácia máxima somente pode ser atingida se o meio for adequado e necessário relativamente ao fim buscado. A proporcionalidade em sentido estrito decorre das possibilidades normativas: quando a escolha do meio produzir mais efeitos jurídicos negativos do que positivos (proporcionalidade em sentido estrito) ou implicar a aniquilação da eficácia mínima de outros princípios, sua escolha será vedada (proibição de excesso).[433]

---

[430] RE 18331/SP, Rel. Min. OROSIMBO NONATO, 2ª Turma, j. 21.09.1951, ADJ 10.08.1953, p. 2.356.
[431] ADI/MC 3.540-1/DF, Rel. Min. Celso de Mello, Pleno, DJ 3.2.2006, p. 14.
[432] ALEXY, Robert. *Teoria dos Direitos Fundamentais*. Trad. Virgilio Afonso da Silva. São Paulo: Malheiros, 2008, p. 166.
[433] ÁVILA, Humberto. *Sistema Constitucional Tributário*. São Paulo: Saraiva, 2004, p. 94.

Parte da doutrina se conforma em atribuir ao Estado de Direito a gênese da proporcionalidade, descurando da relação que as normas mantêm entre si. A proposta desta pesquisa é demonstrar que o Estado de Direito não somente dá suporte jurídico como também contribui para a sua aplicação. A jurisprudência do Supremo, por vezes ambígua, com certa frequência utiliza a expressão proporcionalidade para impor conduta consentânea à ordem jurídica.[434]

No intuito de abordar a relação das normas no Direito Tributário, será abordado instituto da substituição tributária e os precedentes significativos do Supremo Tribunal Federal a respeito. Em poucas palavras, pode-se dizer que a substituição tributária consiste na antecipação, de forma presumida e ficta, da ocorrência de fatos geradores futuros com o fito de simplificar o exercício da fiscalização e arrecadação. Assim, numa cadeia produtiva onde o produto circula da indústria ao distribuidor, deste para o comerciante e, finalmente, alcança o consumidor final, seria necessário fiscalizar a regularidade de todas as operações, conferindo, inclusive, o correto aproveitamento de créditos em cada etapa. A substituição tributária simplifica todo esse *iter*, impondo, por exemplo, que a indústria antecipe o pagamento dos tributos que seriam devidos caso as etapas subsequentes realmente ocorressem.

Dois problemas emergem da simplificação proposta: (1) e se não ocorrer(em) a(s) etapa(s) subsequente(s)? e (2) se o valor atribuído fictamente pela pauta fiscal não corresponder ao efetivamente praticado pelo mercado?

A controvérsia foi inicialmente abordada pelo Supremo Tribunal Federal no julgamento do Recurso Extraordinário nº 213.396/SP, onde se alegava que a substituição tributária constituía exigência de tributo sem a ocorrência de fato gerador. Na oportunidade, o Supremo Tribunal Federal foi esgrimindo um a um dos argumentos sustentados pelas partes, não reconhecendo violação ao princípio da legalidade, tipicidade, ao princípio da capacidade contributiva, da não cumulatividade e ao princípio do não confisco. No julgamento, o Min. Ilmar Galvão, valendo-se de lição de Marco Aurélio Grecco, vislumbrou o preenchimentos dos requisitos necessários para a instituição válida da substituição tributária, a saber: "adequação material entre o fato tributável e a competência constitucional; e

---

[434] *HABEAS CORPUS*. USO DE TÓXICO (art. 16 da Lei nº 6.368/76). DOSIMETRIA DA PENA. INOBSERVÂNCIA DO CRITÉRIO TRIFÁSICO. PENA-BASE E AGRAVANTE. DESPROPORCIONALIDADE. 1. A teor do art. 61, inciso I, do Código Penal, a reincidência consubstancia circunstância legal agravante, não podendo ser considerada como critério para a fixação da pena-base. 2. Ofende o princípio da proporcionalidade entre a agravante e a pena aplicada, bem assim o critério trifásico previsto no art. 68 do Código Penal, a sentença que na primeira etapa da individualização da pena fixa o seu *quantum* no limite máximo previsto para o tipo penal. 3. Habeas corpus deferido, em parte. (HC 75889/MT, Rel. Min. MARCO AURÉLIO, Relator(a) p/ Acórdão: Min. MAURÍCIO CORRÊA, 2ª Turma, j. 17.03.1998, DJ 19.06.1998, p. 2)

um segundo exame pela verificação de compatibilidade e adequação entre os modelos operativos concretamente criados (antecipação, substituição, etc.) de um lado, e pressuposto de fato e fato tributável, de outro".[435]

No julgamento da ADI nº 1851, a Corte avançou um pouco mais no exame da proporcionalidade da medida, porém não alterou a posição que considerava constitucional a substituição tributária. No julgamento, o Pleno do Supremo Tribunal Federal avaliou a adequação do meio escolhido (substituição tributária) para atingir os fins extrafiscais almejados (simplificação e diminuição dos custos administrativos). O meio será adequado, segundo a orientação, se na maioria dos casos a presunção refletir o valor efetivamente praticado, admitindo-se que, em determinadas circunstâncias a regra geral e abstrata não seja condizente com a realidade.[436] A restituição prevista no § 7º do artigo 150 da Constituição Federal estaria condicionada a inocorrência do fato gerador futuro.

A discussão está na pauta do Supremo Tribunal Federal aguardando a finalização das duas ações diretas de inconstitucionalidade ajuizadas pelos Governadores dos Estados de Pernambuco e de São Paulo contra o art. 19 da Lei 11.408/96 e art. 66-B, II, da Lei 6.374/89, com a redação dada pela Lei 9.176/95, respectivamente dos referidos Estados, que asseguram a restituição do ICMS pago antecipadamente no regime de substituição tributária, nas hipóteses em que a base de cálculo da operação for inferior à presumida (v. Informativos 331, 332, 397, 443 e 455 do Supremo Tribunal Federal).[437] O julgamento está empatado com quatro votos reconhecendo o dever de restituição previsto na legislação estadual e quatro votos reconhecendo a inconstitucionalidade das leis estaduais que garantem a restituição da diferença entre o valor antecipado e aquele efetivamente praticado.

Independentemente do resultado final do julgamento, a linha de precedentes foi rememorada para demonstrar a evolução da compreensão da proporcionalidade pelo Supremo Tribunal Federal no âmbito do Direito Tributário. O sopesamento de valores e a avaliação dos meios e fins em jogo sofreu significativa evolução. Essa evolução somente pode ser compreendida a partir do enfoque do exame do Estado de Direito e suas funções eficaciais aqui identificadas. Da compreensão superada que vislumbrava compatibilidade da substituição tributária com a ordem jurídica, independentemente do caso concreto e dos meios empregados, até a posição atual, onde quatro Ministros reconhecem que a Constituição Federal assegura o direito à restituição, verifica-se que algo foi agregado ao

---

[435] RE 213396/SP, Rel. Min. ILMAR GALVÃO, 1ª Turma, j. 02.08.1999, DJ 01.12.2000, p. 97.
[436] ADI 1851/AL, Rel. Min. ILMAR GALVÃO, Pleno, j. 08.05.2002, DJ 22.11.2002, p. 55.
[437] ADI 2675/PE, rel. Min. Carlos Velloso, 7.2.2007. (ADI-2675) e ADI 2777/SP, rel. Min. Cezar Peluso, 7.2.2007. (ADI-2777).

discurso jurídico. Outros argumentos foram sopesados, conduzindo nada menos que quatro Ministros à conclusão que a impossibilidade de devolução da quantia antecipada a maior contrasta com o Sistema Tributário vigente. Se nenhuma norma nova foi agregada ao ordenamento jurídico, o que de fato ocorreu? Se o Pleno do Supremo Tribunal Federal já havia interpretado o § 7º do artigo 150 no julgamento da ADI nº 1851/AL, por que revolver o tema? Em decisão unânime, a Corte admitiu a revisão da interpretação conferida no precedente citado, referindo que a norma do artigo 102, § 2º vincula os demais órgãos do Poder Judiciário e o Poder Executivo, mas não o próprio Supremo Tribunal Federal.

O Min. Cezar Peluso, relator da ação direta ajuizada pelo Estado de São Paulo, ao proferir seu voto, salientou a possibilidade de reinterpretação do § 7º do art. 150 da CF não estaria impedida pelo efeito vinculante conferido àquela decisão, cuja vinculação limita-se aos demais órgãos do Poder Judiciário e ao Poder Executivo. O Min. Cezar Peluso entendeu que a substituição tributária no Estado de São Paulo é obrigatória e não envolve nenhum benefício fiscal, mas visa a assegurar a máxima arrecadação pelo Estado, em razão da antecipação ficta do fato gerador e da transferência da responsabilidade pelo recolhimento do imposto. O Min. Cezar Peluso considerou, ainda, que, na hipótese de não ocorrência do fato gerador no valor presumido – salientando, no ponto, que o fato gerador presumido deve necessariamente estar vinculado ao fato gerador legitimante, o qual representa a dimensão monetária efetiva de tais operações –, o Estado tem o dever de restituir o montante pago a maior, por faltar-lhe competência constitucional para a retenção de tal diferença, sob pena de violação ao princípio constitucional que veda o confisco.

Trata-se, portanto, de uma visão nova e diversa daquela do entendimento até então consolidado no Supremo Tribunal Federal. A análise dos bens jurídicos em jogo, com o adequado balanceamento de valores e avaliação de meios e fins em consonância com o Estado de Direito propicia conclusão distinta dos precedentes utilizados até então.

8.4. ESTADO DE DIREITO E RAZOABILIDADE

Sabe-se que as regras possuem grau de exatidão elevado e possuem em sua estrutura normativa um mandamento comportamental que, via de regra, impõe uma consequência, no caso do Direito Tributário, o pagamento de um tributo. A referida espécie normativa só pode ser elidida através de uma exceção inserta em outra regra ou através da aplicação do postulado da razoabilidade. Este, por sua vez, se caracteriza pela avaliação particularizada dos efeitos da regra no caso concreto. Por meio da razoabilidade é possível aferir qual o grau de restrição ao bem jurídico de um contribuinte individualmente considerado. Trata-se, como refere Humberto Ávila, "de uma análise individual da intensidade de restrição causada a um indivíduo, cuja aplicação se circunscreve a casos excepcionais".[438]

A razoabilidade, consoante lição de Humberto Ávila, apresenta tríplice acepção: "Razoabilidade como dever de harmonização do geral com o individual (dever de equidade); Razoabilidade como dever de harmonização do Direito com suas condições externas (dever de congruência) e Razoabilidade como dever de vinculação entre duas grandezas (dever de equivalência)".[439]

A razoabilidade possui previsão legal expressa no artigo 2ª, *caput*, da Lei nº 9.784, de 1999 que regula o processo administrativo no âmbito federal. Contudo, ainda que não houvesse tal previsão, a norma teria aplicação, como de fato o Supremo Tribunal Federal sempre reconheceu. Com efeito, antes da publicação da Lei nº 9.784, a Corte já se valia da razoabilidade para solucionar conflitos envolvendo normas constitucionais.

O cerne da aplicação da razoabilidade está no anseio de aplicação coerente e correta do Direito, atributos prestigiados pelo Estado de Direito como antes destacado. A ideia de particularização e individualização é evidente segundo o Sistema Tributário Nacional. Apenas a título ilustrativo, basta referir a norma da capacidade contributiva prevista no artigo 145, § 1º, da Constituição Federal. Consta no texto que os impostos deverão, sempre que possível, levar em consideração a capacidade econômica do contribuinte. Discussões a parte do âmbito de aplicação da referida norma, certo é que há uma norma constitucional orientando o legislador a "sempre que possível" levar em consideração os aspectos particulares do contribuinte.

Nessa linha de raciocínio, poderia o intérprete desconsiderar os aspectos particulares do contribuinte quando este insurge-se contra a aplicação de uma regra que lhe impõe excessiva iniquidade? Esta compreensão conjugada da razoabilidade com o Estado de Direito permite, diante do caso concreto e em caráter excepcional, afastar a aplicação de determinada regra. Não é demasiado repetir que o afastamento da regra ao caso concreto é excepcional, demonstrada a iniquidade que pode ser perpetrada e observados os pressupostos próprios da razoabilidade, pois, do contrário, a aplicação desmedida subverteria a própria essência do Estado de Direito, vale dizer, combate ao arbítrio.

---

[438] ÁVILA, Humberto. *Sistema Constitucional Tributário*. São Paulo: Saraiva, 2004, p. 101.
[439] ÁVILA, Humberto.*Teoria dos Princípios*. São Paulo: Malheiros, 2003, p. 102 e103.

Conclusões

Em sede de conclusões, cumpre apresentar os resultados obtidos ao longo da pesquisa. A dissertação se concentrou na busca pela definição sobre o conteúdo e alcance do princípio do Estado de Direito no Direito Tributário. Num segundo momento, passou-se a identificá-lo como verdadeira limitação ao poder de tributar que possui eficácia própria e interage com as demais normas do Sistema Tributário Constitucional.

A trilha histórica percorrida com o exame das Constituições Brasileiras propiciou a compreensão da carga semântica atribuída ao Estado de Direito. Assim, a tradição foi incorporando sentido ao princípio, que, agora, não pode ser desprezado pelo intérprete.[440] Cada vertente histórica do Estado de Direito agrega conteúdo e ajuda a compor a estrutura do princípio, de modo que ocorre, no caso concreto, acumulação dos conteúdos ideológicos e não sobreposição das concepções. Os ideais liberais foram mantidos com a chegada da Constituição "social" de 1934. A redemocratização de 1946 manteve as conquistas até então alcançadas e agregou novos valores. Por fim, a Constituição de 1988, ao trazer a democracia de volta ao cenário brasileiro, inseriu novos elementos que se juntaram aqueles já sedimentados pelo Estado de Direito. O panorama apresentado, mais do que fazer resgate histórico, objetivou demonstrar que determinadas normas e valores foram inseridos no Constitucionalismo Brasileiro e passaram a integrar o Sistema Constitucional vigente. Esse resgate demonstra as razões das opções valorativas adotadas pela Constituição Federal de 1988, bem como auxilia na compreensão do conteúdo das normas nela inseridas.

O passo seguinte foi demonstrar, com base nas conclusões anteriores, os valores fundantes do Estado de Direito, segundo a Constituição vigente. Os fundamentos explorados no segundo capítulo não foram escolhas do autor. Os institutos tratados constam do artigo 1º da Constituição Federal e, como observado na jurisprudência do Supremo Tribunal Federal, conferem sentido e direção ao princípio do Estado de Direito.

---

[440] GADAMER, Hans-Georg. *Verdade e método I.. Traços fundamentais de uma hermenêutica filosófica*. 6 ed. trad. Flávio Paulo Meurer. Petrópolis: Vozes, 1997, p. 270-3. BORGES, José Souto Maior. *Hermenêutica histórica no Direito Tributário. in* Revista Tributária e de Finanças Públicas n. 31, p. 120.

Enquanto nos fundamentos se analisava o que continha dentro do princípio do Estado de Direito, no estudo dos subprincípios, pretendeu-se estabelecer um exame externo, vale dizer, como o princípio do Estado de Direito interage com outros princípios de índole constitucional. É bem verdade que alguns princípios tratados no terceiro capítulo integram a mesma árvore genealógica do Estado de Direito, mas não se pode confundir com seus fundamentos. A pesquisa na jurisprudência do Supremo Tribunal Federal propiciou estabelecer o alcance eficacial que o princípio do Estado de Direito pode assumir, permitindo obter as conclusões apresentadas no quarto capítulo.

A pesquisa fecha o ciclo e permite extrair as conclusões conceituais necessárias. O princípio do Estado de Direito consagrado no texto da Constituição e aplicado pela jurisprudência preserva um estado ideal de coisas que nenhuma outra norma isolada é capaz de proteger. Não se trata da mera soma aritmética dos valores veiculados nos fundamentos ou das eficácias dos subprincípios. A ideia central está focada na limitação jurídica do poder estatal e na exigência de racionalidade nas relações Estado-indivíduo, tudo com o propósito de preservar os direitos fundamentais. Essa noção constitui o cerne da norma.

É preciso ressaltar que a limitação proposta não é meramente formal. Além da forma e procedimento que são impostos pelo princípio do Estado de Direito, deve-se observar também o conteúdo da ação do Estado.[441] Como visto, não é qualquer lei que pode instituir ou majorar tributos. Faz-se necessário "algo mais". Não basta simplesmente observar a vedação de efeito retroativo da lei nova. Existe uma "obrigação adicional". Não é suficiente publicar lei no exercício anterior aquele que se pretende cobrar o tributo, existe uma "dever a mais". A redação do artigo 150 da Constituição não deixa dúvidas que o contribuinte possui "outras garantias", além daquelas expressamente arroladas na Seção II do Capítulo do Sistema Tributário Nacional. Logo, pode-se dizer que o princípio do Estado de Direito define a forma da atividade estatal no campo da tributação, assim como é capaz de oferecer pautas para o exame do conteúdo e mérito da ação. Em existindo escolhas valorativas prévias no texto da Constituição e levando em conta que a jurisprudência do Supremo Tribunal Federal erige a Lei Fundamental ao status de vértice do ordenamento jurídico, é lícito afirmar que o princípio do Estado de Direito contribui na escolha dos argumentos utilizados no discurso jurídico.

Não se pretende afirmar que o intérprete está engessado ou que a interpretação literal deve ser levada até as últimas consequências. Esses

---

[441] CANOTILHO, José Joaquim Gomes. Direito Constitucional e Teoria da Constituição. 7 ed. Coimbra: Almedina, 2003, p. 243.

dogmas estão há muito tempo superados.[442] O princípio do Estado de Direito, assim como qualquer outro, pode ser aplicado em maior ou menor grau, segundo as particularidades do caso concreto. No entanto, a superação das razões oferecidas pelo Estado de Direito exigirão do intérprete um esforço argumentativo muito maior.

Dessa forma, a segunda parte do trabalho procurou identificar o princípio do Estado de Direito, sendo aplicado no caso concreto por meio dos julgados do Supremo Tribunal Federal. Tornou-se possível reconhecer, nesse momento, o status de limitação ao poder de tributar que pode ser atribuído ao princípio do Estado de Direito. No cotejo do princípio com as limitações constitucionais ao poder de tributar preexistentes, verificou-se a força normativa do Estado de Direito. Pode-se observar, assim, a aplicação casuística das eficácias que a norma possui.

---

[442] ALEXY, Robert. *Teoria de los derechos fundamentales*. Trad. Ernesto Garzón Valdés. Madri: Centro de Estúdios Políticos y Constitucionales, 2001, p. 106.

Bibliografia

AARNIO, Aulis. *Lo racional como razonable*. Trad. Ernesto Garcia Mendez. Madri: Centro de Estudios Constitucionales, 1991.
ALEXY, Robert. *On Balancing and Subsumption. A Structural Comparison*. In: Ratio Júris. Vol. 16. nº 4. Dezembro de 2003.
——. *Teoria de los derechos fundamentales*. Trad. Ernesto Garzón Valdés. Madri: Centro de Estudios Políticos y Constitucionales, 2001.
——. *Teoria del discurso y derechos humanos*. Trad. Luis Villar Borda. Bogotá: Universitá Externado de Colombia, 2000.
——. *Teoria del discurso y derechos humanos*. Trad. Luis Villar Borda. Bogotá: Universitá Externado de Colombia, 2000.
——. *Theory of Legal Argumentation*. The Theory of Rational Discourse as Theory of Legal Justification. Trad. Ruth Adler e Neil MacCormick. Oxford: Claredon Press, 1989.
——. *Idée et structure d'un système du droit rationnel*. Traduzido para o francês por Ingrid Dwars. In: Archives de Philosophie du Droit. T. 33, Paris: Sirey ed, 1988, p. 23-38.
ALMEIDA JÚNIOR, Fernando Osório de. Interpretação conforme a Constituição e Direito Tributário. In: *Repertório IOB de jurisprudência*: tributário e constitucional, n. 20, p. 786-784, 2. quinz. Out. 2002.
AMARAL, Paulo Adyr Dias do. Analogia em Direito Tributário – Interpretação econômica e norma geral antielisiva. *In: Revista Dialética de Direito Tributário*, n. 80, p. 87-95, maio 2002.
AMARO, Luciano. *Direito Tributário Brasileiro*. 8 ed. São Paulo: Saraiva, 2002.
ANDRADE, José Carlos Vieira de. *Os Direitos Fundamentais na Constituição Portuguesa. 1976*. 2 ed. Coimbra: Almedina, 2001.
ARISTÓTELES. *A política*. Trad. Roberto Leal Ferreira. São Paulo: Martins Fontes, 1998.
ATALIBA, Geraldo. *Sistema Constitucional Tributário Brasileiro*. São Paulo: RT, 1968.
ATIENZA, Manuel. *As razões do Direito. Teorias da Argumentação Jurídica*. Trad. Maria Cristina Guimarães Cupertino. São Paulo: Landy, 2003.
ÁVILA, Humberto. *Sistema Constitucional Tributário*. São Paulo: Saraiva, 2004.
——. *Teoria da Igualdade Tributária*. São Paulo: Malheiros, 2008.
——. *Teoria dos Princípios*. Da definição à aplicação dos princípios jurídicos. São Paulo: Malheiros, 2003.
——. Benefícios fiscais inválidos e a legítima expectativa dos contribuintes. *In: Revista Tributária* 42/110-114, São Paulo: RT, 2002.
——. Repensando o "princípio da supremacia do interesse público sobre o particular. *In: O Direito Público em Tempos de crise*. Estudos em Homenagem a Ruy Ruben Ruschel. Org. Ingo Wolfgang Sarlet. Porto Alegre: Livraria do Advogado, 1999, p. 127.
——. *Argumentação jurídica e a imunidade do livro eletrônico*. In: Temas de Interpretação do Direito Tributário. Org. Ricardo Lobo Torres, p. 114.
——. Conflito entre o dever de proteção à saúde e o dever de proteção à liberdade de comunicação e informação no caso da propaganda comercial do tabaco. Exame de constitucionalidade da Lei nº 9.249/96. *In: Revista de Direito Administrativo* nº 240, p. 352.
——. *Estatuto de contribuinte: conteúdo e alcance*. In: Revista da Associação Brasileira de Direito Tributário 7/73-104. Belo Horizonte: Del Rey, set/dez./ 2000.

———. Repensando o princípio da supremacia do interesse público sobre o particular. In: *Revista Trimestral de Direito Público* 24/159-180. São Paulo: Malheiros, 1999.
BALEEIRO, Aliomar. *Constituições Brasileiras: 1891*. Brasília: Senado Federal, 2001.
———. *Limitações Constitucionais ao Poder de Tributar*. 7 ed. Rio de Janeiro: Forense, 1998.
———; LIMA SOBRINHO, Barbosa. *Constituições Brasileiras: 1946*. Brasília: Senado Federal, 2001.
BARROSO, Luis Roberto. *Constituição da República Federativa do Brasil Anotada*. 4 ed. São Paulo: Saraiva, 2003.
———. *Interpretação e aplicação da constituição*. São Paulo: Saraiva, 2003.
BARZOTTO, Luis Fernando. *A democracia na Constituição*. São Leopoldo. Ed. Unisinos, 2003.
BASTOS, Celso Ribeiro. O Princípio da moralidade no Direito Tributário. In: *O princípio da moralidade no Direito Tributário*. org. Ives Gandra da Silva Martins. São Paulo: CEU – RT, 1996, p. 83.
BECKER, Alfredo Augusto. *Teoria Geral do Direito Tributário*. 4 ed. São Paulo: Noeses, 2007.
BOBBIO, Norberto. *Teoria do ordenamento jurídico*. 5 ed. trad. Maria Celeste Santos. Brasília: Editora UnB, 1994.
———. *Teoria do Ordenamento Jurídico*. Trad. Maria Celeste Cordeiro Leite dos Santos. 5 ed. Brasília: UnB editora, 1984.
BONAVIDES, Paulo: *Do Estado Liberal ao Estado Social*. Fortaleza: Imprensa Universitária do Ceará, 1958.
———; ANDRADE, Paes de. *História Constitucional do Brasil*. 4 ed. Brasília: OAB, 2002.
BORGES, José Souto Maior. Hermenêutica histórica no Direito Tributário. *In Revista Tributária e de Finanças Públicas* n. 31, p. 112/123.
———. O Direito como fenômeno lingüístico, o problema de demarcação da ciência jurídica, sua base empírica e o método hipotético-dedutivo. *In: Ciência Feliz*. Recife: Fundação de Cultura da Cidade do Recife. 1994.
———. Pro-Dogmática: Por uma hierarquização dos princípios constitucionais. In: *Revista Trimestral de Direito Público* n. 1, p. 140.
CALMON DE PASSOS, José Joaquim. Advocacia – O direito de recorrer a justiça. In: *Revista de Processo* nº 10, 1978, p. 33.
CANARIS, Claus-Wilhelm. *Pensamento sistemático e conceito de sistema na ciência do direito*. Lisboa: Fundação Calouste Gulbenkian, 1989.
CANOTILHO, José Joaquim Gomes. *Direito Constitucional e Teoria da Constituição*. 7 ed. Coimbra: Almedina, 2003.
CARRAZZA, Roque Antonio. *Curso de Direito Constitucional Tributário*. 24 ed. São Paulo: Malheiros, 2008.
CARVALHO, Paulo de Barros. *Curso de Direito Tributário*. 15 ed. São Paulo: Saraiva, 2003.
———. *Direito Tributário*. Fundamentos jurídicos de incidência. 2 ed. São Paulo: Saraiva, 1999.
———. *Proposta de modelo interpretativo para o direito tributário*. In: Revista de Direito Tributário (70): 42. São Paulo: Malheiros.
———. *Teoria da Norma Jurídica*. São Paulo: LAEL, 1974.
CAVALCANTI, Themístocles Brandão, BRITO, Luiz Navarro de. E BALEEIRO, Aliomar. *Constituições Brasileiras: 1967*. Brasília: Senado Federal, 2001.
CHEVALLIER, Jacques. *L'Etat de droit*. 3 ed. Paris: Montchrestien, 1999.
COÊLHO, Sacha Calmon Navarro. *Comentários à Constituição de 1988*. 9 ed. Rio de Janeiro: Forense, 2005.
CORREIA, José Manuel Sérvulo. *Legalidade e autonomia contratual nos contratos administrativos*. Coimbra: Almedina, 2003.
COUTO E SILVA, Almiro do. O princípio da segurança jurídica (proteção à confiança) no Direito Público Brasileiro e o Direito da Administração Pública de anular seus próprios atos administrativos: o prazo decadencial do art. 54 da lei do processo administrativo da União (Lei nº 9.784/99). *In: Revista da Procuradoria Geral do Estado* n 27, p. 33-74, 2004.
———. Princípios da legalidade da administração pública e da segurança jurídica no Estado de Direito contemporâneo. *In: Revista de Direito Público*, v. 20, n. 84, p. 46-63, out./dez.,, 1987.
CRETTON, Ricardo Aziz. Interpretação do STF em alguns casos tributário sob a CF/88. In: *Revista de Direito da Associação dos Procuradores do Novo Estado do Rio de Janeiro*, n. 2, p. 47-53, 1999.
DAVID, René. *Os Grandes Sistemas do Direito Contemporâneo*. Direito Comparado. 2 ed. Lisboa: Meridiano, 1978.

DELGADO, José Augusto. *O princípio da Moralidade Administrativa e a Constituição Federal de 1988*. in: Revista Trimestral de Jurisprudência dos Estados v. 100, p. 21-20.
DENARI, Zelmo. *A interpretação econômica do nosso sistema tributário*. In: Revista de Direito Tributário, v. 15, n. 55, p. 343-351, jan./mar., 1991.
——. *Cidadania e Tributação*. In: Revista Dialética de Direito Tributário n° 10, jul. /1996, p. 44.
DIFINI, Luiz Felipe Silveira. *Proibição de Tributos com efeito de confisco*. Porto Alegre: Livraria do Advogado, 2007.
——. *Manual de Direito Tributário*. 3 ed. São Paulo: Saraiva, 2006.
——. Princípio do Estado Constitucional democrático de direito. *In: Revista da Ajuris* n. 102, p. 161-168.
DUGUIT, Leon. *Fundamentos do Direito*. trad. Ricardo Rodrigues Gama. Campinas: LZN, 2003.
DWORKIN, Ronald. *Levando os direitos a sério*. Trad. Nelson Boeira. São Paulo: Martins Fontes, 2002.
——. *Uma questão de princípios*. trad. Luis Carlos Borges. São Paulo: Martins Fontes, 2000.
ENGISCH, Karl. *Introdução ao Pensamento Jurídico*. 8 ed., trad. J. Baptista Machado. Lisboa: Fundação Calouste Gulbenkian, 2001.
FALCÃO, Amílcar de Araújo. *O problema das fontes do Direito Tributário*. in: Revista de Direito Administrativo n. 41, p. 13-32, jul./set., 1955.
FASSO, Guido. Stato di Diritto e Stato di Giustizia. *In: Rivista Internazionale di Filosofia del Diritto*. Ano XL, série 11, jan/fev 1963, p. 85.
FREITAS, Juarez. *A interpretação sistemática do Direito*. São Paulo: Malheiros, 1995.
FONBAUSTIER, Laurent. Réflexions critiques sur um príncipe à texture ouverte: l'égalité devant l'impôt. *In: Archives du philosophie du droit* n. 46, p. 79-102, 2006.
GADAMER, Hans-Georg. Verdade e objeto. *Traços fundamentais. Traços fundamentais de uma hermenêutica filosófica*. Salamanca: Sigueme, 2000.
GIANNINI, Achille Donato. *Acerca da pretensa "não juridicidade" da norma tributária*. In: Revista de Direito Público n° 23, p. 275-278., jan./mar., 1973.
GRAU, Eros Roberto. *A interpretação do Direito e a interpretação do Direito Tributário*. In: Estudos de Direito Tributário em homenagem à memória de Gilberto Ulhoa Canto. Rio de Janeiro: Forense, p. 123-131, 1998.
——. *Ensaio e discurso sobre interpretação e aplicação*. São Paulo: Malheiros, 2003.
GUASTINI, Ricardo. *Distinguiendo. Estúdios de teoria y metateoria del derecho*. Trad. Jordi Ferrer i Beltrán. Barcelona: Gedisa, 1999.
——. *Il diritto come linguaggio*. Turim: G. Giappichelli editore, 2001.
HECK, Luís Afonso. *O Tribunal Constitucional Federal e o Desenvolvimento dos Princípios Constitucionais*. Porto Alegre: SaFe, 1995.
HESSE, Konrad. *Elementos de Direito Constitucional da República Federal da Alemanha*. Trad. Luís Afonso Heck. Porto Alegre: SaFe, 1998.
——. *A força normativa da Constituição*. Trad. Gilmar Ferreira Mendes. Porto Alegre: SaFe, 1991.
HEUSCHLING, Luc. *Etat de droit, Rechtsstaat, Rule of Law*. Paris: Dalloz, 2002.
IHERING, Rudolf Von. *A evolução do Direito*. Salvador: Livraria Progresso, 1950.
JELLINEK, Georg. *Teoria General del Estado*. Buenos Aires: Maipu, 1970.
JUSTEN FILHO, Marçal. O Princípio da Moralidade Pública e o Direito Tributário. *In: Revista Trimestral de Direito Público* n. 11, p. 44.
KAUFMANN, Arthur. *Analogia y "Naturaleza de la cosa". Hacia uma teoria de la comprension jurídica*. Trad. Enrique Barros Rourie. Santiago: Editorial Jurídica de Chile, 1976.
——. Concepcion Hermenéutica del método jurídico. *In: Persona y derecho*. Revista de fundamentación de las Instituciones Jurídicas y de Derechos Humanos, v. 35, 1996, p. 11/38.
KELSEN, Hans. *Teoria Pura do Direito*. 4 ed. São Paulo: Martins Fontes.
LARENZ, Karl. *Metodologia da Ciência do Direito*. 3 ed. trad. José Lamego. Lisboa: Fundação Kalouste Gulbenkian, 1997.
LEAL, Rogério Gesta. *O Estado-Juiz na Democracia Contemporânea*. Uma perspectiva procedimentalista. Porto Alegre: Livraria do Advogado, 2007.
——. *Teoria do Estado. Cidadania e poder político na modernidade*. 2 ed. Porto Alegre: Livraria do Advogado, 2001.
——. *Perspectivas Hermenêuticas dos Direitos Humanos e Fundamentais no Brasil*. Porto Alegre: Livraria do Advogado, 2000.

LIMA, Rogério. *O Interesse jurídico protegido na interpretação da norma tributária.* In: Revista Dialética de Direito Tributário, n. 74, p. 111-118, nov. 2001.
LUÑO, Antonio E. Pérez. *Derechos Humanos, Estado de Derecho e Constitucion.* 5 ed. Madri: Tecnos, 1995.
MACCORMICK, Neil. *Legal Reasoning and Legal Theory.* Oxford: Clarendon Press, 2003.
——. *Questioning Sovereignty.* Law, State and Nation in the European Commonwealth. Nova York: Oxford University Press, 2001.
——. *Rhetoric and the Rule of Law.* Nova York: Oxford University Press, 2005.
MACHADO, Hugo de Brito. *Curso de Direito Tributário.* 22 ed. São Paulo: Malheiros, 2002.
——. *Os princípios jurídicos da tributação na Constituição de 1988.* 4 ed. São Paulo: Dialética, 2001.
MAFFINI, Rafael. Princípio da Proteção Substancial da Confiança no Direito Administrativo Brasileiro. Porto Alegre: Verbo Jurídico, 2006.
MAIA, Alexandre Aguiar. Interpretação e Integração Jurídicas no Direito Tributário: notas acerca de uma perspectiva indutiva-hermenêutica. In: *Revista da Esmape,* v. 2, n. 3, p. 43-62, jan./mar. 1997.
MARTINS-COSTA, Judith. A re-significação do princípio da segurança jurídica na relação entre o Estado e os cidadãos: a segurança como crédito de confiança. In: *R. CEJ* n. 27, p. 110-120, out./dez., 2004.
MAURER, Hartmut. *A revisão jurídico-constitucional das leis pelo Tribunal Constitucional Federal.* In: Fundamentos do Estado de Direito. org. Humberto Ávila. São Paulo: Malheiros, 2005.
MAYER, Otto. *Derecho Administrativo alemán.* T. I. Buenos Aires: Depalma, 1949.
MELLO, Celso Antonio Bandeira de. *Curso de Direito Administrativo.* 19 ed. São Paulo: Malheiros, 2005.
MENDES, Gilmar. Os Direitos fundamentais e seus múltiplos significados na ordem constitucional. In: *Repertório de Jurisprudência IOB* nº 09, maio, 2002, p. 335.
——; COELHO, Inocêncio Mártires; BRANCO, Paulo Gustavo Gonet. *Curso de Direito Constitucional.* 2 ed. São Paulo: Saraiva, 2008.
MICHELON JUNIOR, Cláudio Fortunato. *Aceitação e objetividade.* Uma comparação entre as teses de Hart e do positivismo precedente sobre a linguagem e o conhecimento do Direito. São Paulo: RT, 2004.
MIRANDA, Jorge; MEDEIROS, Rui. *Constituição Portuguesa anotada.* T. I. Coimbra: Coimbra Ed., 2005.
MOREIRA NETO, Diogo de Figueiredo. *Sociedade, Estado e Administração Pública:perspectivas visando ao realinhamento constitucional brasileiro.* Rio de Janeiro: Topbooks, 1996.
——. Juridicidade, pluralidade normativa, democracia e controle social. Reflexões sobre alguns rumos do Direito público neste século. In: Fundamentos do Estado de Direito. org. Humberto Ávila. São Paulo: Malheiros, 2005.
MOTTA, Cristina Reindolf da. Due process of law. In: *Garantias do Cidadão no Processo Civil.* org. Sérgio Gilberto Porto e Daniel Ustarroz. Porto Alegre: Livraria do Advogado: 2003.
NERY, Nelson. *Princípios do Processo Civil na Constituição Federal.* 6 ed. São Paulo: RT, 2000.
NOGUEIRA, Alberto. *Teoria dos Princípios Constitucionais Tributários.* Rio de Janeiro: Renovar, 2008.
NOVAIS, Jorge Reis. *Contributo para uma Teoria do Estado de Direito.* Coimbra: Almedina, 2006.
NOVELLI, Flávio Bauer. A propósito da interpretação administrativa no Direito Tributário. In: *Revista de Direito Administrativo,* n. 225, p. 249-263, jul./set. 2001.
PAULSEN, Leandro. *Direito Tributário.* 3 ed. Porto Alegre: Livraria do Advogado, 2001.
——. *Segurança jurídica, certeza do Direito e Tributação.* Porto Alegre: Livraria do Advogado, 2006.
PECZENICK, Aleksander. *A Coherence Theory of Juristic Knowledge.* Disponível em: http://pecnenik.ivr2003.net.
——. *Second Thoughts on Coherence and Juristic Knowledge.* Texto da internet, acessado em 08.09.2005 no site: http://peczenick.ivr2003.net.
PERELMAN, Chaim. Jugement, règles e logiques juridiques. In: *Archives du philosophie du droit.* Paris: v. 28, p. 315-322, 1983.
——; OLBRECHTS-TYTECA, Lucie. *Traité de L'Argumentation.* 5 ed. Bruxelas: Editions de L'Universite de Bruxelles, 2000.
——. *Lógica Jurídica.* Trad. Vergínia K. Pupi. São Paulo: Martins Fontes, 2000.
——. Ontologie juridiques et sources de droit. In: *Archives du philosofie du Droit.* Paris. V. 27, p. 23-31, 1982.

PINTO, Bilac. A crise da ciência das finanças – Os limites do Poder Fiscal do Estado – uma nova doutrina sobre a inconstitucionalidade das leis fiscais. In: Revista Forense v. 82, abril/1940.

POLETTI, Ronaldo. *Constituições Brasileiras: 1934*. Brasília: Senado Federal, 2001.

PORTO, Éderson Garin. *A proteção da confiança e a boa-fé objetiva no Direito Público*. In: Revista da Ajuris, v. 33, n. 102, p. 33.

——. Argumentação jurídica no Direito Tributário – análise do creditamento de IPI (alíquota zero) em julgamento no Supremo Tribunal Federal. In: *Tributação e Direitos Fundamentais*: propostas de efetividade. Org. Melissa Folman. Curitiba: Juruá, 2006.

——. *Manual da Execução Fiscal*. Porto Alegre: Livraria do Advogado, 2005.

PORTO, Sérgio Gilberto. *Coisa julgada civil*. 3 ed. São Paulo: RT, 2006.

RAZ, Joseph. On the authority and Interpretation of Constitutions: Some Preliminares. In: *Constitutionalism. Philosophical foundations*. Org. Larry Alexander. Cambridge: University Press.

REZEK, José Francisco. Jurisprudência do Supremo e Direito Tributário. In: *Revista de Direito Tributário* nº 37, jul/set 1986, p. 109-140.

——. A interpretação da lei tributária na era da jurisprudência dos valores. In: *Temas de interpretação do Direito Tributário*. Rio de Janeiro: Renovar, 2003, p. 334.

RIBEIRO, Ricardo Lodi. Legalidade tributária, tipicidade aberta, conceitos indeterminados e cláusulas gerais tributárias. In: *Revista de Direito Administrativo* nº 229, p. 313-333, jul./set., 2002.

ROTHMANN, Gerd. W. O princípio da legalidade tributária. In: *Revista de Direito Mercantil, industrial, econômico e financeiro* n 8, 1972, p. 70.

SARLET, Ingo Wolfgang. *A eficácia dos direitos fundamentais*. 4 ed. Porto Alegre: Livraria do Advogado, 2004.

——. *Dignidade da pessoa humana e Direitos Fundamentais*. Porto Alegre: Livraria do Advogado, 2001.

SCHAUER, Frederick. Playing by the Rules. *A Philosopical Examination of Rule-Based Decision-Making in Law and in Life*. Oxford: Claredon Press, 2002.

SCHWABE, Jürgen. *Cinqüenta Anos de Jurisprudência do Tribunal Constitucional Federal Alemão*. Trad. Beatriz Hennig, Leonardo Martins, Mariana Bigelli de Carvalho, Tereza Maria de Castro e Viviane Geraldes Ferreira. Montevidéu: Fundacion Konrad Adenauer, 2005.

SILVA, José Afonso da. *Curso de Direito Constitucional Positivo*. 16 ed. São Paulo: Malheiros, 1999.

SOUZA JUNIOR, Cezar Saldanha. *A supremacia do direito no estado democrático e seus modelos básicos*. Tese para concurso a professor titular, junto ao Departamento de Direito do Estado – Área de Teoria Geral do Estado da Faculdade de Direito da Universidade de São Paulo. Porto Alegre [s. ed.], 2002.

STEICHEN, Alain. La justice fiscale entre la justice commutative et la justice distributive. In: *Archives du Philosofie de Droit* n 46, p. 242-278, 2000

TÁCITO, Caio. *Constituições Brasileiras: 1988*. v. VII, 5 ed., Brasília: Senado Federal, 2005.

TIPKE, Klaus e YAMASHITA, Douglas. *Justiça Fiscal e princípio da capacidade contributiva*. São Paulo: Malheiros, 2002.

——. Normais gerais antielisivas. In: *Temas de interpretação do Direito Tributário*. Rio de Janeiro: Renovar, 2003, p. 263.

TORRES, Ricardo Lobo. *Normas de Interpretação e Integração de Direito Tributário*. Rio de Janeiro: Renovar, 2000.

TOULMIN, Stephen. *The uses of argument*, Cambridge University Press, 1958.

TRIBE, Laurence H. *Constitutional Choices*. Cambridge: Harvard University Press, 1985.

WARD, John. L'interpretazione delle norme tributarie e gli effetti sugli uffici e sui contribuenti nel Regno Unito. In: *Rivista di diritto finanziario e scienza delle finanze*, v. 54, p. 73-105, 1995.

XAVIER, Alberto. *Direito Tributário Internacional*. 4 ed. Rio de Janeiro: Forense, 1995.

Impressão e Acabamento
Rotermund
Fone/Fax (51) 3589-5111
comercial@rotermund.com.br